Dieser Roman spielt zwar in einer realen Stadt, nämlich in Schwäbisch Hall, aber alle Personen sind frei erfunden und der Plot ist fiktiv. Allerdings gab es tatsächlich einen Hovawart namens Onis, und das ist auch gut so.

MIX
Papier aus verantwortungsvollen Quellen
FSC® C083411
FSC www.fsc.org

Auflage:
4 3 2 1
2021 2020 2019 2018

HAYMON tb **257**

Originalausgabe

www.haymonverlag.at

ISBN 978-3-7099-7904-4

Buchinnengestaltung nach Entwürfen von
himmel. Studio für Design und Kommunikation,
Innsbruck / Scheffau – www.himmel.co.at
Umschlag: Eisele Grafik · Design, München
Satz: Da-TeX Gerd Blumenstein, Leipzig
Coverfotos: Gartenzwerg: iStock.com/Gianluca Fabrizio;
Messer: bigstockphoto.com/Alatielin
Hintergrund: bigstockphoto.com/Eky Studio
Autorenfoto: Jürgen Weller Fotografie, Schwäbisch Hall

Gedruckt auf umweltfreundlichem,
chlor- und säurefrei gebleichtem Papier.

Tatjana Kruse
Stick oder stirb!
Kommissar Seifferheld ermittelt

Tatjana Kruse

Stick oder stirb!

für Bill Murray, aus Gründen

Inhaltsverzeichnis

8 Das Who is Who im Seifferheld-Universum

Mittwoch

13 Prolog
16 Seifferheld und der Hund, der ein Pickel war
43 Seifferheld und die Sticker mit den stumpfen Nadeln
56 Seifferheld und die Nebelbombe mit Schluckauf
68 Seifferheld ist dann mal weg!
81 Seifferheld und der siebte Kreis der Hölle

Donnerstag

111 Seifferheld und der Hundeallergiker mit dem Hexenschuss
121 Wer hat diesen Mann gesehen?
168 Seifferheld und das singende Springteufelchen
177 Seifferheld und der Nimbus der Heiligkeit

Freitag

215 Seifferheld und das Glänzen der Abwesenheit
226 Seifferheld und das Sticken auf Leben und Tod
235 Seifferheld und die Freuden des modernen Strafvollzugs
243 Seifferheld und der Showdown im Morgengrauen (mit wenig Morgen, aber viel Grauen)

Montag (neun Wochen später)

251 Epilog

271 Danksagungen
272 Die Seifferheld-Legende (chronologisch)

Das Who is Who im Seifferheld-Universum

Die Familie

Der Held: Siegfried „Siggi" Seifferheld, Kommissar im Unruhestand, Sticker, Schnüffler, Stammtischbruder
Sein Hund: Aeonis „Onis" vom Entenfall, viriler Hovawart-Rüde mit Knickrute
Seine Frau: Marianne Seifferheld-Cramlowski: ehemals freie Journalistin für das *Haller Tagblatt* (Kürzel MaC), jetzt Betreiberin eines Hundekindergartens
Seine Schwester: Irmgard Seifferheld-Hölderlein (Spitzname „die Generalin", Gattin von Pfarrer Helmerich Hölderlein)
Seine Tochter: Susanne Seifferheld (Managerin bei der Bausparkasse Schwäbisch Hall, Mutter von Ola-Sanne, bessere Hälfte von Masseur Olaf Schmüller)
Seine Nichte: Karina Seifferheld (Aktivistin, Ehefrau von Ex-*Haller-Tagblatt*-Fotograf Fela Seifferheld, geb. Nneka, Mutter von Sohn Fela junior und Töchterchen Fatou)

Die Schwäbisch Haller Mischpoke

Die VHS-Männerkochkursgruppe: Bocuse (Chefkoch, Franzose), Klaus (reicher Erbe, Wirt), Gotthelf (verheiratet), Eduard (Buchhändler), Horst (Mathelehrer), Arndt (Klempner), Schmälzle (Wanderführerautor)
Die Vollmondtrommler: Arno, Reimer, Tobias, Klaus, Bernhard, Helmerich
Mord-zwo-Stammtisch: Rogier van der Weyden (der Liebe wegen aus dem Geburtsland der Pommes eingewandert), Wurster (der Bärenmarkenbär), Dombrowski (von der Sitte), Bauer zwo (Idiot in lila Lederkluft)

Olga Pfleiderer: kettenrauchende kasachische Nicht-Putzfrau

Auch dabei:
Pjotr Jagelovsk
Igor Demioff
Aleksandr Kusmin, Enkel
Niklas Engel, auch Enkel
Sergei, der Mann fürs Grobe
Mischa und Oleg, die Männer fürs noch Gröbere
Madame Ischtar, Wahrsagerin
Die Knaststicker*:* Kurt, Murat, Trân, Willi und Saiid
Stella, Pitbullhündin

Mittwoch

Prolog

Er spürte den Atem des Grauens im Nacken.

Der Atem war heiß. Nicht nur heiß, sondern auch tonnenschwer. Denn das Grauen hat ein Gewicht. Und einen Geruch. In diesem konkreten Fall roch es nach nassem Hund.

Sie waren zu viert, wie die apokalyptischen Reiter, und sie waren ihm dicht auf den Fersen.

Er keuchte.

Es war ein Fehler gewesen, die Treppe als Fluchtweg zu wählen. Aber sie hatten ihn an diesem frühen Morgen überrascht, hatten im Erdgeschoss auf ihn gewartet und ihn eingekreist. Die Treppe war seine einzige Option gewesen.

Die Holzstufen knarzten.

Sein Vorteil bestand darin, dass er sich im Haus auskannte, die vier aber nicht. Panisch sah er sich im ersten Stock um.

Drei der fünf Türen waren verschlossen, das wusste er. Also wählte er den linken der beiden Räume, die beide zur Gasse hin lagen. Das einzige Fenster im Zimmer stand sperrangelweit offen, ebenso wie das auf gleicher Höhe liegende Fenster im Haus direkt gegenüber. Aber die greise Nachbarin, die dort gefühlte vierundzwanzig Stunden am Tag, sieben Tage die Woche, die Geschehnisse in der Unteren Herrngasse zu Schwäbisch Hall beobachtete, abgestützt auf einem lila Samtkissen, war – natürlich! – ausgerechnet jetzt nicht auf ihrem Posten. Das Kissen lag verwaist da.

Die Gasse war nur wenige Meter breit. Früher, ja selbst noch vor ein paar Jahren, hätte er womöglich den Sprung gewagt. Nicht hinunter aufs Kopfsteinpflaster –

hinüber aufs Samtkissen. Aber es ließ sich nicht leugnen: Seine fitten Jahre waren vorbei.

Sollte er sich lautstark bemerkbar machen? Nein, zu spät – die vier polterten wie eine Geröllawine ins Zimmer. Er hastete in letzter Sekunde in den Nebenraum – die stets geöffnete Durchgangstür hatte er in seine Berechnungen einkalkuliert – und eilte von dort wieder in den Flur, wo sie ihm, weil sie ihn nicht verfolgt hatten, sondern rückwärts wieder aus der Tür gepoltert waren, jedoch den Weg nach unten verstellten. Ganz blöd waren die vier also nicht. Auch wenn sie so aussahen ...

Blieb nur das zweite Obergeschoss.

Keuchend nahm er die Stufen in Angriff.

Wie lange würde er das noch durchhalten? Sein Herz raste wie wild, seine Lungen brannten, von seinen Beinmuskeln ganz zu schweigen. Außerdem bekam er Seitenstechen.

Er brauchte Hilfe.

All die Jahre hatte er seine Unabhängigkeit gepflegt. Niemand ist eine Insel, das stimmte schon. Aber *er* hatte seine Kämpfe stets allein ausgefochten. Hatte natürlich, wenn die Situation es erforderte, Unterstützung nicht nur angenommen, sondern sogar eingefordert. Doch letzten Endes hatte er sich immer als Einzelkämpfer gesehen, als einsamen Wolf. Er brauchte keinen, der ihn rettete.

Bis jetzt.

Diese Erkenntnis wog fast noch schwerer als das Grauen.

Mit letzter Kraft stieß er die Tür zum Schlafzimmer auf und sprang auf die Wölbung im Bett, zwischen das Bakelittelefon auf dem Nachttisch und das Kissen mit dem aufgestickten Sinnspruch *Auf mir träumst du von endlosen Küssen.*

Doch es war zu spät.

Seine Verfolger stürmten herein.

Aus weit aufgerissenen Augen sah er sie an. Der Anblick ließ ihn schwer schlucken. Möglich, dass ihre Mütter sie liebten, aber für ihn waren sie nicht nur charakterlich, sondern auch optisch-ästhetisch Ausgeburten der Hölle.

So etwas wie diese vier apokalyptischen Mini-Monster hatte die Natur nie vorgesehen: Sie waren Wesen wie aus einer anderen Welt. Aliens, die sich an ihm festpfropfen und ihm das Leben aussaugen würden.

Schimären des Grauens. Oder, genauer gesagt, eine Bichogge, ein Chips, ein Schnudel und ein Pickel.

Und jetzt stürzten sie sich auf ihn ...

Seifferheld und der Hund, der ein Pickel war

Aus dem Polizeibericht

Am späten Montagabend wurde die Polizei zu einer Gaststätte in der Pfarrgasse gerufen. Dort gab es Stress mit einem Gast, der seine Rechnung nicht begleichen wollte, weil das Cordon Bleu seiner Meinung nach nicht fachmännisch zubereitet war. Es kam zu einer massiven verbalen Auseinandersetzung, die in einer gewalttätigen Zerlegung des Mobiliars durch Gast und Wirt eskalierte. Ein weiterer Gast verständigte die Polizei. Die erteilte dem unzufriedenen Gast einen Platzverweis und drohte ihm bei erneutem Auftreten eine Ingewahrsamnehmung an. Die Kosten, die auf ihn zukommen, werden beträchtlich sein – für den Sachschaden und das Cordon Bleu. Zur Erinnerung: Wenn man es aufgegessen hat, muss man es auch bezahlen. Der Wirt wurde ebenfalls abgemahnt. Nicht wegen mangelnder Kochkünste, sondern wegen Tätlichkeiten gegen einen Gast.

Siegfried Seifferheld fuhr schnappatmend im Bett auf.

Was ausnahmsweise nicht an seiner Schlafapnoe lag, sondern daran, dass etwas Massiges und Schweres urplötzlich auf seinem Brustkasten gelandet war. „Was zum Teufel ...?"

Noch voll in den Fängen seiner morgendlichen REM-Tiefschlafphase registrierte er in Zeitlupe, dass das Gewicht auf seiner Brust sein treuer Rüde Onis war. Der ängstlich fiepte.

Seifferheld sah zum Wecker, dessen eitergrüne Digitalanzeige in diesem Moment auf 6:30 Uhr sprang. Und ja, da stimmten die Glocken von Sankt Michael auch schon ihr Morgengeläut an. Der tiefe Klang brachte die Mauern des alten Fachwerkhauses zum Vibrieren. Und dauerte genau so lang, wie gläubige Anwohner brauchten, um das *Vaterunser* aufzusagen und damit den Tag positiv gestimmt zu beginnen. Man konnte nur hoffen, dass die höhere Macht Seifferhelds Stoßseufzer „Großer Gott!“ als gültige Auf-den-Punkt-Zusammenfassung durchgehen ließ.

Seifferheld stellte sich dem Grauen in seinem Schlafzimmer.

Über dem Bettrand tauchten abwechselnd erst zwei, gleich darauf vier Schrumpfköpfe auf – wie kleine, aus dem Takt geratene Springteufelchen: hoch, runter, hoch, runter. Hoch, hoch, runter, hoch. Runter, hoch, hoch, runter.

Am häufigsten sah man das Köpfchen der Bichogge, am seltensten den Schädel des Pickels. Riechen konnte man sie jedoch alle vier – offenbar hatten sie ein Bad im Kocher genommen, dem Fluss, der so malerisch durch Schwäbisch Hall mäanderte, dessen Fluten olfaktorisch allerdings nicht mit Chanel No. 5 zu verwechseln waren. *Non, Monsieur*.

Seufzend ließ sich Seifferheld wieder in die Kissen fallen. „Haben sie dich wieder gejagt? Ist ja gut, alter Freund. Die tun dir nichts.“

Er streichelte den Kopf von Onis, der ausnahmsweise *nicht* daran schuld war, dass sich vier Hundewelpen jaulend abmühten, aufs Bett zu kommen. Diese vier hatten andere Väter.

„MaC!“, rief Seifferheld, so laut er konnte. Er musste nicht nur die Welpen übertönen, sein Ruf nach seinem Ehegespons hatte auch zwei Stockwerke und eine Küchentür zu überwinden.

„Komme gleich!“, rief es von unten zurück.

„Sie kommt gleich“, sagte Seifferheld zu Onis und streichelte dem Hovawart den immer noch zitternden Schädel. „Rettung naht und alles wird gut.“

Die Welpen hüpften unermüdlich um die Wette, als hätten sie Duracell-Batterien gevespert. Seifferheld mochte das nicht ganz ausschließen. Die vier waren nicht von dieser Welt. Diesbezüglich waren Herr und Hund einer Meinung.

Man hörte das Knarzen von Holzstufen.

Seine frisch angetraute Marianne nahte – als *Dea ex Machina*, nur nicht von oben herabschwebend, sondern die Treppe nehmend. Seit der Hochzeit arbeitete sie nicht länger als freie Journalistin beim *Haller Tagblatt*. Und füllte die dadurch gewonnene Freizeit damit aus, dass sie einen Welpenkindergarten betrieb. Für Welpen mit besonderen Bedürfnissen, wollte heißen: für Welpen aus Mischbeziehungen.

Onis, der eigentlich Aeonis vom Entenfall hieß und höchstem Hunde-Adel entsprang, wegen seiner Knickrute aber nicht zur Zucht taugte, hatte zweimal hintereinander Lady begattet, eine Berner-Sennen-Hündin. Die daraus entstandenen Hovasenner hatten Marianne gezeigt, dass einen die Pflege von Mischhunden oftmals vor ganz eigene Hürden stellte. So hatte beispielsweise der Pickel, der eigentlich Bruno hieß und der Sohn eines Pitbulls und einer Dackelhündin war, die kurzen Beinchen seiner Mutter, aber den stämmigen Schädel seines Vaters geerbt. Er brauchte ein völlig anderes Training, nämlich vor allem das der Nackenmuskulatur, als beispielsweise die Bichogge, das Kind der Liebe einer Dogge und eines Bichon Frisé, mit ihren langen Giraffenbeinen und der wild wuchernden Pilzkopffrisur. Oder als der Schnudel (Schnauzer und Pudel) mit seiner geländegängigen Körperform beziehungsweise der kleine, stämmige Chips (Chihuahua und Mops).

Kurzum, Marianne hatte bei einem bekannten deutschen Hundetrainer einen siebentägigen Intensivworkshop besucht – in der Zeit, als Seifferheld seine bei einem Kreuzworträtsel gewonnene Eifel-Reise antrat –, und als sie zurückkam, war sie diplomierte Hundekindergärtnerin. Siggi gönnte seiner Frau diese neue Aufgabe, er wünschte sich nur, sie würde ihr nicht gerade in ihrem ehelichen Heim nachgehen. Und nicht schon in aller Herrgottsfrühe.

Die Welpen ermatteten allmählich.

Siggi murmelte: „Bleib liegen, alter Knabe, hier bist du sicher“, und kraulte seinen Onis noch kurz hinter den Ohren. Dann hievte er sich ächzend aus dem Bett.

Ex-Kommissar Siegfried „Siggi“ Seifferheld hatte sich bei einem Banküberfall eine Kugel in der Hüfte eingefangen, die nicht herausoperiert werden konnte. Damals war er in den vorzeitigen Ruhestand versetzt worden. Aber selbst in dem Paralleluniversum, in dem er der Kugel hatte ausweichen können, wäre er mittlerweile pensioniert worden. Der nagende Zahn der Zeit.

Siggi, der nur Schiesser Feinripp mit Eingriff und ein weißes T-Shirt trug, warf sich seinen blau-weiß gestreiften Morgenmantel über, der nachts immer über dem Fußende des Bettes lag, dann stieg er über die hechelnden Welpen hinweg und humpelte ins Badezimmer, wo er erst mal seinen Morgenurin abstellte. Manchmal fragte er sich, wo die ganze Flüssigkeit herkam, da er ja jede Nacht mindestens einmal wach wurde und aufs Klo musste. Das Alter, das Alter ...

Das dachte er auch, als er hinterher in den Spiegel sah und sich über die grauen Bartstoppeln am Kinn fuhr, was ein schabendes Geräusch ergab. Seit dem ersten spärlichen Bartwuchs im Knabenalter hatte er sich jeden Morgen rasiert, weil er einfach fand, dass glattrasierte Männer mehr Autorität verströmten, und er war schließlich Kriminalbeamter gewesen. Aber jetzt imaginierte er schon hin und wieder, ob ihn ein Bart nicht zieren würde. Er drehte den Kopf nach rechts und hob das Kinn: Mit einem Ziegenbärtchen würde er wie ein spanischer Grande aussehen. Aber alle diesbezüglichen Spekulationen waren hinfällig. Seine Marianne war nämlich dagegen. Sie hasste Bärte und behauptete, zwischen den Haaren würde insektoides Kleingetier leben. Und von Drei-Tage-Bartstoppeln bekam sie beim Küssen einen tomatenroten Hautausschlag. Jede Form von Bart war somit für ihn abgehakt.

Seine geliebte Marianne, die er – nach ihrem Kürzel bei der Zeitung – liebevoll MaC nannte und deren verführerisch runden, warmen, weichen Körper er gar nicht oft genug in den Armen halten konnte. Wie so ein Teenager.

Auch wenn es sich nicht leugnen ließ, dass mittlerweile der Ehealltag eingekehrt war.

„Hast du den Polizeibericht abgeschickt?“, fragte sie jetzt durch die offene Badezimmertür, während sie den Chips und den Pickel in den Arm nahm. Mit ihren extrem kurzen Beinchen kamen die beiden Welpen zwar schon die Treppe hoch, aber noch nicht wieder hinunter. Nur die Bichogge und der Schnudel waren auch treppab bereits autonom.

„Nein, bin ja gerade erst aufgewacht ... worden." Siggi humpelte ins Schlafzimmer zurück.

„Dass du in letzter Zeit aber auch immer morgenmuffeliger werden musst." Marianne schüttelte den Kopf und drückte ihm trotzdem einen Kuss auf ... die Luft über seiner noch unrasierten Wange. „Mach hin. Waschen, anziehen, loslegen! Frühstück steht auch schon auf dem Tisch."

Ja, eindeutig. Die Flitterwochen waren vorbei. Laut Marianne hatten sie ohnehin nie welche gehabt. Nur weil sie das luxuriöse Fünf-Sterne-Hotel in den Schweizer Bergen mit den Jungs seines VHS-Männerkochkurses teilen mussten. Siggi hatte – höchst genial, wie er fand – die Flitterwochen mit einem Wettkochen für Amateurköche kombiniert: Übernachtung und Halbpension inklusive. So konnten sie für umsonst (!) eine Woche lang exklusiv wellnessen. Aber Marianne hatte das nicht zu goutieren gewusst: Er war die kompletten Flitterwochen ungeküsst geblieben. Nein, stimmt nicht, der greise Zither-Spieler, der die Hotelgäste musikalisch auf den Fondue-Abend eingroovte, hatte ihn feucht und innig auf den Scheitel geküsst, weil Seifferheld ihn an seinen verstorbenen Sohn erinnerte.

Siggi klappte seinen Laptop auf und setzte sich neben Onis, der jetzt wieder entspannt hechelte, auf das Bett.

Jeden Morgen verfasste er einen Polizeibericht für das *Haller Tagblatt*. Die nackten Fakten lieferte ihm das Revier in der Salinenstraße, er bügelte ein wenig drüber, peppte das Ganze ein wenig auf und schickte den Bericht dann per Mail an die Lokalredaktion seiner geliebten Tageszeitung. Polizeichefin Gesine Bauer hatte ihm diese Aufgabe nach seinem Dienstunfall übertragen, weil sie glaubte, so würde er sich auch als Invalide noch ein wenig am Geschehen beteiligt fühlen. Er wollte diese Aufgabe aber am liebsten loswerden, ohne Frau Bauer zu vergrätzen. Also formulierte er seine Berichte jedes Mal so, dass er das Kopfschütteln der Polizeichefin förmlich vor sich sehen konnte. Irgendwann würde sie ihm diese ungeliebte Pflicht wieder entziehen. Lange konnte es nicht mehr dauern.

An diesem Morgen gab es nur die übliche Unfallstatistik – drei Auffahrunfälle mit geringem Blechschaden –, einen kiffenden Pechvogel, eine Mütterrauferei und einen Zechpreller.

„Kommst du jetzt endlich?", rief es ungeduldig von unten. „Deine Butterbrezelbutter wird ja schon ranzig."

Seifferheld drückte auf *Senden*. Dann nahm er seine Gehhilfe und humpelte zur Tür. „Kommst du mit?"

Onis hob den Kopf. Seit vielen Jahren war der Hovawart Siggis treuer Gefährte. Seine Kollegen von der zweiten Abteilung der Mordkommission, kurz *Mord zwo*, hatten ihn damals nach der banküberfallbedingten Reha mit dem Hund überrascht, damit er einen Grund hatte, jeden Tag aus dem Haus zu gehen und sich zu bewegen. Hatte funktioniert! Herr und Hund waren unzertrennlich. Aber jetzt ließ Onis seinen großen Schädel mit einem Schnaufen auf das Kissen sinken. Er war noch nicht so weit, sich diesen ADHS-gestörten Welpen zu stellen.

Also humpelte Siggi allein ins Erdgeschoss. Die alten Holzstufen knarzten unter seinen Filzpantoffeln. Sonst herrschte Stille in den dicken Mauern des fünfhundert Jahre alten Fachwerkhauses, in dem von Anfang an Seifferhelds gewohnt hatten. Die Seifferhelds waren eine alte Schwäbisch Haller Siedersfamilie, will heißen, seine Vorfahren hatten dunnemals Salz gesotten. Das Salz hatte die Stadt reich gemacht, nicht aber die Seifferhelds. Das Haus in der Unteren Herrngasse war das Einzige von Wert im Familienbesitz. Und natürlich der gute Name.

Insgeheim freute sich Siggi, dass die Männer seiner Tochter Susanne und seiner Nichte Karina den Namen Seifferheld angenommen hatten – so bestand die Chance, dass auch künftig Seifferhelds in diesem Haus wohnen würden. Es mochte am Alter liegen, aber irgendwie rührte ihn dieser Gedanke.

Doch Rührung hin oder her: Er genoss es, dass er nicht länger – wie noch vor wenigen Jahren – mit seiner Tochter, seiner damals in Hall studierenden Nichte und seiner seinerzeit noch altjüngferlich-unverehelichten Schwester Irmgard unter einem Dach wohnte. Einem Weiberrudel, zu dem später auch noch seine Marianne gestoßen war. Nein, diese ganze östrogengeschwängerte Hektik war auf Dauer zu viel für ihn. Ein Hoch auf Ruhe und Gemütlichkeit!, dachte er, kurz bevor er die schwere Eichentür, die in die Küche im Erdgeschoss führte, öffnete. Berühmte letzte Gedanken ...

Eine Lärmwelle schwappte ihm entgegen. Dieses Mal jedoch waren die Welpen unschuldig – die Bichogge, der Chips, der Schnudel und der Pickel lagen ausgepowert unter dem Küchentisch und machten ein Nickerchen.

Der Lärm war einzig und allein den in der Küche befindlichen Zweibeinern geschuldet. Und dem alten Transistorradio auf dem Kühlschrank, das grundsätzlich auf Siggis Haussender SWR4-Frankenradio eingestellt war und aus dem gerade ein offenbar von der Liebe und dem Leben gebeutelter Schnulzensänger plärrte, aber nicht gegen den Lärm der im Raum befindlichen Hausgäste ankam.

Seifferheld hatte nur mit seiner Marianne gerechnet, die ihn wie jeden Morgen schon ungeduldig am Frühstückstisch erwarten würde – gemeinsame Mahlzeiten waren ihr normalerweise heilig –, aber an dem übergroßen Holztisch saßen sein Freund Klaus, sein Kochlehrer Bocuse, sein Schwager Helmerich, sein Ex-Kollege Rogier und Olga, die kasachische Putzfrau. War das real? Oder war er beim Schreiben des Polizeiberichts wieder eingeschlafen und lag nun alpträumend mit dem Kopf auf dem Laptop? Er zwickte sich in den Unterarm. Es half nichts.

„Siggi, Sie endlich auch wach?", rief Olga ihm zu, während sich die Männer lautstark über irgendetwas ereiferten.

Eigentlich eine Unverschämtheit. Es war gerade mal sieben Uhr früh. Olga kam sonst nie vor zehn Uhr. Und dann kam sie auch nicht zum Putzen, sondern um kettenrauchend die Zeit totzuschlagen. Marianne hatte Olga gewissermaßen von Irmgard, der früheren „Frau des Hauses", geerbt. Und weil die Frauen sich miteinander angefreundet hatten, konnte Siggi die nichtputzende Putzfrau auch nicht einfach feuern.

„Ich habe schon den Polizeibericht geschrieben", erklärte er dezidiert, um deutlich zu machen, dass er quasi seit Stunden wach war und schwer gearbeitet hatte, während in seiner Küche Party gemacht wurde.

„Er fleißiger Mann. Ich schon immer habe gesagt", flötete Olga Siggis Ex-Kollegen Rogier van der Weyden zu, beugte sich mit kokettem Augenaufschlag zu ihm, was ihm tiefe Einblicke in ihr reifes, nachgerade überreifes Dekolletee ermöglichte, krallte sich in den Unterarm des sichtlich peinlich berührten Belgiers und nuckelte lasziv an ihrer Zigarette. Im Haus rauchte Olga selbstverständlich ausnahmslos diese neumodischen Elektrozigaretten, die keinen Rauch ausstießen, sondern nur rot glühten, wenn man daran sog. Schön war es trotzdem nicht.

Rogier van der Weyden war der Liebe wegen nach Hall gekommen und geblieben. Der Liebe zu einem Mann. Aber darauf sollte Olga schön von allein kommen, Siggi würde es ihr jedenfalls nicht erzählen.

„Was ist denn hier los?" Er, Siegfried Seifferheld, war der Herr des Hauses. Wenn es hier eine Party gab, dann nur mit seinem Segen.

Marianne kam mit einer Flasche Apfelmost aus der Vorratskammer. „Rogier will was Dienstliches mit dir besprechen, Kläuschen macht hier sein Päuschen, Bocuse zetert auf Französisch, und das so schnell, dass ich kein Wort verstehe, Olga fängt heute Morgen schon früher an, damit sie heute Nachmittag früher gehen kann, und Helmerich traut sich nicht nach Hause zu seiner Irmi. Deine Butterbrezel liegt schon auf dem Tisch." Sie stellte die Apfelmostflasche an seinen Platz am Kopfende des Tisches. „Ich war mit den Welpen und Onis draußen, jetzt geh ich nach oben und widme mich meiner Morgenlektüre. Kümmere du dich um unsere Gäste." Man merkte ihr überdeutlich an, dass frühmorgendliche Menschenaufläufe ihre Komfortzone sprengten.

Sie nahm sich ihren Becher mit Kaffee und verschwand. Im Vorbeigehen wollte sie ihm einen Kuss auf die Wange drücken, sah, dass besagte Wange immer noch bartstoppelig war, murmelte „Bäh, kratzig" und ließ Siggi ungeküsst zurück.

Marianne las jeden Morgen eine halbe Stunde in einem Buch, meist einer Biografie oder einem Sachbuch. Abends schlief sie beim Lesen immer sofort ein, deshalb musste es morgens sein. Denn ein Tag ohne Buch war für sie kein Tag. Sie wusste natürlich, dass es Menschen gab, die nicht lasen. Richtig vorstellen konnte sie sich das aber nicht. Als könnte es Menschen geben, die nicht aßen oder nicht atmeten.

Der ungeküsste Siggi seufzte und sah sich um.

Bocuse schien immer noch zu fluchen – bei einem leidenschaftlichen Südfranzosen wie ihm wusste man nie, ob er gerade jemandem Blutrache schwor oder ob er sich einfach nur über das Wetter ausließ –, Klaus redete auf Bocuse ein und hielt aus irgendeinem Grund dabei alte Vinyl-Singles in der Hand, Helmerich trommelte mit den Fingern auf die Tischplatte, Rogier brummte tief und Olga flirtete falsettig. Eine Kakophonie sondergleichen.

„Geht's auch leiser?", donnerte Siggi.

Schlagartig herrschte Stille. Na also, ging doch. Er setzte sich an seinen Stammplatz, goss sich Most ein, nahm einen großen Schluck und holte tief Luft.

So – jetzt konnte der Tag beginnen.

„Bocuse, was ist los?", fragte er den Franzosen, der in Wirklichkeit gar nicht Bocuse hieß, aber von allen so genannt wurde, weil er an der hiesigen Volkshochschule Kochkurse gab.

„Un-ge-'euer-lisch!", echauffierte sich Bocuse jetzt mit dem französischen Akzent, den er sich extra zugelegt hatte und kultivierte, weil die Deutschen das so charmant fanden. In Wirklichkeit sprach er akzentfrei. „Dieser lächerlische Wicht serviert mir ein 'albgares Stück Fabrikfleisch mit einer Käsescheiblette und Räucherschinken on top und will mir das als Cordon Bleu verkaufen. Und als ich mich weigere, ihm dafür auch nur einen Centime zu bezahlen, prügelt dieser Neandertaler auf misch ein!"

Jetzt erst bemerkte Siggi das Veilchen. Es war ein eher zartes, fliederfarbenes Veilchen, nur punktuell dunkellila, aber dennoch war nicht zu übersehen, dass die linke Gesichtshälfte von Bocuse in Kontakt mit einer Männerfaust gekommen sein musste. Siggi wunderte sich nicht weiter: Wenn es in Schwäbisch Hall irgendwo zu einem Eklat kam, dann war in aller Regel einer seiner „Freunde“ involviert. Die Anführungszeichen dachte Siggi mit. Er sagte nichts, biss nur in seine Butterbrezel.

„Und dann isch ’abe zu den Polizisten gesagt, dass isch ein Freund von ihrem berühmten Kollegen Siegfried Seifferheld bin, ein guter Freund sogar, aber hat mir das ge’olfen? *Non*!“ Bocuse echauffierte sich in Rage. Sein Gesicht lief rot und immer röter an, bis man das Veilchen gar nicht mehr ausmachen konnte. „Isch wurde mit der vollen ’ärte des Gesetzes gestraft! Zählt Freundschaft gar nichts mehr? In was für einem Land leben wir eigentlisch?!“

In einem rechtsstaatlichen Land, dachte Siggi, sprach es aber nicht aus, sondern spülte einen Bissen Butterbrezel mit einem Schluck Apfelmost hinunter.

„Ich habe den Polizeieinsatz mitbekommen und bin gleich raus, um allen Betroffenen seelischen Beistand zu leisten“, warf Helmerich ein. Helmerich Hölderlein war seit vielen, vielen Jahren Pfarrer der evangelischen Gemeinde, zu der auch die Seifferhelds gehörten. Er hatte vor gar nicht so langer Zeit Irmgard, Siggis ältere Schwester, geheiratet. Irmgards Spitzname war „die Generalin“, und unzählige Haller – Schulkinder, Einzelhändler, Kirchenblumenschmuckkomiteemitglieder – erzitterten bei ihrem Anblick. Kein Wunder, dass dieser schütterhaarige Mann Gottes deshalb Jahre gebraucht hatte, bis er sich ein Herz fasste und ihr seine Liebe gestand. In ihrer Ehe war klar, wer die Hosen anhatte. Jetzt wohnten die beiden im Pfarrhaus in der Pfarrgasse, in dem schon Reformator Brenz gewohnt hatte, als er die freie Reichsstadt Hall evangelisch machte –

direkt gegenüber des neu eröffneten französischen Restaurants. „Höchst bedauerlich, der Zwischenfall. Ich lehne Tätlichkeiten ab! *Selig, wer Gewalt nicht mit Gewalt beantwortet – er wird das volle Leben haben.*"

Helmerich, der seit einer Missionarsreise nach Afrika begeisterter (wenn auch völlig unmusikalischer) Trommler war, gehörte seit einiger Zeit den *Vollmondtrommlern* an; einer Gruppe von Männern, die sich immer zu Vollmond in einem abgelegenen Waldstück trafen, um mit nacktem Oberkörper zu trommeln. Siggi hatte das einmal mit eigenen Augen gesehen, sonst hätte er es nicht geglaubt.

Helmerich klaubte sich ein Blatt aus dem schütteren Kopfhaar. Er war in erster Linie Trommler und danach alles andere: Freund, Ehemann, Pfarrer. Deswegen zitierte er auch keine Bibelsprüche, sondern berühmte Trommler, wie in diesem Fall Ringo Starr. Wenn man das in der richtigen salbungsvollen Stimmlage tat, klang es trotzdem fromm und wie direkt von Petrus gechannelt. „Und danach habe ich Bocuse mit zu meinen Trommelkameraden genommen. Damit er wieder runterkommt."

„Hast du die ganze Nacht durchgetrommelt und traust dich deswegen nicht nach Hause?", fragte Siggi. Er kannte doch seine Pappenheimer. Und seinen Schwager. Und mehr noch seine Schwester.

Helmerich nickte. „Kannst du bei meinem lieben Irmchen ein gutes Wort für mich einlegen?"

Siggi seufzte. Helmerich durfte von Berufs wegen nicht lügen, auch nicht notlügen. Deswegen kam er immer zu ihm, wenn er mit seiner Frau in eine Bredouille geriet. Zum Beispiel, wenn er zum Zapfenstreich um Mitternacht nicht im Bett lag, weil er lieber im Wald mit seinen Freunden spielte. Unartiger wurde das Kind im Manne in diesem Fall nicht.

Seifferheld sagte mit vollem Mund: „Na gut, ich sage ihr, dass du heute Nacht bei uns geschlafen hast. Wegen akuter Flatulenz. Damit du deinem geliebten Weib mit deinen Stakkatodauerfürzen nicht den Schlaf raubst."

„Danke, Siggi." Wenn Helmerich sich aufregte, neigte er berüchtigtermaßen zu Stresspupsen. Auf Reisen, bei Meetings mit dem Kirchengemeinderat, eigentlich immer. So auch jetzt.

Olga wedelte mit der Elektrozigarettenhand die Duftschwaden beiseite.

„Wenn ich mal unterbrechen darf, weil ich zum Dienst muss ..." Rogier van der Weyden entzog seinen muskulösen Unterarm Olgas Klammergriff. Er stand auf und zeigte mit dem Kopf in Richtung Flur.

Siggi schob sich den Rest der Butterbrezel in den Mund und folgte ihm kauend.

Hinter ihm fing Bocuse wieder an zu fluchen, Klaus holte Eiswürfel für das Veilchen aus dem Kühlschrank und Helmerich trommelte. Es kam einem Wunder gleich, dass die Welpen bei diesem Getöse weiterhin süß schlummerten.

„Hör zu, du stickst doch heute wieder im Knast, oder?" Nachdem die Küchentür geschlossen war, zog Rogier sein Handy aus der Hosentasche und wischte sich rasch zu seinen Fotos durch. „Hier."

Siggi schluckte seinen durchgekauten Butterbrezelbissen hinunter. „Wer ist das?"

„Igor Demioff." Rogier schnaubte. „Ein Schwein. Russenmafia. Hat sich hochgemordet und ist jetzt die Nummer zwei in seiner Organisation. Seit gestern sitzt er allerdings hier in Hall in der JVA ein."

Seifferheld betrachtete das unscheinbare Gesicht eines mittelalten Mannes mit graugrünen Augen und mausbraunen Haaren. Bei Russenmafia dachte der Laie ja gern an ungeschlachte Gestalten, denen man ansah, dass sie mit der Gewalt auf Du und Du waren, mit kalten Augen und einem fiesen Zug um den Mund. Aber die Zugehörigkeit zum organisierten Verbrechen sah man nur den unteren Chargen an, die Bosse wirkten wie jemand aus dem mittleren Management einer Sparkasse. So auch dieser Demioff.

„Es heißt, dass er den Obermafioso vom Thron stürzen will“, fuhr Rogier fort. „Den Boss kennst du ja.“

Das stimmte, Siggi kannte den Boss dieser speziellen Russenmafiabande. Er hieß Pjotr und besuchte den Stick-Kurs, den Seifferheld jeden Mittwochnachmittag in der Justizvollzugsanstalt abhielt. Natürlich nur mit stumpfen Nadeln und natürlich nur für Insassen, die als harmlos galten. Und obwohl Pjotr einer der Köpfe des organisierten Verbrechens weltweit war, galt er als harmlos, weil er schon so alt und gebrechlich war.

„Über Demioff habe ich neulich was gelesen. Er sitzt in Untersuchungshaft, stimmt's? Hat er sich etwa absichtlich hierher verlegen lassen, um mit Pjotr zu reden? Um ihm ins Gesicht zu sagen, dass seine Zeit vorbei ist – von wegen: Ganovenehre?“ Siggi kratzte sich geräuschvoll über die unrasierten Kinnstoppel. „Oder will Demioff derjenige sein, der Pjotr mit eigener Hand vom Thron stößt, und zwar final? Steht zu befürchten, dass Pjotr einen ‚Unfall‘ erleidet?“

Rogier zuckte mit den Schultern. „Auszuschließen ist das nicht. Aber es wird bald passieren müssen, Demioffs Rotte an Anwälten hat ihn wegen eines Verfahrensfehlers schon so gut wie auf freiem Fuß. Wir vermuten, dass eine Art Übergabe stattfinden soll. Er will den Alten zum Abdanken zwingen. Und ja, vielleicht droht er ihm sogar mit dem Äußersten, wenn er ihn nicht offiziell als Nachfolger einsetzt und ihm die Zugangscodes für all seine Nummernkonten verrät." Rogier steckte sein Handy wieder weg. „Jedenfalls hofft Frau Bauer, dass du mit Pjotr redest. Wir können ihm einen Deal anbieten, wenn er uns Informationen zu Demioff liefert. Irgendwas Konkretes, das zu einer erneuten Festnahme – diesmal ohne Verfahrensfehler – führen kann. Jetzt, wo wir diesen Dreckskerl haben, sollten wir ihn nicht wieder laufen lassen. Wer weiß, ob wir ihn sonst wieder in die Finger kriegen."

Seifferheld nickte. Er wurde gebraucht. Das Gefühl war unbeschreiblich. Zu gern hätte er mit seiner Gehhilfe ein flottes Freudentänzchen aufs Flurparkett gelegt, aber das ging natürlich nicht. Vor Rogier musste er auf coole Socke machen und den abgeklärten alten Silberrücken geben. Das Tänzchen konnte er später nachholen. „Kein Thema, erledige ich gern."

„Super." Man merkte Rogier die Erleichterung an. „Dann geh ich jetzt mal."

„Ich melde mich, sobald ich mit Pjotr gesprochen habe." Siggi öffnete die Haustür.

Und zuckte zusammen.

Vor der Tür stand seine Schwester Irmgard. Mit einem Korb voller Gemüse. Und einem so eisigen Gesichtsausdruck, dass man damit der Erderwärmung hätte entgegenwirken können.

Auch Rogier van der Weyden zuckte zurück. Er besaß allerdings den taktischen Vorteil, dass er nicht mit Irmi verwandt war und sich mit einem „Na dann, tschüss!" aus dem Staub machen konnte.

„Ist mein Mann bei euch?", herrschte Irmi ihren kleinen Bruder an.

„Äh ...", fing Siggi an. Wenn sie ihn derart überrumpelte, mutierte er wieder zum Vierjährigen, den Irmi immer am Ohr zu ziehen gepflegt hatte, wenn sie wütend gewesen war. Automatisch legte sich seine freie Hand um das rechte Ohr.

Irmi schob ihn aber nur beiseite und stob in die Küche. „Helmerich!", donnerte sie, was ein Fehler war. Die Welpen erwachten. Und weil sie ängstlich erwachten, fingen sie gleich an zu fiepen. Seifferheld schloss rasch die Küchentür, bevor seine Marianne hörte, dass ihre Schützlinge gerade traumatisiert wurden.

Helmerich sprang wie von der Tarantel gestochen auf. „Irmchen ...", fing er an, wurde aber von seiner Frau niedergebügelt.

„Kein Anruf, keine Nachricht, nichts. Ich war krank vor Sorge!" Die Vibrationen ihrer Stimme ließen das Geschirr im Geschirrschrank klirren.

Seifferheld spechtete in ihren Korb. Mittwochs war immer Markt auf dem Marktplatz von Schwäbisch Hall. Über zwanzig Stände mit bunten Schirmen oder weißen Verkaufswägen und den herrlichsten Köstlichkeiten aus Hohenlohe. Früher hatte seine Schwester ihm immer etwas Besonderes mitgebracht: eine Nussschnecke oder besonders saftige Birnen oder eine Ecke Geifertshofener Käse, aber an diesem Tag lag nur diverses Grünzeug im Korb.

„Irmchen ..." Helmerichs Leiden verstärkte sich angesichts des feuerspeienden Drachens, in den sich sein Weib verwandelt hatte.

Seifferheld räusperte sich. „Dein Mann ist nach dem Trommeln zu mir gekommen, wir haben ein paar Viertele getrunken und sind hier im Wohnzimmer versackt."

„Halt du dich da raus, Siegfried!" Irmgard Seifferheld-Hölderlein wurde nicht gern unterbrochen, wenn sie gerade ein in Schieflage geratenes Universum mit ihrer moralischen Wasserwaage wieder ausrichtete. „Helmerich, zu einer funktionierenden Ehe gehören zwei. Ich darf erwarten, dass du mir über deinen Verbleib Auskunft gibst!“

Siggi war sich fast sicher, dass Irmi im Handy ihres Mannes einen GPS-Tracker installiert hatte und sowieso jederzeit wusste, wo Helmerich sich befand.

„Dieses dumme Trommeln nachts im Wald hört jetzt auf!“ Mit Schwung knallte Irmgard den Korb auf den Tisch.

Bocuse und Klaus saßen mittlerweile eng an eng und sahen zu Boden. Nur keinen Blickkontakt mit der außer Rand und Band geratenen Furie. Die Einzige, die völlig relaxt wirkte, war Olga, die sich – die glimmende Elektrozigarette im Mundwinkel – nach unten gebeugt hatte, um die vier verängstigten Welpen abwechselnd zu streicheln. Ihre überlangen Nägel fuhren durch die mehr oder wenigen langen Fellhaare, während sie auf Russisch Beruhigendes gurrte.

Aus alter Gewohnheit nahm Irmgard den Lappen vom Rand der Spüle und wischte einmal quer über die Tischplatte. „Hier müsste auch mal wieder gesaugt werden. Hundehaare in der Küche sind unhygienisch“, erklärte sie mit strengem Blick. Der Blick galt aber nicht Putzfrau Olga, sondern ihrem Bruder. Irmgard und Marianne zofften sich regelmäßig, was die Sauberkeit des Seifferheldschen Heimes anging. Putzfrau Olga blieb da immer außen vor. Sie war wie die neutrale Schweiz bei einem internationalen Konflikt. Obwohl es bei diesem konkreten Konflikt ja gewissermaßen um Schweizer Käse ging ...

„Helmerich, wir gehen jetzt.“ Irmgard griff nach ihrem Korb mit dem Grünzeug, das vor den Augen der Betrachter immer welker wurde.

Pfarrer Helmerich Hölderlein stand auf, nickte Bocuse, Kläuschen und Olga zu, seufzte schwer in Richtung

Siggi und lief dann wie ein begossener Pudel seiner Frau hinterher. Man hörte, wie die Haustür ins Schloss fiel.

„Die Ehe ist der Untergang des Mannes", dozierte Klaus. „Sie legt ihn in Ketten und verurteilt ihn zu einem Leben in Unfreiheit." Nicht, dass Klaus gewusst hätte, wovon er sprach. Er war Single und würde das auch bleiben. Seit er kürzlich von seiner letzten Freundin Gunda abserviert worden war, hielt er Frauen im Allgemeinen und Gunda im Besonderen für Satan in Fummel.

Olga tätschelte Klaus die Hand. „Du besser nicht vergessen Vorteile von Ehe", sagte sie und zwinkerte zweideutig.

Klaus zuckte mit den Schultern. „Ja schon, saubere Wohnung und zwei warme Mahlzeiten am Tag." Klaus war ein Mann, der immer nur an das Eine dachte. Nämlich an Essen.

„Und ...", gurrte Olga sinnlich und wackelte mit den Augenbrauen.

„Gebügelte Wäsche!" Klaus strahlte wie früher in der Schule, wenn er ausnahmsweise die Frage des Lehrers beantworten konnte. Was selten genug vorgekommen war.

Olga gab auf. Siggi schüttelte grinsend den Kopf. Klaus, ein reicher Erbe, war schon von vielen Frauen umcirct worden, aber keine hielt es dauerhaft mit ihm aus, denn im Grunde war er der geborene Junggeselle und nicht partnerschaftstauglich. Seit seine Gummipuppe Mimi – getreue Gefährtin seiner freundinnenlosen Zeiten – nicht mehr zu flicken gewesen war und sich daher nicht mehr aufblasen ließ, war er ein sehr einsamer Junggeselle. Siggi überlegte nicht zum ersten Mal, ob die Kochkursjungs an Weihnachten zusammenlegen und Klaus eine neue Mimi schenken sollten.

„Ich jetzt müssen gehen.“ Olga stand auf, zog den viel zu kurzen Samtrock etwas nach unten und schlüpfte in ihre Jacke mit Leopardenmuster.

Unwillkürlich wanderte Siggis Blick zur Küchenuhr. Kurz vor halb acht. „Äh, sind Sie mit dem Putzen denn schon durch?“, fragte er.

„Aber ja, für heute ich genug getan, Wohnung sauber.“ Olga stöckelte durch den Teppich aus Welpenhaaren zur Küchentür, die kleinen Hunde hinterher. „Oh meine Süßen, ihr nicht könnt mit mir kommen. Husch, husch, in Körbchen.“ Sie beugte sich tief nach unten, um die Welpen zur Seite zu schieben, damit sie hinter sich die Küchentür schließen konnte. Bocuse, Klaus und Siggi starrten wie hypnotisiert in das sich ihnen darbietende Dekolletee – sie konnten nicht anders. Es schien über einen eingebauten Magneten für Männerblicke zu verfügen. Wiewohl Olga keine junge Frau mehr war, im Gegenteil. Aber Sexappeal war ja keine Frage des Aussehens, sondern der Ausstrahlung.

Als sie weg war, atmeten die Männer tief durch, während die Welpen anfingen, die Stuhlbeine anzunagen.

Seifferheld ließ sie gewähren – die Welpen waren Mariannes Verantwortung. Wenn sie das Mobiliar zu Sägespänen zerlegten, dann ging ihn das nichts an.

In Klaus schien sich der eingebaute Begeisterungsschalter umgelegt zu haben, denn mit seiner üblichen Euphorie rief er: „Wo wir jetzt unter uns sind, können wir dir ja erklären, warum wir hier sind, Siggi.“ Er hob die Schallplatten hoch.

Seifferheld setzte sich wieder an seinen Platz und machte da weiter, wo er aufgehört hatte: zweite Butterbrezel und drittes Glas Apfelmost.

„Isch bin nur 'ier, weil 'elmerich misch mitgenommen 'at", wehrte Bocuse ab, als wolle er mit dem, was jetzt kam, nichts zu tun haben. Er hielt sich mit der einen Hand den Eisbeutel an die lädierte Gesichtshälfte und schaufelte mit der anderen Gsälz auf seine Brötchenhälfte.

„Das wird dich umhauen, Siggi. Weil nämlich, wir singen jetzt!" Klaus strahlte. Aufgrund seiner Position als reicher Erbe hatte er nie einem Beruf nachgehen müssen. Vor einiger Zeit hatte er aber zum Zeitvertreib eine gastronomische Immobilie in bester Innenstadtlage angemietet und betrieb dort jetzt ein Bistro. Mehr schlecht als recht. Wenn er damit seinen Lebensunterhalt hätte verdienen müssen, wäre er schon längst verhungert. Musste er ja aber nicht. Meistens war sogar er es, der Lokalrunden schmiss. Sein Lebensmittelpunkt waren seine Freunde von der Männerkochkursgruppe. Immer wieder kam er mit neuen Ideen an, was die Jungs gemeinsam auf die Beine stellen konnten – sie hatten sich bereits mehrmals an Amateurkochwettbewerben beteiligt (jedes Mal unterirdisch erfolglos), und einmal hatten sie sogar zusammen ein Kochbuch geschrieben (das Verfahren, das ein Rentner angestrengt hatte, weil er nach dem Nachkochen eines ihrer Rezepte eine böse Magenverstimmung bekam, war noch anhängig).

„*Wer* singt?", fragte Siggi. Ihm schwante Schlimmes.

„Na wir! Die Kochkursjungs!" Klaus schob die Thermoskanne mit dem Kaffee, den Milchtopf und den Korb mit Brot, Brötchen und Brezeln beiseite und breitete auf der dadurch entstehenden Freifläche seine Single-Sammlung aus. „Wir nennen uns *Die Acht vom Herd* und nehmen eine Platte mit den schönsten Kochliedern auf!"

Beinahe hätte Seifferheld sich verschluckt. Mangels Artikulationsfähigkeit bedachte er Klaus mit sprechenden Blicken, die *Geht's noch?* und *Was für ein Schwachsinn ist das jetzt wieder?* fragten.

„Die anderen sind dafür – Arndt, Schmälzle, Gotthelf, Eduard und Horst. Und auch Bocuse!" Klaus sah zu dem Franzosen, der nur mit den Augen rollte.

Bei diesen Gemeinschaftsprojekten legte Klaus immer dieselbe überschäumende Hingabe an den Tag, mit der die Welpen gerade die Stuhlbeine zernagten. Es hatte keinen Sinn, ihm zu widersprechen. Und was an Kosten anfiel, übernahm ohnehin er. Am einfachsten war es, auf dieser Welle der Euphorie mitzusurfen.

Seifferheld schürzte in Duckface-Manier die Lippen. Das war seine bewährte Hinhalte-Taktik.

„Es gibt haufenweise tolle Kochlieder, schau", jubelte Klaus jetzt. „Das wird eine ganz, ganz tolle CD!"

Seifferheld inspizierte die Cover der Platten. Von einem sah ihn Heino an, der offenbar auf der B-Seite *Backe, backe Kuchen* sang. Daneben lagen *Aber bitte mit Sahne* von Udo Jürgens und *Käsebrot* von Helge Schneider. Aber es gab auch Fetzigeres – beispielsweise *Jambalaya* von den Carpenters und *How much is the Fish* von Scooter. Letzteres allerdings auf CD.

„Das ist mein Lieblingslied." Kläuschen fischte *Der Hafer- und Bananenblues* von Äffle und Pferdle aus der Gemengelage heraus und fing an zu singen. „Das ist der Hafer- und Bananenblues ..."

Diese süddeutsche Hymne der Zeichentrickfiguren Äffle und Pferdle, durch das Vorabendfernsehen im SWR berühmt geworden, klang schon im Original atonal, aber bei Klaus sträubten sich einem die Nackenhaare. Sensibleren Gemütern rollten sich die Zehennägel ein. Die Welpen stutzten kurz, dann fingen sie an zu heulen.

Siggi deduzierte messerscharf, dass Marianne oben im Schlafzimmer ihre Noise-Control-Kopfhörer aufgesetzt haben musste und mithin nichts hörte, sonst wäre sie spätestens jetzt in die Küche gestürmt und hätte zu wissen verlangt, wer hier Tierquälerei an ihren Welpen betrieb. Aber ihre rituelle halbe Stunde Leseklausur war ohnehin jeden Moment vorbei. Er musste das hier also rasch zu Ende bringen.

„Ist ja gut, ist ja gut!“ Seifferheld hob resignierend die Hände. „Wir singen.“

Warum auch nicht? Viele Menschen sangen im Chor, das war ein schönes Hobby. Mit dem man niemanden vergiften konnte ...

„Und die Platte nehmen wir dann bei dir im Radiosender auf.“ Klaus hob den Daumen.

Bocuse stand auf. „Macht, was ihr wollt, aber isch bin völlig erledigt, isch muss misch 'inlegen.“ Er kannte sich im Seifferheldhaus aus und marschierte schnurstracks über den Flur ins Wohnzimmer. Fatalerweise ließ er dabei die Küchentür offen. Die Welpen nutzten ihre Chance und witschten hinaus.

Seifferheld wollte den Kleinen nach, aber vorher musste er Klaus noch rasch den Kopf zurechtrücken. „Das ist nicht *mein* Radiosender, das ist eine offizielle Außenstelle des SWR. Die wird nicht für private Tonaufnahmen vermietet!“

Klausens Mittvierzigergesicht fiel in sich zusammen. „Aber ...“

„Nix aber. Keine Platte. Wir singen nur so für uns.“

„Aber darum geht's doch gerade, dass wir eine Platte aufnehmen. Um uns am Markt zu etablieren. Und unsere Marke auszubauen. Und uns zu diversifizieren.“

Manchmal musste Klaus zur Bank, um für die Verwaltung des ererbten Vermögens irgendwelche Dokumente zu unterzeichnen, und dabei schnappte er jedes Mal Begriffe auf, die er dann kontextentfremdet verwendete.

Klaus schaute jetzt wie ein fünfter Welpe drein. Siggi wurde weich. Sein Freund war das personifizierte Kindchenschema – man konnte ihm einfach nicht böse sein. Nicht einmal dann, wenn er mit völlig aberwitzigen Ideen daherkam. Was gewissermaßen im Wochenrhythmus der Fall war.

„Ist ja gut, wir machen das, wir nehmen eine Platte auf", versprach Seifferheld. „Nur nicht im Sender. Wir mieten uns ein Tonstudio."

Klaus sprang auf und umarmte seinen Freund. „Super! Dafür gibt's heute Abend bei mir im Bistro Freibier für alle!"

Siggi begleitete Klaus hinaus, hörte im Vorbeigehen röchelnde Schnarchgeräusche mit französischem Timbre aus dem Wohnzimmer und stieg die Treppe zu seinem ehelichen Schlafzimmer hinauf.

Unterwegs überholte er den Chips und den Pickel. Für ihre kurzen Beinchen war jede Stufe ein Mount Everest. Es sprach für den Mut und die Unerschrockenheit der beiden Kleinen, dass sie – ohne Sauerstoffmaske und Sherpa – dennoch wacker dem Gipfel zustrebten ...

Ehe bedeutet, dass man für den Rest seines Lebens
nie mehr diagonal im Bett liegen kann.
Laurence Sterne

Marianne ruhte wie ein wahr gewordener Traum auf der Ottomane vor dem Fenster. Von hier oben sah man das Globe-Theater auf dem Unterwöhrd, die beiden Kocher-Arme mit den überdachten Holzbrücken und weiter links die Anfänge der Ackeranlagen, wie der Stadtpark von Schwäbisch Hall hieß.

Seifferheld blieb kurz stehen und nahm den Anblick seiner Marianne in sich auf.

Die dunklen, fast präraphaelitischen Locken seiner Frau lagen wie von Künstlerhand drapiert auf den diversen Kissen in ihrem Rücken, im Ausschnitt ihrer Bluse sah man den weißen Spitzenträger ihres Büstenhalters aufblitzen, in der Hand hielt sie die in Leder gebundene Lebensgeschichte der Luise Reinhard.

In Seifferheld regte sich etwas. Aber um an die lockenden Rundungen seiner Marianne zu gelangen, hätte er erst Hovawart Onis sowie die Bichogge und den Schnudel von ihr herunterklauben müssen. Und die drei Hunde sahen nicht so aus, als würden sie sich das widerspruchslos gefallen lassen. Gleich darauf hechelten auch der Pickel und der Chips herein. Marianne beugte sich zur Seite und hob die beiden zu sich auf die Ottomane.

„Sind die anderen alle weg?"

Siggi nickte. „Bis auf Bocuse, der schläft im Wohnzimmer." Er ging zu ihr und drückte ihr einen Kuss auf die Stirn. „Du siehst bezaubernd aus."

„Und du kratzt immer noch. Rasier dich endlich. Ich will nicht das Gefühl haben, das Nagelkissen eines indischen Fakirs zu knutschen."

Die Worte klangen harsch, aber der Arm seiner Frau schlang sich um seinen Nacken, sie zog seinen Kopf zu sich und küsste ihn zärtlich auf die Lippen. Marianne war zwar erst seit kurzem eine Seifferheld-Frau, aber es hatte seinen Grund, warum er sich auf den ersten Blick in sie verliebt hatte: Sie hatte, wie alle Seifferheld-Frauen, eine eisenharte Hülle mit einem liebevoll-weichen

Kern. Er erwiderte ihren Kuss, zunehmend leidenschaftlich, bis er spürte, dass ihn etwas am Ohr leckte. Die Bichogge hatte sich auf ihre langen Beine gestellt und erwies ihm innige Zuneigungsbekundungen.

„Bäh, holt Jod und heißes Wasser, ein Hund hat mich geküsst", murrte Siggi, die Peanuts zitierend.

Marianne kicherte. „Ist das nicht der Traum eines jeden Mannes – von zwei Frauen gleichzeitig verwöhnt zu werden?"

„Dieser Freak ist ein Weibchen?"

Die Bichogge, die die ellenlangen Beine ihrer Mutter und den kurzen, gedrungenen, sehr haarigen Torso ihres Vaters geerbt hatte und deren Kopf ein wild wucherndes Haarbüschel à la Warhol krönte, schleckte verliebt weiter. Ihre Sabberproduktion war erstaunlich.

„Bäh", wiederholte Siggi. „Ich geh duschen." Widerstrebend löste er sich von seiner Frau. „Und dann muss ich los."

„Ach stimmt, heute ist Mittwoch. Knast-Sticken." Marianne war schon längst wieder in ihr Buch vertieft. „Viel Spaß."

Er schlappte ins Bad.

„Vergiss die Blini nicht!", rief sie ihm hinterher.

Siggi streckte den Kopf aus der Badezimmertür. „Was?"

„Die Blini!"

„Was für Blini?" Seifferheld stand auf dem Schlauch.

„Die Blini, die Olga vorhin extra fix für deinen Russen gebacken hat. Wie jeden Mittwoch." Marianne seufzte.

„Schon wieder? Muss das echt jedes Mal sein? Der Mann wird gut verköstigt, der fällt schon nicht vom Fleisch. Ich bin's leid, den Blini-Lieferdienst zu spielen."

„Das sagst du jede Woche."

„Weil ich das auch jede Woche so empfinde." Man musste als Mann auch mal ein Zeichen setzen. Hätte er nicht zufällig einmal nachmittags bei Kaffee und Schmandkuchen erwähnt, dass ein Russe in seiner Stickgruppe war, hätte Olgas russische Seele nie den Drang verspürt, dem Häftling ein Stückchen Heimat zukommen zu lassen.

„Ich mach das nicht mehr", bockte Seifferheld.

„Doch, du machst das."

„Ich ziehe einen Schlussstrich. Hier und jetzt. Wenn er Blini will, soll er doch bei Lieferando bestellen."

„Herrgottnocheins, du machst das, Siegfried."

Wenn Marianne seinen vollen Vornamen verwendete, war das immer ein Zeichen dafür, dass sie das Gespräch als beendet betrachtete.

Er öffnete trotzig den Mund, aber bevor er noch etwas sagen konnte, herrschte es von der Ottomane: „Basta!"

Die Welpen suchten unter dem Bett Zuflucht.

So war die Ehe: eben noch romantisches Kuscheln auf Augenhöhe, gleich darauf die hierarchische Kampfansage von Amazonenkönigin an Toyboy, wer hier die Hosen anhatte. Wenn er jetzt auf stur stellte, würde es heute keine Küsse mehr geben, nicht einmal, wenn er nach dem Rasieren mit babypopoglatter Haut ankam.

Siggi seufzte und sah an sich hinunter. Der Revoluzzer in ihm fiel in sich zusammen. Er musste sich endlich angewöhnen, unter seinem Morgenmantel lange Hosen zu tragen. Feinrippträger waren bei Verbalattacken klar im Nachteil.

Seifferheld und die Sticker mit den stumpfen Nadeln

Aus dem Polizeibericht

Ein junger Mann verschlief am vergangenen Montagmorgen seinen Stadtbus-Halt „Hessental-Dolanallee". Als er an der Endhaltestelle „Berufsschule" vom Fahrer geweckt wurde, stellte er fest, dass sein Rucksack verwechselt worden sein musste – statt seines eigenen lag ein ähnlich aussehender fremder Rucksack neben ihm. Laut Aussage des Fahrers wurde er daraufhin totenbleich. Der Fahrgast, dem die Verwechslung der Rucksäcke unterlaufen war, hatte zwischenzeitlich den Rucksack des jungen Mannes geöffnet, um den rechtmäßigen Besitzer zu kontaktieren und die Rucksäcke wieder zu tauschen. Dabei hatte er zwei Kilogramm Marihuana entdeckt. Als der verschlafene Drogenhändler am Stadtbus-Hauptsitz erschien, um seinen Rucksack abzuholen, erwartete ihn dort die Polizei.

Die Welt zu Gast in Schwäbisch Hall. Dieses Motto des Stadtmarketings galt nicht nur für Touristen, sondern auch für die Insassen der örtlichen Justizvollzugsanstalt.

Aus aller Herren Länder kamen die Straftäter, was die Verständigung bisweilen schwierig gestaltete und natürlich Konfliktpotenzial barg. Und auch das Spektrum ihrer Straftaten war breit: von Wirtschaftskriminalität über organisiertes Verbrechen bis hin zu einem berüchtigten Serienvergewaltiger und -mörder war alles vertreten. Aber auch hier, inmitten von Totschlägern, Betrügern und Brandstiftern, gab es so etwas wie einen ganz normalen Alltag, und zu diesem Alltag gehörte jeden Mittwoch Siegfried Seifferheld, den hier alle nur „Der Sticker" nannten.

Siggi war spät dran: Der Stadtbus war mit Verspätung gekommen, da es in der – wegen der vielen auf der linken Fahrbahn geparkten Anwohnerfahrzeuge – einspurigen Schenkenseestraße mal wieder zu einem Stau gekommen war, als eine Kraftfahrzeuglenkerin der festen Überzeugung war, der Bus müsse zurücksetzen und nicht sie. Und von der Bushaltestelle zum Knast war es auch noch eine ordentliche Strecke für jemand, der wegen der Kugel in seiner Hüfte nur mit Gehhilfe vorankam und in der freien Hand eine Tüte mit Blini trug.

„Tag, Herr Seifferheld."

In der Justizvollzugsanstalt schlug ihm wie immer der typische Knastgeruch entgegen: eine Mischung aus Bohnerwachs, Männerschweiß, angebranntem Essen und kaltem Zigarettenrauch.

„Morgen." Siggi wappnete sich für das übliche Procedere, das alle aushäusigen Dozenten des Gefangenenbespaßungsprogramms über sich ergehen lassen mussten. Seine Gehhilfe wurde einbehalten, weil die sich unter Umständen als Waffe zweckentfremden ließ. Die Blini wurden inspiziert und vorgekostet. Das Vorkosten wäre nicht nötig gewesen, aber Olgas Blini waren lecker und bei den Beamten beliebt. Erst danach durfte Seifferheld in Begleitung zu dem kleinen Veranstaltungsraum humpeln, in dem er schon höchst ungeduldig erwartet wurde.

Zum mittwöchlichen Stickkurs von Siegfried Seifferheld durften nur als „ungefährlich" Eingestufte – konkret hieß das: Kurt, ein zottelhaariger Ex-Junkie, der wegen leichter, aber wiederholter Beschaffungskriminalität einsaß und im Knast zu Gott gefunden hatte; Saiid, ein zartbitterschokoladenbrauner Somali, von dem es hieß, er sei Pirat gewesen, der jetzt aber an den Rollstuhl gefesselt war, warum, das wusste keiner; Trân, ein winziger Vietnamese, der einen Schmuggelring geleitet hatte; Murat, eine Seele von Mensch, der erstaunlich echt wirkendes Falschgeld in großen Mengen produziert und unter die Leute gebracht hatte; Willi, der früher als Zuhälter aus reiner Muskelmasse bestanden hatte, jetzt aber über zweihundert Kilo untrainiertes Lebendgewicht mit sich herumtrug; und Pjotr, der greise Russenmafioso, der mit seinem weißen Vollbart und den buschigen weißen Augenbrauen wie ein wohlwollendes Großväterchen wirkte. Aber selbst dieser harmlose Haufen – der Fromme, der Fette, der Nette, der Zwerg, der Rollstuhlfahrer und der Greis – bekam jeweils nur eine einzige, stumpfe Sticknadel ausgehändigt. Um das Risiko zu minimieren. Natürlich war Seifferheld bewusst, dass man auch mit einer stumpfen Sticknadel viel Böses anrichten konnte. Angst hatte er trotzdem nicht – er verließ sich auf seinen Instinkt. Und sein Instinkt sagte ihm, dass er zwar wachsam sein musste, aber nicht besorgt.

Die Männer waren für die Abwechslung mehr als dankbar und gierten förmlich danach, sein gesamtes, in vielen Jahren angeeignetes Sticker-Wissen vollumfänglich in sich aufzusaugen. Wenn Seifferheld ehrlich war, dann sonnte er sich ein wenig darin, so begehrt zu sein. Lange Zeit hatte er nur heimlich gestickt, weil in seiner Generation Sticken nicht als anerkannte Beschäftigung für echte Kerle galt. Aber das Schöne am Alter war ja, dass man sich – im Idealfall – irgendwann ein Ei darauf pellte, was die anderen dachten. Also hatte er sich nach seiner Vervorruhestandung geoutet und galt mittlerweile als Koryphäe, er hatte sogar seine eigene interaktive Radiosendung, bei der ihn stickende Männer anrufen konnten, denen er dann mit Tipps und Tricks weiterhalf. Und seit kurzem hatte er eben auch diesen Stickkurs in der JVA. Bei dem er, anders als im Radio, die leuchtenden Gesichter der Männer sehen konnte, wenn sie in den Flow kamen und ihnen besonders gute Stiche gelangen, die nach und nach sogar ein wiedererkennbares Motiv ergaben.

„Morgen, die Herren", sagte Seifferheld, als er in den Raum humpelte, den die Gefängnisleitung für solche Kleingruppenveranstaltungen vorgesehen hatte.

„Morgen, Herr Seifferheld", schallte es ihm aus den fünf Männerkehlen entgegen.

Auch wenn die fünf jetzt mit Begeisterung dabei waren, gab sich Seifferheld keinen Illusionen hin. Ursprünglich saßen sie nur hier, weil die anderen Kurse ausgebucht gewesen waren. Der Gefängnisalltag war wahlweise knallhart oder megalangweilig, darum erfreuten sich die Kurse, mit denen die Gefängnisleitung die Insassen bei Laune halten wollte – darunter Aquarellzeichnen, kreatives Schreiben und Gospelgesang –, größter Beliebtheit. Der Andrang für den Stickkurs hatte sich allerdings in Grenzen gehalten. Ganoven waren seit jeher erzkonservativ – dass es nicht an der Männlichkeit kratzte, wenn man als Kerl handarbeitete, war noch nicht wirklich in die Verbrecherhirne durchgedrungen. Damals hatten sich neun Männer für den Kurs angemeldet, weil sie sonst nirgends mehr unterkamen – von den neun machten aber drei sofort wieder einen Rückzieher – einer, als er merkte, dass Siegfried kein deutscher Frauenname war, wie er geglaubt hatte, weil in seiner Heimat ausschließlich Frauen Handarbeitsunterricht erteilten, und zwei, die gehofft hatten, hinter *Siegfried* würde sich ein junger deutscher Recke mit wallendem Blondhaar verbergen, kein angeschossener Ex-Bulle über sechzig, auch wenn Siggi für einen übersechzigjährigen Invaliden extrem gut in Form war.

So blieben also nur sechs wackere Sticker übrig, die sich aber mittlerweile ganz ehrlich über die Handarbeitsstunden freuten. Und die mit großem Engagement bei der Sache waren.

Der Funke war auch auf Siggi übergesprungen. Als altgedienter Cop glaubte er nicht wirklich an Resozialisierung und hatte sich nur für den Kurs zur Verfügung gestellt, weil Polizeichefin Bauer ihn dazu gedrängt hatte. Jetzt aber freute er sich auf die Mittwochvormittage mit seinen Knackis. Sie hatten schon Initialen in ihre Unterwäsche gestickt sowie einfache Rauten- und Stern-Muster mit Kreuz-, Stiel- und Knötchenstichen auf ihre Kissenbezüge. Heute sollte es zum ersten Mal an richtige Motive gehen.

Siggi lächelte. Ihm war durchaus bewusst, dass er seine Freizeit ausnahmslos in reinen Männerrunden verbrachte – mit seinen Kochkumpels von der Volkshochschule, mit den Vollmondtrommlern, mit denen er allerdings nicht trommelte, nur Feierabendbiere trank, mit seinen Ex-Kollegen von Mord zwo, mit denen er sich jede Woche zum Stammtisch traf, und jetzt mit diesen stickenden Knastbrüdern. Aber da er jahrelang als einziger Hahn im Haus mit bis zu vier Frauen zusammengelebt und zudem bei der Arbeit eine Frau als Chefin gehabt hatte, tat ihm dieser Testosteronausgleich gut und hielt ihn innerlich in Balance.

„Heute habe ich Großes mit euch vor!“ Siggi setzte sich und packte seine Utensilien aus. „Wir wagen uns an Bildmotive! Das wird euer Durchbruch vom Anfänger zum Stickprofi. Seid ihr bereit?“

„Amen“, meinte Kurt.

„Ja!", rief Saiid.

„*Da*", sagte Pjotr auf Russisch.

Trân nickte, Murat hob den Daumen, und Willi ließ seine gewaltigen Hüften im Vorfreudemodus rotieren.

Seifferheld grinste. „Aber erst gibt es Blini."

Die von Olga zubereiteten russischen Pfannkuchen waren an diesem Tag mit Hackfleisch vom Rind gefüllt. Von den ursprünglichen zwanzig waren noch exakt fünfzehn übrig – fünf füllten bereits die Mägen der Schließer, die sich als Vorkoster zur Verfügung gestellt hatten. Seifferheld reichte die Tupperdose herum, und jeder bediente sich ausgiebig. Jeder bis auf ihn selbst, denn er hatte ja schon seine Butterbrezen gefrühstückt und achtete neuerdings auf sein Gewicht. Seiner Marianne zuliebe. Darum nahm er schweren Herzens nur einen Blini.

„Komm, Herr Jesu, sei unser Gast und segne, was du uns bescheret hast", betete Kurt. Glaubensunabhängig nickten alle mit den Köpfen und bissen dann herzhaft zu.

Über das Schmatzen der Männer hinweg erklärte Siggi die neue Herausforderung.

„Wie ihr seht, habe ich schon passende Motive auf die Kissenstoffe aufgebügelt. Für mich den Kopf von meinem Hund Onis."

Anerkennendes Nicken.

„Für Kurt die betenden Hände von Dürer ...",

Weil Kurt den Mund voll hatte, trampelte er vor Freude mit den Füßen.

„... für Saiid einen Leoparden wie aus dem Wappen von Somalia ...",

Saiid reckte patriotisch die Faust in die Luft.

„... für Trân den Kopf von Bruce Lee ...",

Trân war ein großer Fan der Kampfsportlegende. Vor Rührung musste er schwer schlucken.

„... für Murat die blumenumkränzte Hagia Sophia ...",

Murats Daumen schoss nach oben.

„... für Willi gibt's Marilyn Monroe ..."

Willi, der sich seinen aufgerollten russischen Pfannkuchen quasi am Stück in den Mund geschoben hatte, nur kurz angekaut und dann schon geschluckt hatte, rief mit seiner erstaunlich hohen Stimme: „Mensch, Herr Seifferheld, toll – die Monroe, wie sie über dem Luftschacht steht! Woher wussten Sie, dass ich auf Beine stehe?"

Hatte Siggi nicht gewusst, aber die Chance stand ja normalerweise schon fifty-fifty, dass ein Mann auf Brüste oder Beine stand – und wer lange genug hinter Gittern saß, stand sowieso auf alles.

„... und für Pjotr eine Ikone mit dem heiligen Georg."

Pjotr guckte zufrieden. Georg war der Schutzheilige von Moskau. Das passte.

Pjotr glaubte an Absicht, aber Seifferheld hatte das nicht gewusst.

Er fand nur das Motiv schön, und Pjotr war mit Abstand der geschickteste seiner Schüler und würde die Herausforderung locker bewältigen.

„Männer, das wird euch alles abverlangen, was ihr bisher bei mir gelernt habt: Margeritenstiche, Gobelinstiche, Plattstiche, Fischgrätstiche, Perlstiche ..."

Siggi zählte an den Fingern ab. Weil er jetzt mit einer Hand durch war und in der anderen noch seinen Pfannkuchen hielt, hörte er auf, obwohl es da noch den einen oder anderen Stich gegeben hätte. Stattdessen biss er zu.

Pjotr, der seinen Blini mit geschlossenen Augen zelebriert hatte, erklärte: „Seifferheld, du bist einer von den Guten!"

Der alte Russe war an diesem Tag ungewöhnlich bleich. Das mochte an den hohen Temperaturen an diesem Mittwoch liegen oder aber ... Siggi hatte natürlich keine Akteneinsicht in die Unterlagen seiner Kursteilnehmer, aber es ging das Gerücht, dass Pjotr nicht ganz gesund war. Ihm fiel Demioff wieder ein, und er dachte, dass Pjotr womöglich froh sein könnte, wenn er auf die Krankenstation verlegt wurde, bis Demioff entlassen wurde. So hätte er die Möglichkeit, aus seiner Organisation ohne eine von Demioff eingeleitete finale Endlösung auszusteigen.

Während Seifferheld noch zu Ende aß, suchten sich die Männer bereits ihre Garne aus. Das Budget für den Kurs war minimal, glücklicherweise hatte der Haller Kurzwarenladen, bei dem Seifferheld ein geschätzter Stammkunde war, ihm eine bunte Auswahl verschiedener Rest-Garne gespendet.

„Also gut, es geht los." Siggi wischte sich die ölige Blini-Hand an der Hose ab und stellte sich ans Kopfende des Tisches.

In dem kleinen, absolut schmucklosen Raum mit den mit Manganstahl vergitterten Fenstern befanden sich nur ein übergroßer, am Boden befestigter Tisch sowie mehrere Plastikstühle ohne scharfe Kanten. Die in die Wände eingelassenen Schränke waren sämtlich verschlossen. Eine Wache war wegen der geringen Gefährdung nicht abgestellt.

„Jeder fängt mit der einfachsten Stelle seines Motivs an ... wir gehen das mal reihum durch. Danach läuft es wie immer: Ihr stickt, und ich leiste Hilfestellung, wo nötig."

Seifferheld betrachtete die Männer. Trân half Saiid, seinen sperrigen Rollstuhl richtig am Tisch zu positionieren, Kurt sah aus, als würde er gerade innerlich ein Stick-Gebet sprechen, Murat und Willi schienen in letzter Sekunde ihre Garne austauschen zu wollen und Pjotr schaute bleich aus der Wäsche und hielt sich an der Tischkante fest.

„Alles in Ordnung, Pjotr?", fragte Seifferheld.

Pjotr nickte nur und tat Seifferhelds Besorgnis mit einer ungeduldigen Handbewegung ab.

Es war illusorisch gewesen zu glauben, er könne hier mit Pjotr reden. Dazu war der Raum zu klein und die Ohren der anderen zu gespitzt. Er würde ihn unter einem Vorwand nach dem Kurs zurückhalten müssen.

„Also …“, fing Seifferheld an.

„Es gibt gar kein fleischfarbenes Garn“, monierte Willi. „Wie soll ich denn da meine Marilyn sticken?“

„Ich bringe nächste Woche neues Garn mit. Fang einfach mit dem weißen Kleid an“, riet Seifferheld. Das fleischfarbene Garn würde er aus eigener Tasche bezahlen müssen, aber das war es ihm wert.

„Wie geht gleich noch mal der Margarinestich?“ Kurt schnalzte mit den Fingern wie ein übereifriger Schüler.

*„Margeriten*stich“, korrigierte Siggi. „Erkläre ich gleich. Aber erst mal …“

„Wie mache … das?“, fragte Saiid und zeigte auf die Flecken des Leoparden.

„Mit Knötchenstich. Haben wir erst letzte Woche gelernt. Aber jetzt …“

„So gut?“, unterbrach Trân und hob seinen Stickrahmen hoch. Trân war ein Naturtalent und somit ein Schnelllerner. Er hatte in diesen wenigen Sekunden quasi schon seinen halben Bruce Lee gestickt.

„Das Garn ist zu dick für meine Nadel, ich krieg das nicht eingefädelt“, klagte Murat.

„Ich helfe dir“, bot Trân an. Der quirlige Asiate war die Hilfsbereitschaft in Person.

„Habe vergessen, wie Knötchenstich geht.“ Saiid schaute entschuldigend.

Seifferheld seufzte. Er war kein geborener Pädagoge. Und einen Sack Flöhe zu hüten, konnte nicht schlimmer sein als diesen undisziplinierten Haufen an

Knastbrüdern. Mittlerweile hatte er auch vergessen, was er eigentlich hatte erklären wollen.

Kurt schnalzte wieder mit den Fingern.

„Ja, schon gut, ich erkläre jetzt noch mal den *Margeriten*stich. Obwohl man den für die betenden Hände von Dürer nicht braucht." Seifferheld sah Kurt dezidiert an. „Also, aufgemerkt! Erst kommt der Kettstich, kennt ihr schon ... an der Schlinge mit einem Spannstich festhalten, und zwar so ... dann von links durch den Stoff stechen, eine Schlinge bilden, in die Ausstichstelle zurückstechen und ..."

„Moment, was?" Kurt hatte es geschafft, das Garn um seine Finger zu knoten.

Während Schnellkapierer und Hochgeschwindigkeitsumsetzer Trân quasi schon den kompletten Blumengarten rund um die Hagia Sophia von Murat gestickt hatte, während Murat kaugummikauend daneben saß und zuschaute, erklärte Siggi den anderen noch mal im Zeitlupentempo von vorn, wie man einen Margeritenstich stickte. „Die Schlinge mit dem Spannstich festhalten ..."

„Der Iwan braucht 'nen Arzt", unterbrach Willi und zeigte mit dem Kopf zu Pjotr. In gewissen Kreisen war es üblich, alle Russen als Iwan zu bezeichnen.

Seifferheld legte seine Demonstrationsmaterialien auf den Tisch und humpelte zu Pjotr. Der saß noch bleicher als vorhin schon auf seinem Stuhl und atmete flach. Er winkte auch nicht mehr ab – offenbar ging es ihm richtig schlecht.

Siggi fühlte nach dem Puls. Er hatte Mühe, ihn zu finden. Daraufhin humpelte er zur Tür, die natürlich verschlossen war, und klopfte an die Scheibe. „Herr Jagelovsk muss auf die Krankenstation", sagte er zu dem Schließer, der gleich darauf die Tür öffnete.

Das war jetzt ein kritischer Moment – für den Laien nicht ersichtlich, aber für die Profis. Hatte Pjotr Jagelovsk tatsächlich einen Schwächeanfall oder täuschte er ihn nur vor? Falls Letzteres der Fall sein sollte, waren die anderen womöglich eingeweiht und würden die Situation ausnützen? Zugegeben, die JVA Schwäbisch Hall war keine berüchtigte, völlig überfüllte Masseninternierungseinrichtung, aber Knast ist Knast, und wer drin ist, will raus.

Für diesen Vormittag war der Stickkurs jedenfalls beendet. Denn aus Sicherheitsgründen wurden alle außer Pjotr – Trân, Saiid, Kurt, Willi und Murat – zurück in ihre Zellen gebracht.

„Och menno", nölte Trân, dem nicht erlaubt wurde, seine Sticksachen mitzunehmen, um gewissermaßen als Hausaufgabe seinen Bruce Lee zu vollenden.

Der herbeigerufene Anstaltsarzt bestätigte die Echtheit von Pjotrs Kreislaufkollaps und spritzte ihm ein Stärkungsmittel. Der Arzt, der Schließer, der angesichts der entspannteren Sicherheitslage Seifferhelds Gehhilfe mitbrachte, und Siggi warteten gemeinsam ab, ob das Mittel anschlug und Pjotr wieder etwas Farbe bekam.

„Ich höre, Sie waren bei der Polizei?", fragte der Schließer, um Konversation zu machen, während der Anstaltsarzt abwechselnd Pjotrs Puls und die Textnachrichten auf seinem Handy checkte. „Kann es sein, dass ich Sie an der Polizeischule mal bei einem Vortrag erlebt habe?"

Siggi nickte. Ächzend ließ er sich auf einen der Plastikstühle sinken. „Kann sehr gut sein. Ist aber schon zwanzig Jahre her, dass ich dort Gastvorträge gehalten habe."

Der Schließer nickte eifrig. „Ja, kommt hin. Für mich war der Dienst auf der Straße dann doch nichts, darum bin ich in den Vollzug gewechselt." Er nickte immer noch, wie ein Siebziger-Jahre-Wackeldackel im Fond eines Ford Transit. „Kann mich noch gut an Ihren Vortrag erinnern. Sehr plastisch, sehr kompetent. *Über den Umgang mit Gewalttätern im Einsatz vor Ort.*" Das Nicken hörte abrupt auf, und der Schließer zeigte mit dem Kinn auf Seifferhelds Gehhilfe. „Was ist mit Ihnen passiert?"

Siggi mochte nicht ausschließen, dass sein Gesicht in diesem Moment von einer leichten Röte überzogen wurde. „Ich wurde angeschossen. Von einem Gewalttäter. Bei einem Einsatz vor Ort."

Schließer und Anstaltsarzt versuchten vergeblich, ein Schmunzeln zu unterdrücken. Pjotr gab sich dagegen keine Mühe.

„Ich fühle mir schon wieder besser", sagte der Russe breit grinsend. Auch sein Atem kam jetzt wieder kräftiger.

Der Arzt fühlte nochmals seinen Puls. „Noch fünf bis zehn Minuten, dann kann er wieder auf seine Zelle", sagte er zum Schließer, packte seine Arzttasche und ging.

Ein anderer Schließer winkte seinen Kollegen zur Tür und ging auf einem Klemmbrett etwas mit ihm durch.

Pjotr und Siggi waren allein.

Jetzt oder nie!

„Ich höre, Igor Demioff sitzt jetzt auch hier ein ...", fing Seifferheld betont beiläufig an.

Die samtbraunen Augen unter den buschigen Brauen musterten Seifferheld. Der großväterliche Gesichtsausdruck von Pjotr Jagelovsk veränderte sich, er wurde zwar nicht direkt feindselig, aber doch äußerst wachsam. Er antwortete nicht.

Siggi hätte sich vorher überlegen sollen, wie er das formulieren wollte. *Ich soll Ihnen ausrichten* war

Quatsch. Jedes offizielle Angebot eines Deals wäre von einem Vertreter der Staatsanwaltschaft überbracht worden. *Ich wollte nur mal fragen* war noch größerer Quatsch. Er und Pjotr waren keine Freunde, hatten seit Beginn des Kurses so gut wie kein privates Wort gewechselt. Sie waren allenfalls Männerfreunde, die Art von Freundschaft, bei der man spürt, dass man mit dem anderen gern mal ein Bier am Kneipentresen trinken würde.

Pjotr sah ihn nur an, sagte keinen Ton.

Dieser ganze Schwatz war Quatsch. Ohne ein Glas in der Hand redeten Männer nicht miteinander.

„Also ... falls der Demioff irgendwie ... ich wollte sagen ... falls er ... wenn Sie Hilfe brauchen ... können Sie sich an mich wenden", stammelte Siggi. Jetzt war er definitiv rot. Hummer-in-kochendem-Wasser-rot.

Hatte er, ein unbedeutender Ex-Kommissar im Ruhestand aus der süddeutschen Provinz, gerade dem Kopf einer russischen Mafiafamilie angeboten, dass er ihm bei potenziellen „Erbfolgestreitigkeiten" zur Seite stehen würde?

Siegfried Seifferheld kam sich nicht oft albern vor, aber jetzt und hier war er definitiv der King of albern.

„Und? Geht's wieder?" Der Schließer kehrte in den Raum zurück und half Pjotr auf die Beine. Der guckte wieder wie der Weihnachtsmann in Zivil – harmlos und großväterlich. „Dankerschön, ja", sagte er. Und „dankerschön" sagte er auch zu Seifferheld.

Dann führte der Schließer ihn langsam und behutsam hinaus. Die Gefängniskleidung schien den ausgemergelten Altmännerkörper beim Gehen förmlich zu umflattern.

Siggi schüttelte nur den Kopf. „Siggi, du bist ein Idiot."

Seifferheld und die Nebelbombe mit Schluckauf

Aus dem Polizeibericht

High Noon auf der Tullauer Höhe. Um zwölf Uhr mittags stritten sich zwei Mütter mit Kinderwagen, welche von ihnen den letzten freien Kinderwagenstellplatz im Stadtbus einnehmen dürfe. Der Busfahrer wollte schlichtend eingreifen, wurde aber von den beiden Frauen mit Babyfläschchen und Stofftieren attackiert. Er erlitt eine leichte Kopfverletzung. Daraufhin fuhr er weiter, und keine der Mütter kam an Bord. Weil die Frauen anschließend aufeinander losgingen, wobei es zu Blutergüssen und Kratzwunden kam, erstattete die von einem Passanten herbeigerufene Polizei Anzeige wegen Körperverletzung. Wir lernen: Mütter sind die gefährlichsten Raubtiere des Planeten.

Die Sonne am Himmel über Hall strahlte.

Verschwitzt kam Siggi Seifferheld aus dem Knast zurück. Vielleicht wäre ihm weniger heiß gewesen, wenn er seine Windjacke ausgezogen hätte, aber man konnte sich zwar sehr wohl Adam ohne Eva oder Dick ohne Doof vorstellen, nicht aber Seifferheld ohne seine Windjacke.

Vor dem Haus in der Unteren Herrngasse blieb er kurz stehen und lauschte. Marianne führte ein „open house“ – wer oder was würde ihn heute da drin erwarten? Der Familienrat für eine Intervention, weil Helmerich die Nacht aushäusig verbracht hatte? Der Welpenkindergarten für ein *Get together* mitsamt Herrchen und Frauchen? Der Fanfarenzug der Haller Sieder? Siggi wappnete sich.

„S'isch koiner dahoim“, rief es ihm aus luftiger Höhe zu. „Nur Ihr Onis.“

Solange seine Nachbarin lebte, würde er keine Alarmanlage benötigen. Er drehte sich um und schaute zu dem lila Kissen hoch. Ein runzliger Frauenkopf, umkränzt von frisch bei Frau Trump in der Pfarrgasse ondulierten Haaren, sah zu ihm herunter.

„Guten Morgen, Frau Hoppe“, rief Siggi.

„S'isch nach zwölfe, do ko man nimmer von Morga schwätza.“ Unausgesprochen schwang da der Vorwurf mit, dass Siggi ein fauler Sack sei, wenn er um diese Uhrzeit noch dachte, es sei Vormittag, und sich nicht schon die Fingerkuppen wundgearbeitet hatte.

Der Nachbarschaftsfrieden befand sich in Schieflage, seit sich Siggis Schwester Irmgard mit Frau Hoppe wegen einer Pfingstrosenentscheidung der Blumenschmuckgruppe der Kirchengemeinde auf immer entzweit hatte. Vielleicht war es damals auch um Birkenzweige oder um nachtblühende Kakteen gegangen, Seifferheld wusste es nicht und es war ihm auch egal, aber seit damals hagelte es immer Sticheleien von Frau Hoppe. Obwohl er selbst sich ihr gegenüber nie etwas zu Schulden hatte kommen lassen. Das war Sippenhaft.

„Äh ... stimmt natürlich auch wieder. Ihnen noch einen schönen Tag.“ Er winkte ihr zu und wollte sich ins Haus lassen, aber natürlich musste er endlos fummeln, bis er den Schlüssel im Schloss hatte. Unter Druck lief Seifferheld nur selten zur Höchstform auf. Und der stechende Blick von Oma Hoppe von gegenüber machte definitiv Druck.

„Sie, Herr Seifferheld, Sie werdet langsam schütter!“, rief sie jetzt. Sie meinte das gar nicht böse, es war einfach eine Feststellung. Von ihrer höher gelegenen Warte aus fiel ihr das eben auf. „I seh scho Kopfhaut.“

Siggi legte den Kopf in den Nacken. In ihm köchelte es, und daran war nicht nur das Schwitzklima unter seiner Windjacke schuld. Aber er sagte nichts, sondern winkte nur ein letztes Mal mit eingefrorenem Lächeln nach oben und schlüpfte flugs in den kühlen Flur des Seifferheld-Stammhauses. In diesen alten Fachwerkbauten mit den dicken Steinmauern herrschte fast immer mildes Klima – erfrischend im Sommer, lauwarm im Winter.

Onis lag mitten im Flur. Seine Knickrute klopfte ein fröhliches Willkommen auf den Parkettboden. Früher wäre er aufgesprungen und hätte sich seinem Herrchen in die Arme geworfen, aber auch Onis wurde älter. Was man nicht nur an den grauen Haaren rund um seine Schnauze merkte.

„Na, alter Freund?“ Ächzend ging Seifferheld in die Knie und tätschelte den Quadratschädel des Hovawarts. „Dir geht die ständige Umtriebigkeit hier im Haus auch auf den Sack, stimmt's?“ Der Hund schnaufte. „Wie wär's mit einem Wurstzipfel?“

Wurstzipfel war das magische Wort. In null Komma nichts war Onis auf den Pfoten, transportierte sich in Lichtgeschwindigkeit vor den Kühlschrank und fing an zu sabbern.

Seifferheld schlappte gemütlich hinterher, entriegelte die Hundesicherung am Kühlschrank (ja, sein Onis konnte den Kühlschrank öffnen, worauf Seifferheld ein klitzekleines bisschen stolz war) und reichte seinem vierbeinigen Freund ein Wiener Würstchen. Er selbst trank den Rest der angebrochenen Apfelmostflasche, während er auf seinem Laptop, den er nach dem Duschen mit hinunter in die Küche genommen und auf dem überbreiten Fenstersims abgelegt hatte, kurz nachsah, ob es eine Reaktion auf seinen heutigen Polizeibericht gab. Manchmal fragte die Lokalredaktion nach, ob sein Bericht wirklich so stimme. Und bisweilen sandte Polizeichefin Bauer eine empörte Mail, dass er sich wieder einmal im Ton vertan habe und man mehr Seriosität von ihm erwarten dürfe. Die Mail, in der stand, dass sie ihm die ungeliebte Aufgabe entzog, war aber – trotz Mütter-Bashing – wieder nicht in der Eingangspost.

Die weitere Tagesplanung übernahm der Hund. Nachdem das Wiener Würstchen verschlungen und der Wassernapf leergeschleckt worden war, lief Onis zur Wand, an der seine Leine hing, und sah sein Herrchen mit diesem telepathischen Blick an, der eindeutig verlangte, Gassi geführt zu werden.

„Echt jetzt, Hund? Du warst doch heute Morgen schon zwei Mal mit den Kleinen draußen."

Aber Onis war auch nur ein Mann, und zwar ein alter Mann, dessen Prostata drückte und der jetzt öfter austreten musste als früher.

Seifferheld seufzte. Seine Mittagssiesta konnte er also knicken, sosehr er sich auch danach sehnte. Doch selbstverständlich wollte er seinen besten Freund nicht mit einer Pinkelverbotsfolter traumatisieren. Und der Preis, nach dem Nickerchen eine Urinlache aufwischen müssen, war ihm auch zu hoch.

Er ging zum Küchentisch. Marianne und er schätzten ihre Unabhängigkeit, sie mussten nicht ununterbrochen aufeinanderhocken. Aber sie notierten immer auf einem Notizblock, wo sie zu finden waren. Grob.

Mariannes Welpenkindergarten nahm die kleinen Schützlinge zwischen sechs und sieben Uhr morgens auf und gab sie zwischen zwölf und dreizehn Uhr wieder ab. Manchmal wurden die Kleinen auch schon vorher abgeholt, weil Herrchen oder Frauchen schneller vom Arzt- oder Marktbesuch zurückkamen als gedacht. Jetzt stand auf dem Block: *Bin im Solebad. Kuss.*

Marianne schwor auf das hiesige Salzwasser.

Siggi notierte darunter: *Gehe mit Onis Gassi. Küsse. Viele.*

Er legte Onis die Leine an, und die beiden machten sich auf den Weg.

Mir fällt auf, dass sogar Leute, die felsenfest glauben, alles sei vorherbestimmt, nach rechts und links schauen, bevor sie eine Straße überqueren.
Stephen Hawking

Die Ackeranlagen hießen Ackeranlagen, weil dort nach dem Zweiten Weltkrieg Kartoffeln für die Städter angepflanzt worden waren. Nach über sechzig Jahren und einer Landesgartenschau war der Park aber längst keine landwirtschaftlich genutzte Fläche mehr, sondern die optisch augenfällig bepflanzte „grüne Lunge" der Innenstadt. Der Name allerdings war geblieben. Seifferheld sprach zudem immer von „*seinen* Ackeranlagen", denn ein Park, den man von seinem Wohnzimmer aus sehen konnte, war ja im Grunde nichts anderes als der eigene Vorgarten.

Wie nach Rom führten auch zu den Ackeranlagen gleich mehrere Wege vom Seifferheld-Haus aus. Sie boten die Qual der Wahl: entweder die Untere Herrngasse hoch, über die Eisenbrücke und dann gleich rechts die Steintreppe hinunter oder noch gut hundert Meter die Unterlimpurger Straße entlang, die nächste Treppe vor der AOK ignorieren und dafür vier Häuser weiter rechts den treppenlosen Fußgängerweg wählen. Die Entscheidung traf letztlich immer Siggis Hüfte: Wenn sie nicht schmerzte, durften es auch mal ein paar Meter mehr sein, wenn sie dagegen muckte – was beispielsweise bei Wetterumschwüngen der Fall war –, dann fiel die Wahl zwingend auf die kürzeste Strecke.

Man konnte aber auch gleich links vom Seifferheld-Haus die schmale Treppe nehmen, die zum Keckenhof und dem dortigen Hällisch-Fränkischen Museum führte. Dort gab es links einen Schleichpfad zu den Ackeranlagen, der an der Stelle vorbeiführte, an der die Sieder mehrmals im Jahr das sogenannte Schausieden betrieben – also Touristen zeigten, wie man aus Wasser Salz gewinnen konnte.

Vom Keckenhof konnte man aber auch rechts in Richtung des Steinernen Stegs gehen, einer Steinbrücke, die über den Kocher führte. Das war zwar ein Schlenker und somit ein Umweg, bot aber den bequemsten Weg für Herrn und Hund. Kaum Gefälle, keine Stufen, breite Wege mit genügend Platz, um Touristenhorden auszuweichen.

An diesem schicksalsträchtigen Tag entschieden sich Siggi und Onis für die etwas längere, aber bequemere Strecke. Und ja, es war eine beiderseitig getroffene, basisdemokratische Entscheidung. Nach all den Jahren waren sie ein eingespieltes Team – es bedurfte keiner Worte, keines Bellens, keines störrischen oder herrischen Zugs an einer der beiden Leinen-Seiten. Als ob sie sich telepathisch abgesprochen hätten, stiegen sie die wenigen Stufen zum Keckenhof und bogen dann in einer fließenden Bewegung nach rechts. Wie zwei Synchronschwimmer auf dem Trockenen.

Das war ein Fehler.

Aber rückblickend weiß man es ja immer besser.

An dem kleinen Platz, wo der Keckenhof in den Steinernen Steg überging, an der Stelle, an der auch in Stein gemeißelt der höchste jemals gemessene Wasserstand des Kochers für die Ewigkeit festgehalten worden war – im Dezember 1570, für alle, die es genau wissen wollen, und wer damals auf der Brücke gestanden hätte, den hätte es weggespült –, also an exakt dieser Stelle standen links und rechts des gepflasterten Stegs zwei Ärztehäuser. Augenärztin, Radiologe, Orthopäde, Gynäkologin, Onkologe, Zahnarzt, HNO-Spezialist: Was immer einen an körperlichen Leiden befallen konnte, hier gab es jemanden, der Abhilfe zu schaffen wusste.

Die Häuser rund um den Platz, fast alles Fachwerkhäuser, wenn auch verputzt, stammten sämtlich noch original aus dem Dunkel der Geschichte, da es in Schwäbisch Hall so gut wie keine Weltkriegsschäden gegeben hatte. Vor den Häusern standen zwei dürre Birken und diverse Poller an den Stellen, an denen aus feuerpolizeilichen Gründen keine Fahrzeuge abgestellt werden sollten. Hier durfte ohnehin überhaupt nicht geparkt, nur ausgeladen werden – und zwar kranke Menschen, die dann die wenigen Schritte in die Ärztehäuser schlurften, während sich ihre Angehörigen im Familienauto auf die Suche nach einem Parkplatz machten, auf dem Haalplatz oder auf der anderen Kocherseite im Löwenbräuparkhaus.

An diesem sonnigen frühen Mittwochnachmittag blieben Siggi und Onis an dem Fußgängerzone-Feuerwehrauffahrt-Museumsschild vor der Stufenplastik und dem Streusalzbehälter stehen. Die Tradition gebot, dass Onis hier das Bein hob, obwohl er gerade mal dreißig Meter weiter vorn bereits an die übermannsgroße Plastik von Michael Turzer gestrullert hatte. Weil die

Blase also eigentlich leer war, gab es keinen Strahl, nur vereinzelte Tropfen. Es zog sich. Siggi kannte das und ließ seinen Hund gewähren. Das war das Alter – dagegen war man machtlos.

Aus alter Gewohnheit nahm Siggi die Umgebung in sich auf. Schräg gegenüber befand sich das Gebäude des *Haller Tagblatts*, in dem früher seine Marianne als Journalistin und der Mann seiner Nichte als Fotograf gearbeitet hatten. Davor unterhielten sich gerade zwei beleibte ältere Damen. Von seiner Position aus war Siggi nicht ganz klar, ob er sie kannte oder nicht. Nicht zum ersten Mal überlegte er, ob er womöglich eine Gleitsichtbrille brauchte.

Eine Gruppe Radfahrer in schnittigem, atmungsaktivem Einheitslook schoss vorbei. Der Kocher-Jagst-Radweg führte zwar eigentlich am Fluss entlang, aber in allen Flyern wurde empfohlen, an dieser Stelle einen Abstecher zum pittoresken Marktplatz von Schwäbisch Hall mit seinem barocken Rathaus und der Sankt-Michaels-Kirche und ihrer ausladenden Treppe zu machen, auf der im Sommer die Freilichtspiele stattfanden.

Die wenigen Parkplätze vor den beiden Ärztehäusern waren voll: ein Taxi ohne Fahrer und fünf Auswärtige, von denen drei schon einen Strafzettel an der Windschutzscheibe hatten. Direkt neben dem Schild, an dem Onis immer noch beinhebend stand, stand verkehrswidrig ein großer schwarzer Geländewagen. Ein ziemlich windschnittiges Modell von Iveco mit dunklen Scheibenfolien. Der Motor lief.

Ein schlaksiger, nervöser junger Mann in Tweedjackett mit Ellbogenschützern und einer Strickmütze in Jägergrün saß am Steuer und schwitzte. Ein sehr viel älterer, ungeschlachter Muskelmann in anthrazitgrauem Anzug, aber ebenfalls mit grüner Strickmütze öffnete gerade die hintere Tür und beugte sich hinein, als ob er jemandem heraushelfen wollte. Wem, das konnte man wegen der verdunkelten Scheiben nicht erkennen.

Seifferheld, dem immer sehr daran gelegen war, seine Ermittlerinstinkte nicht einrosten zu lassen, spielte in Gedanken durch, worum es sich hier handeln könnte: Hätte sich eine Bank an dieser Ecke befunden, so hätte er auf einen Überfall getippt – Strickmützen bei strahlendem Sonnenschein, verdunkelte Scheiben, laufender Motor? Alle seine Warnlichter gingen an. Aber falls es sich tatsächlich um Bankräuber handelte, dann um die dümmsten der Verbrechergeschichte: Die Sparkasse war zwar fußläufig erreichbar, aber doch zu weit weg, um mit dem geraubten Geld den Fluchtwagen zu erreichen, bevor die Polizei eintraf. Nein, Seifferheld tippte eher auf einen jungen Förster und seinen Schwiegervater, die die hochschwangere Frau und Tochter, welche ihre Lieblingsmenschen mit selbstgemachten Strickmützen in Einheitsgrün zu beschenken pflegte, zur Gynäkologin brachten. Das Leben war in neun von zehn Fällen nicht spannend, sondern profan.

Weiter kam er in seinen Gedanken nicht, denn da tauchte ein dunkelgrüner VW-Bus mit vergitterten Scheiben auf, wendete vor dem linken Ärztehaus und hielt anschließend direkt vor dem rechten. Seifferheld wusste, dass mit dieser rollenden Antiquität aus dem Fuhrparkbestand die Insassen der Justizvollzugsanstalt zu ihren Arztterminen gebracht wurden.

Weil der Geländewagen mehr mittig als seitlich stand, war nun für Fußgänger fast kein Durchkommen mehr. Wie gut, dass gerade so gut wie keine Fußgänger unterwegs waren. Eine Busreisegruppe verließ am Ende des Keckenhofs das Museum, blieb aber noch stehen, und die beiden tratschenden Damen hatten sich mittlerweile verzogen. Nur auf den Steinstufen zum Eingang des *Haller Tagblatts* stand eine junge Frau und fuhr mit dem Zeigefinger über das Display ihres Handys. Seifferheld und der nunmehr gänzlich leer gepinkelte Onis fädelten sich zwischen Geländewagen und Gefängnistransporter ein, um auf den Steg und somit zu den Ackeranlagen zu gelangen, und es kam, wie es kommen musste ...

Die Katastrophe nahm ihren Lauf!

War das ... Pjotr? Siggi blieb stehen.

Die beiden Vollzugsbeamten kannte er nicht, dafür aber den vollbärtigen Gefangenen. „Pjotr! Was ist passiert?"

War das heute Morgen doch mehr als eine vorübergehende, hitzebedingte Kreislaufschwäche gewesen? Brach das, woran er litt, gerade mit Macht aus? Seifferheld hatte schon oft Gefängnistransporter vor den beiden Ärztehäusern gesehen – immer, wenn ein Insasse geröntgt werden musste oder eine intensivere ambulante Behandlung vonnöten war, als sie der Gefängnisarzt bieten konnte, wurden die Patienten hierhergebracht.

Onis bohrte seinen riesigen Schädel in den Schritt des greisen Gefangenen.

Nach kurzer Schreckphase – Männer reagierten immer verschreckt, wenn der Hundekopf mit den großen Zähnen in die Nähe ihrer Kronjuwelen kam – tätschelte Pjotr Onis unbeholfen hinter den Ohren.

„Würden Sie bitte Ihren Hund entfernen?", bat einer der Beamten streng. Offenbar kannte er den Ex-Kommissar nicht, was in einer Kleinstadt wie Hall den Alteingesessenen nicht oft passierte.

Seifferheld nickte, sah aber zu Pjotr. „Alles okay?"

Erstaunlicherweise schien in diesem Augenblick jemand auf die Zeitlupentaste zu drücken.

Wie in Zeitlupe sah Pjotr zu dem Geländewagen, wo in diesem Augenblick der Muskelmann seinen Oberkörper im Schleichtempo aus dem Fahrzeuginnenraum zog und etwas zu Boden warf, das einen Hopser machte, der ewig zu dauern schien, und dann zwischen den Beinen der beiden Vollzugsbeamten liegen blieb, wo es dann doch noch ein letztes Mal hüpfte, als ob es Schluckauf hätte. Es war leuchtend orange und dosenförmig.

Die Beamten schienen in Millimeterschritten die Köpfe zu senken und auf das ovale Ding zu sehen.

Pjotr Jagelovsk drehte quälend langsam den Kopf und sah Seifferheld an, dann sah er zu dem Schlaks in Grün am Steuer des Geländewagens, der sich die grüne Mütze übers Gesicht gezogen hatte. Seifferheld sah ebenfalls zu dem Schlaks, dann zu den beiden Vollzugsbeamten, dann zu der Dose auf dem Pflaster.

Aber da war das sprichwörtliche Kind bereits in den Brunnen gefallen.

Die Zeit nahm wieder an Fahrt auf, drückte gewissermaßen auf „schneller Vorlauf" und von jetzt auf gleich schien alles in doppelter Geschwindigkeit abzulaufen.

Die Beamten riefen unisono: „Scheiße!"

Seifferheld rief: „Rauchgranate!" Reflexartig zog er Onis weg von der Dose und in Sicherheit.

In diesem Moment zog der Muskelmann zwei Taser aus seinen Anzugjackentaschen. Er taserte mit der einen Hand den Beamten, der Pjotr am Ellbogen hielt, um nur einen Sekundenbruchteil später mit einem zweiten Taser den anderen Beamten, dessen Hand schon zur Waffe gefahren war, wenn auch zu langsam, außer Gefecht zu setzen. Zuckend gingen die beiden zu Boden. Wo sie bestimmt noch eine Weile vor sich hinzuckten, was man aber nicht sehen konnte, weil die Nebelbombe jetzt – besser spät als nie – anfing, eine unglaubliche Menge an blickdichtem Rauch zu produzieren.

Pjotr, dieser Greis mit dem gütigen Weihnachtsmannvollbartlächeln, sah Seifferheld fassungslos an. Der wiederum wurde von dem Muskelmann kräftig in die offenen Eingeweide des Geländewagens gestoßen, wobei Siggi der Gehstock entglitt und auf den Pflasterboden fiel.

Siggi quietschte unwillkürlich auf, als er in den unnachgiebigen Armen eines dritten Fremden landete.

Onis sprang seinem Herrchen instinktiv hinterher. Der Muskelmann wollte nach der Leine greifen und den Hund wieder aus dem Wagen zerren, aber der junge Mann am Steuer rief ihm auf Russisch etwas zu, woraufhin der Ungeschlachte den Greis in den Wagen hob, hinterhersprang und die Tür zuknallte. Und schon schoss der Geländewagen in einem Affenzahn rückwärts auf die Haalstraße und bretterte gleich darauf mit Karacho durch die Innenstadt.

In einem spektakulären Husarenstück hatte man Pjotr ... tja, was genau? Befreit?

Entführt?

Nur eins stand felsenfest: Seifferheld und Hund Onis waren zu Geiseln geworden!

Seifferheld ist dann mal weg!

„Die Unfähigkeit der hiesigen Behörden sprengt jedes Fassungsvermögen!“, brüllte Irmgard Seifferheld-Hölderlein. Das Geschirr im Küchenschrank klirrte atonal unter diesem Schallwellenangriff. „Wo bleibt die GSG9?“

„Die Polizei tut alles, was sie kann“, beschwichtigte Marianne, die am Küchentisch saß und sich mit einem Zellstofftuch, das sich bereits in seine feuchten Einzelteile auflöste, über die vom vielen Weinen Mascaraverschlierten Wangen wischte.

„Es geht hier um meinen Bruder!“, donnerte Irmi.

„Und um meinen Mann!“, fauchte Marianne.

Irmi sah aus, als wolle sie gleich sagen: *Ehefrauen kommen und gehen, Schwestern bleiben für immer!* Was logischerweise bedeutet hätte, dass ihr Schmerz der größere war. Aber da tätschelte ihr Helmerich zärtlich den Unterarm, was ihr die Luft aus den Segeln nahm. Ihr Gatte war die verwundbare Achillesferse in dem Keine-Gnade-Panzer ihrer Alpha-Rüdinnen-Persönlichkeit.

Stattdessen funkelte sie ihre Schwägerin einfach nur böse an. Aber was das Funkeln anging, war es, als würde sie in einen Spiegel blicken. Die beiden nahmen sich nichts. Wäre Marianne nicht als eine Cramlowski geboren worden, hätte sie eine geborene Seifferheld sein können. Auch und gerade in ihrem Schmerz.

Eine Patt-Situation. Wie zwischen Thor und Hulk. Nur dass Thor mit seinem Hammer und der wutschnaubende grüne Hulk neben Irmi und Marianne wie zwei harmlose Gartenzwerge gewirkt hätten ...

Es ging jetzt auf sechzehn Uhr, und sie waren zu viert in der Küche: Irmgard, Helmerich, Marianne und Dombrowski von der Sitte.

Dass Irmgard mit ihrem Vorwurf Unrecht hatte, konnte man hören: Die Luft über Schwäbisch Hall schwirrte unter den Rotorblättern zweier Polizeihubschrauber.

Und man konnte es sehen: an Dombrowski. Er gehörte zum Stammtisch Mord zwo, obwohl er nicht für die Mordkommission, sondern für die Sitte tätig war. Aber wenn man sich nur oft genug uneingeladen an einen Stammtisch setzt und eine Runde Bier ausgibt, gehört man irgendwann eben doch dazu. Er war jetzt als Kontaktmann zur Familie abgestellt, während die Ex-Kollegen von Seifferheld alles in ihrer Macht Stehende taten, um Siggi rasch zu finden. Vorzugsweise lebend.

„Wir glauben ...", fing er jetzt an.

„Was Sie glauben, interessiert mich nicht. Sagen Sie mir lieber, was Sie wissen!" Aus Irmis Augen schossen Blitze.

Dombrowskis Adamsapfel hüpfte. Es war ein ängstliches Hüpfen. Siggis Schwester weckte Urängste in ihm.

Helmerich hörte mit dem Unterarmtätscheln auf. Wenn seine Frau in diesem Zustand war, ließ sich nicht ausschließen, dass sich das Ziel ihres Zorns verlagerte und sie sich abrupt umdrehte, seinen Arm packte und ihn einfach ausriss. Zum Trommeln brauchte er aber beide Arme.

„Frau ... äh ...", fing Dombrowski an, verstummte dann aber. Er hatte doch tatsächlich vergessen, wie die Frauen mit Nachnamen hießen. Hatte Siggis Schwester den Namen dieses Pfarrers angenommen, und falls ja, wie hieß der gleich wieder? Und wie war das mit Siggis Ehefrau? Das war so eine Emanzipierte, die als Journalistin viel unter ihrem eigenen Namen veröffentlicht hatte. Hieß die jetzt Seifferheld? Oder noch ... äh ... Kempowski? Mein Gott, das war ein Minenfeld!

„Meine Damen", Dombrowski dankte dem Schutzengel, der ihm diesen Ausweg eingeflüstert hatte, „meine Damen, dank des Handyfilmes kennen wir zumindest den Ablauf der Entführung ..."

Die junge Frau vor dem Eingang zum *Haller Tagblatt* war die neue Redaktions-Praktikantin gewesen. Sie wollte Journalismus studieren und würde es definitiv weit bringen. Geistesgegenwärtig hatte sie nämlich in Sekundenschnelle die Videofunktion ihres Handys aktiviert und die Vorgänge gefilmt. Natürlich verwackelt. Und natürlich sah man nur eine Rauchwolke, unter der ein paar uniformierte Beine zuckten, Siggi, wie er in den Geländewagen gestoßen wurde, und das davonbrausende Fahrzeug. Aber immerhin konnte man das Nummernschild erkennen. Der Fluchthelfer mit der grünen Strickmütze über dem Gesicht war unkenntlich, aber den Muskelmann, der seine Mütze nicht heruntergezogen hatte, sah man kurz im Profil. Vielleicht ließ sich das auswerten. Viel war es nicht, aber es war ein Anfang.

„Was genau hilft es uns, dass wir den Ablauf kennen?", herrschte Irmgard ihn an. Dombrowski hatte es im Laufe seiner Dienstjahre mit eiskalten Menschenhändlern, gewissenlosen Zuhältern und brutalen Schlägern zu tun bekommen, aber unter dem Blick von Irmgard fühlte er sich wie damals als Achtjähriger, als ihn die Grundschullehrerin beim Abschreiben erwischt hatte.

Dombrowski quälte aber auch das Herrschaftswissen, das er besaß, jedoch nicht mit der Familie von Siggi teilen konnte – dass nämlich Demioff, der Anwärter auf den Russenmafiathron, an diesem Morgen entlassen worden war. Ungefähr zur selben Zeit, als Jagelovsk zur medizinischen Versorgung in die Stadt gebracht wurde. Das Allerschlimmste aber war, dass man den Zellengenossen von Pjotr Jagelovsk tot aufgefunden hatte. Ermordet!

Die Kollegen gingen von zwei möglichen Szenarien aus: Entweder hatte Jagelovsk das alles inszeniert, oder aber es waren Demioffs Männer gewesen, die Jagelovsk entführt hatten – und Seifferheld war einfach zur falschen Zeit am falschen Ort gewesen und zum Kollateralschaden geworden. Die Chancen, ihn lebend zu finden, waren verschwindend gering. Gerade die russischen Banden waren dafür bekannt, dass sie mit Zeugen kurzen Prozess machten. Rein statistisch gesehen musste davon ausgegangen werden, dass man Siggi eine Kugel in den Hinterkopf jagen und ihn aus dem fahrenden Wagen werfen würde.

Hektisch überlegte Dombrowski, was er stattdessen sagen konnte. Er schluckte schwer. „Wir haben ... auf dem Handyvideo ... äh ... ziemlich deutlich gesehen, dass Siggi zum Zeitpunkt der Entführung noch ... äh ... lebte, und können relativ sicher davon ausgehen, dass sie ihn ... vorerst am Leben lassen, um mit ihm als Geisel besser ... äh ... verhandeln zu können“, stotterte er.

„Dann bin ich ja *ziemlich relativ* beruhigt!“, schrie Irmi, deren innerer Lautstärkeregler nur voll aufgedreht oder Normalmodus kannte und nichts dazwischen.

„Irmgard, bitte!“ Marianne zerfloss innerlich, aber äußerlich zeigte sie Haltung. „Wir müssen gefasst bleiben, bis es neue Erkenntnisse gibt.“

„Neue Erkenntnisse? Die Menschheit hat zehntausende Jahre gebraucht, um die Glühbirne zu erfinden. Wie lange mag es da erst dauern, bis die hiesige Polizei neue Erkenntnisse hat? Vielleicht hast du ja die Geduld, das einfach auszusitzen, aber mich treibt die Sorge um.“

Irmgard nahm eins der karierten Kissen von der Küchenbank und schlug darauf ein.

Dombrowski und Helmerich zuckten bei jedem Schlag zusammen.

Da ging die Tür auf.

„Ich es eben gehört. Furchtbar! Ganz furchtbar!" Olga hielt sich dramatisch die Rechte an die Stirn, wie eine Tragödin alter Schule, die eine Sterbeszene zu spielen hat. Sie war mit den frühen russischen Stummfilmen aufgewachsen und wusste es nicht besser. Dann setzte aber gleich der Gluckentrieb von Mütterchen Russland ein. „Ich machen Heißgetränk. Wir das jetzt brauchen alle." Sie hantierte mit dem Wasserkocher. „Was sagen Kinder?"

Schlagartig bekam Marianne ein schlechtes Gewissen. Ihr Siggi war seit vielen, vielen Jahren Witwer. Als sie ihn kennengelernt hatte, war seine einzige Tochter bereits eine erwachsene Frau gewesen und Managerin in der Bausparkasse Schwäbisch Hall. Und auch seine Nichte, die er wie eine Tochter liebte, war erwachsen und Mutter zweier Kinder. Marianne war einfach nur die zweite Frau eines Mannes mit Kind und Nichte, keine Stiefmutter und Stieftante. Schon gar keine böse. Aber natürlich hätte sie Susanne und Karina sofort Bescheid geben müssen! Sie sah dennoch vorwurfsvoll zu Irmgard. Die hätte ja auch dran denken können.

„Ich rufe Susanne an", sagte Irmgard in einem Immer-muss-ich-alles-selber-machen-Tonfall. Aus der Tatsache, dass sie den Ball nicht zurück aufs Feld von Marianne schoss, konnten Eingeweihte jedoch deduzieren, dass auch sie ein schlechtes Gewissen hatte.

„Susanne ist gerade in Peking und kann nicht helfen. Wir beunruhigen sie nur", wandte Helmerich ein.

In diesem Moment ertönte der typische Skype-Dreiklang vom Fensterbrett.

Fünf Köpfe schossen herum.

Dort lag noch Siggis Laptop. Der Deckel war nicht ganz zugeklappt. Man sah etwas blinken.

Marianne fasste sich ans Herz. *Meldeten sich Entführer mittlerweile per Skype? Was würden sie verlangen? Siggi und sie hatten kein Vermögen, sie könnten höchstens das Haus verkaufen, aber ...*

Während sich Marianne noch in Gedankenspiralen verlor, klappte Irmgard beherzt den Deckel des Laptops nach oben und klickte auf *Gespräch annehmen.*

Gleich darauf sah man das Gesicht von Susanne Seifferheld.

„Papa ist entführt worden?"

Einleitungslos, emotionslos – eine typische Seifferheldfrau eben.

„Woher ...?", fing Marianne an.

„Olaf hat es auf Radio *StHörfunk* gehört. Im Internetstream."

Neben das perfekt auf Businessfrau geschminkte Gesicht von Susanne schob sich ein Männerkopf. In den jüngeren, kleineren Olaf, den ehemaligen Physiotherapeuten von Seifferheld, hatte sich die elitäre Susanne unerklärlicherweise verliebt. Obwohl er Pferdeschwanzträger, Freundschaftsbandenthusiast, Hippie und Grüner war. Als Hausmann an Susannes Seite kümmerte er sich um die gemeinsame Tochter Ola-Sanne. Die drei waren für ein Jahr nach China gegangen, damit Susanne dort die Aktivitäten der Bausparkasse Schwäbisch Hall koordinieren konnte. Es galt, einer Milliarde Chinesen die Vorzüge eines Bausparvertrages nahezubringen.

„Es kommt schon im Radio?" Marianne warf Dombrowski einen fassungslosen Blick zu.

Der seufzte und zuckte entschuldigend mit den Schultern. Das Studio des kleinen lokalen Radiosenders lag direkt neben dem *Haller Tagblatt*. Der Moderator hatte bei laufender Sendung gesehen, was sich draußen vor seinem Fenster abspielte, und es live kommentiert. Und weil er Ex-Kommissar Seifferheld erkannt hatte, auch gleich mit Namen. Schwäbisch Hall war zwar schon lange keine Insel der Seligen mehr, auf der sich keine Gewalttaten ereigneten, aber eine so spektakuläre Entführung am helllichten Tag bekam man hier sonst nicht sehen. Da verwandelten sich auch Ü50-Tanzmusik-Moderatoren schlagartig in investigative Berichterstatter. Obwohl man Entführungen sonst nicht publik machte, war die Tat mittlerweile also schon Stadtgespräch.

Marianne wurde schlagartig bewusst, dass sie mit einem VIP verheiratet war – nicht vom Kaliber eines George Clooney mit weltweitem Den-kenn-ich-doch-Faktor, aber für Schwäbisch Hall definitiv Promi-Oberliga.

Dombrowski schob sich vor die Kameralinse. Er war hier schließlich der einzig Offizielle. „Ihr Vater ist vor nicht ganz zwei Stunden bei einer ...", er zögerte nur unmerklich kurz, „... Gefangenenbefreiungsaktion am Steinernen Steg als Geisel genommen worden", erklärte er, jetzt ganz Profi. Susanne Seifferheld war zwar ebenso wie ihre Tante eine rabiate Eisenfresserin, aber sie war Tausende Kilometer weit weg und konnte ihn folglich nicht beißen. „Wir glauben, dass Ihr Vater nur zufällig vor Ort war. Bei einer geplanten Entführung hätten sich die Kidnapper bereits gemeldet."

Er hob kurz sein Handy hoch, das er auf den Tisch gelegt hatte, um jederzeit sehen zu können, ob von den Kollegen eine Push-Benachrichtigung an ihn einging.

„Ist ein speziell geschultes Sondereinsatzkommando vor Ort? Was ist mit der GSG9?“, fragte Susanne. Wenn die damals Mogadischu in den Griff bekommen hatten, dann wären sie jetzt genau richtig.

„Die GSG9 ist nicht da, und das habe ich bereits nachdrücklichst moniert!“, erklärte ihre Tante und baute sich hinter Dombrowski auf. Das hatte seine Grundschullehrerin damals auch getan und ihm gleich darauf einen Klaps gegen den Hinterkopf versetzt.

Dombrowski schluckte. „Wir haben natürlich Verstärkung aus Heilbronn angefordert, und die ist auch schon eingetroffen“, sagte er. „Aber der Fall ist bei den Kollegen hier vor Ort in guten Händen. Außenstehende, die den Siggi nicht kennen, könnten Gott weiß was vermuten ...“

„Gott weiß was vermuten?“, wiederholten Susanne und Irmi gleichzeitig.

Dombrowski wischte sich die Stirn, über die ein Schweißtropfen kullerte. „Na ja ... dass Siggis Anwesenheit vielleicht kein Zufall war. Er kannte Jagelovsk schließlich aus dem Knast. Man könnte auf die Idee kommen, Siggi habe an der Gefangenenbefreiung Anteil gehabt und ...“

„Ich höre wohl nicht recht!“, brüllte Irmgard. „Was unterstellen Sie meinem Bruder da?“

Sie packte Dombrowski an der Schulter und wirbelte ihn zu sich herum.

Helmerich spürte, wie sich stressbedingt sein Unterleib zu blähen begann.

Olga sagte: „So, hier Heißgetränk. Wird uns tun allen gut.“

Als Erstes drückte sie Dombrowski einen Becher in die Hand, wobei sie sich zwischen ihn und Irmi schob. Nicht viele hatten den Mumm in den Knochen, sich in einer so brisanten Situation als menschliches Schutzschild vor das Opfer zu stellen. Deswegen war Dombrowski ihr auch enorm dankbar, obwohl er sich an der Tasse mit der kochend heißen Flüssigkeit die Finger verbrühte.

Alles für Siggi, sagte er sich.

„Dieses Subjekt, das da befreit wurde, das war doch einer von der Russenmafia“, sagte Susanne. „Warum durfte der das Gefängnis überhaupt verlassen? Und warum wurde er nicht von ausreichend vielen Beamten begleitet?“ Es klang wie ein Vorwurf und war auch so gemeint.

„Sehr richtig, das würde ich auch gern wissen“, bellte Irmi.

Dombrowski stellte den Becher ab. „Jagelovsk ist krebskrank. Sein Arzttermin wurde offenbar ganz kurzfristig auf heute vorverlegt, weil er am Vormittag einen Schwächeanfall erlitten hat. Vielleicht hat sich sein Zustand verschlimmert. Jedenfalls musste er zum Radiologen. Außerdem ist er über achtzig und längst kein großes Licht mehr bei den Russen. Da gibt es ganz andere ...“ Er verstummte abrupt, weil er beinahe die Spannungen mit Nachfolger Demioff ausgeplaudert hätte. Dann erklärte er mit einem Nachdruck, den er so nicht wirklich empfand: „Dass für Jagelovsk eine Befreiungsaktion auch nur in Betracht gezogen werden könnte, war unvorstellbar.“

„Mangelnde Vorstellungskraft – immer schon das Hauptmerkmal bornierter Bürokraten“, dozierte Irmgard, blähte abschätzig die Wangen und verschränkte die Arme.

„Also schön, wir kommen morgen, spätestens übermorgen“, verkündete Susanne, die während Dombrowskis Erklärung angefangen hatte, auf ihrem Smartphone hektisch im Internet zu surfen. „Für die beiden

Direktflüge Peking–Frankfurt von *Air China* und *Lufthansa* morgen Vormittag habe ich uns auf die Warteliste setzen lassen. Spätestens Freitagnacht sind wir in Hall."

Dombrowski nahm einen Schluck aus dem Becher, erstarrte, schien den Inhalt seines Mundes in hohem Bogen über den Küchentisch spucken zu wollen, besann sich eines Besseren und schluckte ihn mit angewidertem Gesichtsausdruck hinunter.

„Das ist kein Kaffee!", rief er.

„Wie? Kaffee?" Olga schüttelte den Kopf. „Kaffee nur regen auf. Wenn Kummer groß, dann nur helfen Hühnerbrühe!"

„Das ist auch keine Hühnerbrühe!" Dombrowski war sich diesbezüglich sehr sicher. Seine Kehle brannte immer noch wie Feuer.

„Wenn sollen helfen, Brühe brauchen Wodka!" Olga nickte zufrieden.

Irmgard rollte mit den Augen.

Marianne drehte den Laptop zu sich herum. „Wann immer ihr eintrefft, euer Zimmer ist für euch bereit. Ich rufe jetzt Karina an."

„Nicht nötig", jodelte Olaf und hob auf der anderen Seite der Welt sein Handy vor die Computerkamera.

„Hallo, Marianne. Hallo, Tante Irmi." Vom kleinen Display des Handys winkte Karina Seifferheld ihnen zu. Man sah sie nicht wirklich scharf, aber dass sie mittlerweile blau gefärbte Haare hatte, war deutlich zu erkennen. „Wir sind gerade in den Zug gestiegen. Er steht noch am Bahnhof, fährt aber gleich los. Wenn wir den Anschluss in Stuttgart erwischen, sind wir in dreieinhalb Stunden bei euch."

Seifferhelds Nichte Karina, die während ihres Studiums an der Fachhochschule Schwäbisch Hall bei ihrem Onkel gewohnt hatte, war jüngst mit Mann Fela und den beiden Kindern nach Frankfurt gezogen. Sie stand ihrem Onkel sehr nahe. Fast näher als ihrem eigenen Vater, weil der – anders als Siggi – ihre subversiven Neigungen nicht teilte. Sie pflegte gegen die Ungerechtigkeiten der Welt mit spektakulären Aktionen zu protestieren, ihr Onkel klärte Verbrechen auf, obschon er jetzt Privatmann war – und die Familie missbilligte beides. Das verband.

Wie war man früher als Familie mit Entführungen umgegangen, als man noch nicht am Computer in Schwäbisch Hall sitzend, per Skype nach Peking verbunden, via Facetime mit einem Handy am Bahnhof Frankfurt konferieren konnte?

„Es ist Platz für alle, das wisst ihr ja. Und es ist gut, wenn wir jetzt alle füreinander da sind ..." Marianne brach die Stimme.

Plötzlich vibrierte die Tischplatte. Alle in der Küche starrten Dombrowskis Handy an.

„Was ist los?", rief Susanne aus Peking.

„Ja, was ist?", verlangte auch Karina aus Frankfurt zu wissen.

Automatisch beugten sich die Cousinen näher an ihre jeweiligen Kameras, ebenso wie sich Marianne, Irmi, Olga und Dombrowski näher zum Küchentisch beugten.

Nur Helmerich blieb wie eine Eins neben der Tür zur Vorratskammer stehen, weil ihm vor Schreck sämtliche Gase aus dem Unterbauch entwichen und er die anderen in einem Moment wie diesem nicht mit seiner ganz persönlichen Giftgasmischung einnebeln wollte.

Dombrowski hob sein Handy ans Ohr. „Ja", sagte er, und nach einem endlos scheinenden Moment: „Ich verstehe."

Er drückte das Gespräch weg, schob das Handy in die Hosentasche und sammelte sich.

Die anderen hingen an seinen noch stummen Lippen.

Schließlich räusperte er sich und sagte: „Man hat gerade eben den schwarzen Geländewagen gefunden. Draußen im Solpark. Auf einem leer stehenden Gelände in der Nähe der Feuerwache Ost."

„Das ist gut, oder?", meldete sich Olaf zu Wort. „In dem Auto lassen sich vielleicht Hinweise finden. Fingerabdrücke? Oder Siegfried hat etwas ins Polster ritzen können oder ..."

Susanne rollte mit den Augen und schob ihren Mann aus dem Bild.

„Fraglich, ob sich wirklich verwertbare Spuren sichern lassen. Das waren Profis. Und bei dem Wagen handelt es sich um ein Fahrzeug, das vorgestern in Crailsheim als gestohlen gemeldet wurde." Dombrowski sammelte sich. Es gab noch mehr zu sagen. Aber dieses Mehr war alles andere als gut. Verdammt, er war bei der Sitte! Normalerweise musste er Angehörigen keine schlechten Nachrichten überbringen. Das machten speziell geschulte Kollegen.

„Und?", rief Marianne, die ihm – wie alle anderen auch – ansah, dass er noch etwas zu sagen hatte, was er nicht über die Lippen brachte.

Dombrowski wischte sich mit der Hand über das Gesicht. „In dem Wagen liegt jemand."

Marianne und Irmgard fassten sich an den Händen. Olga fasste sich an den üppigen Busen. „Es sich sein Siegfried?"

Dombrowski sah auf den schwarz-weißen Fliesenboden, den einige Staubmäuse aus Welpenfell zierten.

In der Stille, die sich über den Raum senkte, hätte man eine Fliege husten hören können. Aber die beiden Stubenfliegen drüben am Obstkorb husteten nicht.

„Das ist noch nicht raus. Die Person liegt unter einer Decke. Und sie können nicht nachsehen, weil ein verdächtiges Objekt hinter der Windschutzscheibe ausgemacht wurde."

„Ein verdächtiges Objekt?" Marianne entzifferte Dombrowskis Körpersprache so mühelos wie die Enigma-Decodierungsmaschine. „Etwa ... eine Bombe?"

Olga quietschte auf.

Irmgard schloss die Augen.

Helmerich sagte: „Oh himmlischer Vater ..."

Dombrowski nickte. „Ja. Das Bombenentschärfungskommando ist unterwegs."

Weiter sagte er nichts, weil er die Frauen nicht entmutigen wollte. Aber seiner professionellen Meinung nach hatten diese Typen Siggi erschossen, seine Leiche unter einer Decke notdürftig versteckt und waren schon längst auf halbem Weg nach Moskau ...

Seifferheld und der siebte Kreis der Hölle

Polizeibericht (online)

Am heutigen Nachmittag wurde in der Innenstadt ein Insasse der Justizvollzugsanstalt, der auf dem Weg zu einem Arztbesuch war, von zwei noch nicht identifizierten Personen in einem schwarzen Geländewagen entführt. Die beiden begleitenden Vollzugsbeamten wurden leicht verletzt. Bei der Aktion wurde ein Unbeteiligter als Geisel genommen. Mehr in der morgigen Printausgabe.

Ich werde oft gefragt, welches Buch ich mitnehmen würde, wenn ich auf einer einsamen Insel stranden würde. Und ich antworte immer: „Die Grundlagen des Bootsbaus“.
Steven Wright

Der siebte Kreis der Hölle ist laut Dante den Mördern vorbehalten. Das war so weit richtig. Dass dieser Höllenkreis aber in einer Doppelhaushälfte in der Geschwister-Scholl-Straße im Schwäbisch Haller Vorort Hessental lag, hatte Dante verschwiegen.

„Turm auf e8“, sagte Siggi Seifferheld und guckte säuerlich.

„Springer auf d6.“ Pjotr Jagelovsk guckte pokerfacig.

„Turm auf e1.“ Siggi zog das Tempo an. Das mit Plastik überzogene Sofa unter seinem Hintern quietschte.

„Dame auf h2. Schach." Milde lächelnd paffte Pjotr an seiner Pfeife.

Unter dem Tisch schnaufte Onis.

Draußen wurde es langsam dunkel. Sie saßen in einem überreichlich dekorierten Wohnzimmer, das einen mit seiner Detailfülle beinahe erschlug und jeden Dekorateur in den Infarkt getrieben hätte, und spielten Schach.

Schon ihre fünfte Partie. Bei den ersten vier war Siggi schachmatt gesetzt worden, und auch jetzt schien Preußen verloren. Er inspizierte angestrengt die ihm noch verbliebenen Figuren auf dem Schachbrett, wie ein General, der seine Truppen auf dem Höhepunkt der Schlacht inspiziert und ahnt, dass es nicht gut ausgehen wird, weil es die besten Männer leider Gottes schon zerbröselt hat.

Bei den ersten beiden Partien hatte Siggi noch gedacht, er wäre spieltechnisch einfach eingerostet, aber es ließ sich nicht leugnen, dass Jagelovsk der bessere Spieler war. Mit Abstand. Einem Abstand von Lichtjahren.

Jagelovsk lächelte großväterlich milde.

Seifferheld starrte seine Figuren auf dem Schachbrett an. Sie starrten zurück und schienen resignierend mit den Holzschultern zu zucken.

Er wollte nach dem Läufer greifen.

„Ts, ts, ts", machte Jagelovsk und schüttelte mitleidig den Kopf.

Weil er die Figur noch nicht berührt und es somit nicht als Zug gegolten hatte, fuhr Seifferheld seine Hand wieder ein und streckte sie – nach kurzem Zögern – nach dem Springer aus.

Jagelovsk schnalzte warnend mit der Zunge.

Seifferheld betrachtete ein letztes Mal die Gemengelage auf dem Schachbrett. Da hätte man ihn auch gleich bitten können, die Hawkingsche Weltformel mathematisch zu belegen.

„Ich gebe auf", brummte Siggi.

Das Lächeln von Pjotr Jagelovsk wurde breiter, bis es sich von Ohr zu Ohr zog. „Aljechin, Kasparin, Karpow, Jagelovsk – Schach ist ein russisches Spiel. Wir sind genetisch auf Sieg programmiert. Du hattest nie eine Chance, lieber Freund."

Siggi hätte gern dagegengehalten, dass Schach ursprünglich aus Persien stammte, und wenn jemand auf Sieg programmiert war, dann die Perser, aber aus mehreren Gründen hielt er den Mund. Zum einen, und das war der wichtigste Grund, wollte er kein schlechter Verlierer sein. Zum anderen – weniger wichtig, aber auch nicht ganz unwesentlich – waren Pjotr und er keine Freunde, sondern Geiselnehmer und Geisel. Was schon daran ersichtlich war, dass Pjotr eine Glock 19, Kaliber 9 mm Luger, in der Hand hielt.

„Noch etwas Tee?", fragte Pjotr jetzt.

„Gern."

Pjotr bediente den Samowar auch einhändig erstaunlich geschickt.

Seifferheld sah aus dem geöffneten Fenster, durch die im Wind flatternde Gardine. Von hier aus konnte man bis zum Flughafen Hessental schauen. Vorhin hatte er den Hubschrauber des Kampfmittelräumdienstes aus Stuttgart einfliegen sehen.

Siggi konnte eins und eins zusammenzählen: Er hatte in jenen ersten Momenten, die er im Fond des Geländewagens lag, auch gedacht, bei dem großen, in Folie gehüllten und mit Klebestreifen in Form gehaltenen Objekt auf dem Armaturenbrett, das ein bisschen wie ein Batzen Knetgummi aussah, könnte es sich um eine selbstgebastelte Bombe aus Plastiksprengstoff handeln. Zumal auch noch ein Handy darauf lag, aus dem ein paar Kabel lugten.

Die Kollegen, die den verwaisten Geländewagen gefunden hatten – übrigens ganz in der Nähe, weil Pjotr nicht so weit zu Fuß gehen konnte –, hatten zweifelsohne geglaubt, die Entführer hätten eine Bombe darin zurückgelassen, und daraufhin die Männer mit den Nerven aus Stahlseilen gerufen.

Sie konnten nicht wissen, was Seifferheld nach fünf Minuten im Auto realisiert hatte. Um genauer zu sein, seine Nase hatte es ihm verraten. Bei dem ominösen Batzen handelte es sich schlicht und ergreifend um einen alten Käse. Und das Handy war, vermutlich nach einem Sturz aus großer Höhe, einfach defekt und lag nur zufällig auf dort. Es hätte auch im völlig zugemüllten Fußraum liegen können.

Seifferheld sah jetzt zu Pjotr, der sehr alt und sehr schwach wirkte. Der geblümte Ohrensessel, in dem er saß, ließ ihn noch kleiner und fragiler wirken. Womöglich hätte Siggi ihm die Glock entreißen können, aber er konnte nicht leugnen, dass er neugierig war, wie das hier weitergehen würde.

Zudem befand sich der Muskelmann draußen im Flur, und mit dem würde er es nicht so leicht haben wie mit dem greisen Mafiaboss.

Seifferheld war angesichts der Umstände relativ relaxt.

Schon als der junge Mann mit dem Tweedjackett und der grünen Mütze auf der irrwitzigen Fahrt aus der Innenstadt heraus zerknirscht zu ihm gesagt hatte: „Bitte entschuldigen Sie, wie es hier im Wagen aussieht – und wie es riecht, das ist nicht mein Auto. Und passen Sie bitte auf, dass Ihr Hund sich nicht verletzt: Ich glaube, auf dem Rücksitz liegen Scherben!“, also schon da hatte Seifferheld geahnt, dass dies keine gewöhnliche Entführung werden würde.

Und jetzt saß er hier bei Schach und Tee. Er gab sich dennoch keinen Illusionen hin: Pjotr Jagelovsk war ein hartgesottener Krimineller. Seine Weste war nicht nur *nicht* weiß, sie war blutrot.

Siggi sah zu Onis, der auf dem durchgewetzten Perserteppich lag und den Kopf abgelegt hatte. Eine Studie in Reglosigkeit. Nur seine Augen flitzten von Siggi zu Pjotr und zurück.

Was auch geschah, Siggi hoffte, dass sie seinen treuen Freund am Leben lassen würden.

Pjotr bemerkte seinen Blick und deutete ihn falsch.

„Aleksandr muss gleich mit der Farbe zurück sein. Sobald das Fell nicht mehr beige, sondern schwarz ist und ihn keiner mehr erkennt, kann Aleksandr mit ihm Gassi gehen. Seine Blase wird es schon noch so lange aushalten."

Onis spürte, dass man über ihn sprach. Er hob den Kopf und wedelte mit dem Schwanz. Seine Blase schien ausnahmsweise nicht dringend entleert werden zu müssen. Er wirkte zudem völlig entspannt. Womöglich war er aus tiefstem Herzen froh, endlich einmal in Ruhe und ohne lästige Kindergartenwelpen dem Müßiggang frönen zu dürfen. Onis legte den Kopf wieder ab und schnaufte zufrieden.

„Pjotr, wie soll's denn weitergehen?", fragte Seifferheld und nippte am Tee. Der war mindestens so stark wie der Kaffee, den seine Schwester Irmgard immer zu brühen pflegte – ein Stoff, mit dem man Tote aufwecken konnte. Mit dem Unterschied, dass man Irmis Batteriesäure nicht trinken konnte, diesen Tee hier aber schon.

Pjotr sah nach draußen. Im Licht der untergehenden Abendsonne sah man ihm sein Alter besonders deutlich an. Jedes noch so kleine Fältchen wirkte wie der Grand Canyon. Seine fahle Haut war von Altersflecken übersät, und die knorrige Hand, mit der er seinen Tee hielt, zitterte.

„Aleksandr ist ein guter Junge", sagte er, als hätte er eine völlig andere Frage gehört. Er stellte seine Tasse ab. „Bitte, ziehen Sie ihn da nicht mit hinein. Ich wollte nicht im Gefängnis sterben, und er hat seinem Großvater diesen letzten Wunsch erfüllt. Gott segne diesen Jungen!" Pjotr holte tief Luft. „Er studiert Ingenieurwissenschaften. Als Erster in unserer Familie. Aus ihm wird mal etwas Richtiges."

„Sind Sie so schwer krank?" Seifferheld musterte den Alten.

Pjotr nickte. „Krebs im Endstadium."

Siggi wollte etwas sagen, doch Pjotr winkte ab.

„Kein Thema. Ich hatte ein erfülltes Leben und bin bereit, abzutreten. Aber in Würde. Wenn das hier vorbei ist, wenn sich die erste Aufregung gelegt hat ...", aus dem Abwinken wurde ein Rundherumwinken, „... dann bringt mich Aleksandr nach Hause zu Mütterchen Russland. Falls mein Körper noch so lange mitspielt. Aber nicht das Ziel ist das Ziel, der Weg ist das Ziel, habe ich nicht recht? Wenn ich schon vorher abtrete, dann doch wenigstens auf dem Weg nach Hause." Er griff wieder zur Teetasse und prostete Siggi zu.

Onis war eingeschlafen und schnarchte leise.

Draußen drehte ein Streifenwagen langsam seine Runde.

„Vielleicht endet das hier aber auch ungut?", wandte Seifferheld ein, der nicht zurückprostete. „Noch ist es nicht zu spät. Wenn Sie gegen Demioff aussagen, lässt Justitia sicher Milde walten. Bei Sterbenden nimmt man ohnehin mehr Rücksicht."

Pjotr schürzte die Lippen. „Milde? Selbst wenn ich einen Deal aushandeln könnte, ein Straferlass steht sicher nicht zur Debatte."

Siggi öffnete den Mund, um ihm zu versichern, dass er ein gutes Wort einlegen würde und dass bei einem so betagten Strafgefangenen durchaus auch mal kleine Wunder möglich waren, aber Pjotr unterbrach ihn. „Die Mühlen der Bürokratie mahlen langsam. Nur mal angenommen, ein Straferlass wäre tatsächlich im Rahmen des Möglichen, wie lange würde die Umsetzung wohl dauern? Der Arzt hat mir noch zwei, maximal drei Monate gegeben ..."

Siggi atmete heftig aus, blieb aber stumm. Pjotr hatte natürlich recht: Das war ein verdammt kurzer Zeitraum – wenn er sich jetzt stellte, mochte er zwar als freier Mann nach Russland heimkehren, höchstwahrscheinlich jedoch in einem Sarg.

„Sie denken vielleicht, dass es mir nicht zusteht, in Freiheit zu sterben, nach allem, was ich getan habe ..." Pjotr sah Siggi aufmerksam an. „Aber ich habe seit fünfzig Jahren niemanden mehr umgebracht. Und auch davor waren es weiß Gott keine Unschuldslämmer, die durch meine Hand gestorben sind." Er sah zu der Ikone über dem portablen Fernsehgerät in der Ecke, nicht unähnlich der, die als Muster für seine Stickvorlage im Knastkurs gedient hatte. „Als meine geliebte Jelisaweta erschossen worden ist und ich mit dem kleinen Mirko allein zurückgeblieben bin, da hat das etwas in mir ausgelöst. Ich habe nie wieder eine Waffe angefasst."

Siggi sah mit hochgezogenen Augenbrauen zu der Glock in Pjotrs Hand.

„Ich meine *angefasst und abgedrückt*", korrigierte Pjotr kichernd. „Natürlich habe ich immer eine Waffe am Leib getragen – das gehörte nun mal zu meinem

Beruf, wie die Kochmütze für einen Küchenchef oder der Pömpel für einen Klempner." Pjotr schaute sinnend. „Aber ich habe niemandem mehr das Lebenslicht ausgepustet, das habe ich meiner süßen Frau am offenen Grab versprochen. Und dieses Versprechen habe ich gehalten. Meinen Frieden mit Gott habe ich, was die Morde angeht, schon vor langer Zeit gemacht. Und ein halbes Jahrhundert lang habe ich ein ganz normales Wirtschaftsunternehmen geführt – erst in Moskau, dann im damaligen Ost-Berlin, später in Gesamt-Berlin –, war also im Grunde nichts weiter als ein besserer Buchhalter."

Normales Wirtschaftsunternehmen? Das konnte man so und so sehen, aber Siggi hielt den Mund. Immerhin erschloss sich ihm jetzt, warum Jagelovsk so exzellent Deutsch sprach.

Im Zimmer hörte man nur das Ticken eines alten Reiseweckers und das Schnarchen von Onis.

„Mirko war klar, womit ich mein Geld verdiene, aber er hat studieren und weit weg ein neues Leben anfangen können. Sein Sohn Aleksandr hat lange nicht einmal gewusst, dass ich existiere. Natürlich habe ich meinen Sohn und meinen Enkel immer im Blick behalten, aber ich bin nie an sie herangetreten, nicht einmal als Aleksandr letztes Jahr seinen Abschluss gemacht hat. Erst als Mirko vor ein paar Monaten starb, auch an Krebs ...", Pjotr hob die Hände, mit den Handflächen nach oben, und sah anklagend zur Decke, wobei sein Vorwurf sicher nicht dem Gips galt, sondern sich gegen den russisch-orthodoxen Gott weiter oben richtete, „... erst da habe ich mich ein letztes Mal bei ihm gemeldet – er war schließlich mein Sohn. Und auf dem Totenbett hat Mirko meinem Enkel anvertraut, dass sein Großvater noch lebt und eine *Vergangenheit* hat, jetzt

amazon.de

SDXH32Wsm8

DXH32Wsm8/-1 of 1-/premium-de/0 A1

Lieferschein für

Ihre Bestellung vom 16. Februar 2021
Bestellnr. 303-0510770-1129130

Lieferscheinnr. DXH32Wsm
Versanddatum 16. Februar 202

Menge	Artikel	Fach
1	**Stick oder stirb! Kommissar Seifferheld ermittelt (HAYMON TASCHENBUCH)** Taschenbuch, Tatjana Kruse. 3709979048 : 3709979048: 9783709979044	

Wir hoffen, dass Ihnen Ihr Geschenk gefallt und wurden uns freuen, Sie schon bald bei www.amazon.de begrussen zu durfen.

0/DXH32Wsm8/-1 of 1-//EFN-HAJ8/premium-de/0/0217-16:30/0216-17:36 Pack Type : A1

amazon.de

Ein Gruß von nina von borries:

Liebe Sylvia, Tausend Dank fuer Deine Stickstunde und die tollen Utensilien dazu!! Wir hoffen Dir macht das Buch auch eine kleine Freude, Mini, Pixi& Nina From Nina von Borries

Grußnachricht zu **Stick oder stirb! Kommissar Seifferheld ermittelt (HAYMON TASCHENBUCH)** aber als Unternehmer tätig ist. Er hat ihn gebeten, mir zu vergeben, so wie er selbst mir vergeben hat."

„Wenn man Waffenhandel und Drogenschmuggel als unternehmerische Tätigkeit bezeichnen möchte", hielt Seifferheld dagegen.

Pjotr sah ihn verständnislos an. „Als was denn sonst? Für mich haben über tausend Leute gearbeitet. Die hatten alle Familien zu versorgen – das verpflichtet. Ich musste ständig zusehen, dass unser Unternehmen am Markt etabliert blieb. Dass wir der Konkurrenz immer mindestens um eine Nasenlänge voraus waren. Ich hatte Termine mit Banken und Anlageberatern ..."

„Aber nicht mit Steuerberatern." Siggi wusste nicht, welcher Teufel ihn da ritt, schließlich hielt Pjotr immer noch die Glock in der Hand. Und vielleicht fand er ja, dass fünfzig Jahre Enthaltsamkeit genug waren, was Erschießungen anging.

Doch Pjotr nahm es mit Humor. „Stimmt, Steuern haben wir nicht gezahlt, aber glauben Sie mir, mein Freund, was wir an Bestechungsgeldern abgedrückt haben, war auch nicht ohne. Das ist wie Steuernzahlen, nur direkter."

Er schenkte sich und Siggi von dem Tee mit der Hallo-wach-Wirkung nach.

Da Siggi schwer davon ausging, dass er in dieser Nacht ohnehin nicht zum Schlafen kommen würde, ließ er ihn gewähren.

„Ja, ich habe mich immer als Vorstand eines Wirtschaftsunternehmens gesehen ..." Jagelovsk geriet ins Sinnieren. „... und ich hatte mir auch einen passenden Nachfolger auserkoren und über Jahre aufgebaut – Yuri Iwanow, guter Mann. Leider ist er bei einem Unfall gestorben ..." Das Wort *Unfall* spuckte er, zusammen mit etwas Tee, förmlich aus.

„Und dann kam Demioff?“ Nur so eine Vermutung von Seifferheld, mit der er den Nagel jedoch auf den Kopf traf.

Jagelovsk nickte. „Dann kam Demioff. Eiskalter Bursche. Mir war von Anfang an klar, dass er es auf meinen Chefsessel abgesehen hatte. Und er ging dafür weiß Gott über Leichen. Ich habe ihm oft gesagt, dass ich mein Unternehmen nicht mit roher, sinnloser Gewalt führe, aber er hat mir nur ins Gesicht gelacht. Wenn er mich nicht gebraucht hätte, wegen meiner Kontakte und meinem Insider-Wissen über Abläufe und Prozesse ...“ Pjotr ließ den Satz unvollendet und zuckte mit den Schultern. „Ich saß auf einem Pulverfass, das war mir schon länger klar.“

Der Wecker tickte, der Hund schnarchte.

„Wie sind Sie eigentlich in den Knast gekommen?“

Pjotr lachte auf. „Ich wurde wegen einer Geschwindigkeitsüberschreitung einkassiert, ist das zu fassen? Vor fünf Monaten, auf der Rückfahrt von einer Waffenbörse in Paris. Mein Chauffeur Sergei macht sich bis heute schwere Vorwürfe. Egal, ich wollte mich sowieso aus dem Tagesgeschäft zurückziehen. Ich weiß genug über Demioff, um ihn über die Klinge springen zu lassen – ich hoffte, das würde ihn in Schach halten.“ Pjotr trank seine dampfende Tasse auf ex. „Im Gefängnis erhielt ich die ersten Briefe von Aleksandr. Anfangs über den normalen Postweg, später über Mittelsmänner. Er ist ein anständiger Kerl. Und er hat etwas in der Birne. Durch ihn wird die Geschichte unserer Familie völlig neu geschrieben. Er wird es einmal zu etwas bringen, zu etwas Ordentlichem ...“ Seine Stimme verlor sich.

„Mit den eingeschmuggelten Briefen konnten Sie die Flucht planen.“ Seifferheld nickte verstehend. „Und Demioff hat sich einschleusen lassen, um die Geschäfte von Ihnen zu übernehmen.“

Pjotr schreckte aus seinen Gedanken auf. „Igor? Das Geschäftliche übernehmen? Oh bitte, Igor hat schon vor Jahren das operative Geschäft an sich gerissen. Ich war nur noch so was wie eine Galionsfigur. Nein, Igor hat sich einschleusen lassen, um mich zum Schweigen zu bringen. Ihm liegt daran, das mit eigener Hand zu erledigen. Wegen der Symbolkraft. Und der Signalwirkung."

„Er wollte Sie umbringen?"

Pjotr lachte unfroh auf. „Deswegen musste es jetzt auch so schnell gehen. Er hat mir gestern Abend noch einen albernen Zettel in die Zelle geschmuggelt. Und so jemand übernimmt mein Lebenswerk." Weil er wütend wurde, bekam er wieder Farbe. „Darum habe ich heute früh meine Helfer mobilisiert. Tja, manchmal kommt es anders, als man denkt. Man sollte auf alles vorbereitet sein. Das Ende kann ganz plötzlich kommen." Er klopfte mit der Glock auf die Tischplatte.

Onis schmatzte im Schlaf.

Seifferheld verstand das als Wink mit dem Zaunpfahl. Nicht das Schmatzen, sondern die Anspielung auf das plötzliche Ende. Er sah in seine Teetasse. Als ob er aus dem Teesatz die Zukunft vorhersehen wollte. „Darf ich noch ein paar Abschiedsbriefe schreiben?"

„Abschiedsbriefe?" Pjotr schien entsetzt. „Siggi, Sie sind ein guter Mensch, Sie sind mein Freund. Sie sterben hier nicht!"

Seifferheld war kurz gerührt, aber der Realist in ihm behielt die Oberhand.

„Pjotr, Sie sind ein Schwerverbrecher. Und Ihr Enkel – guter Kerl hin oder her – verhilft Ihnen dazu, sich Ihrer Haftstrafe zu entziehen. Das wird laut Strafgesetzbuch mit einer Freiheitsstrafe bis zu drei Jahren geahndet. Wollen Sie wirklich mit der Unsicherheit sterben, ob ich Ihren Enkel nicht doch irgendwann auffliegen lasse?"

Die beiden Männer sahen sich an.

„Siggi, wenn Sie mir Ihr Wort geben, dass Sie meinen Enkel nicht melden, dann reicht mir das. Wenn ich etwas habe, dann Menschenkenntnis. Ich vertraue Ihnen."

In Seifferheld kämpfte es. Der alte Russe hatte recht: Wenn er ihm sein Wort gab, dann galt das. Nach über sechzig Jahren auf diesem Planeten hatte er gelernt, dass nichts wichtiger war als Ehrlichkeit und Integrität. Wenn man das in den Wind schoss, konnte man auch gleich den Löffel abgeben – dann war nichts mehr von Wert.

Siggi wog das Für und Wider ab. Er kannte diesen Aleksandr nicht. Er glaubte nicht an „schlechte Gene", aber wer in einer Verbrecherfamilie groß wurde, war natürlich anders sozialisiert als Kinder aus bürgerlichen Familien. Hatte Pjotrs Sohn Mirko wirklich die Welt seines Vaters hinter sich gelassen und den kleinen Aleksandr zum gesetzestreuen Bürger erzogen? Vielleicht hatte er ja seine eigene Bande gegründet und war einfach nur so clever gewesen, nie aufzufliegen? Pjotr mochte Aleksandr für einen guten Jungen halten, aber was hieß das in seiner Welt schon? Dass sein Enkel bereits als kleiner Bub Geld eingetrieben und dabei nie auch nur einen Rubel für sich abgezweigt hatte? Dass er hinterher immer sauber machte, wenn er einen umgenietet hatte? Für so einen sollte er sein Wort geben?

Da ging die Haustür auf.

„Ich bin wieder da-a", rief es aus dem Flur.

Siggi war gerettet. Erst mal.

Onis schreckte aus dem Schlaf und hob den Kopf.

„Ich habe Haarkreide für Kinder ab sechs gekauft. Ungiftig und leicht wieder auszuwaschen", sagte Aleksandr, als er ins Wohnzimmer trat. Er hatte sich umgezogen, sah nicht länger wie ein Jägersmann aus, sondern wie ein Blumenkind. Unter der grünen Mütze hatte sich ein Hipster-Haarknoten verborgen. Und er trug jetzt ein bis fast zum Bauchnabel aufgeknöpftes Hawaiihemd zu einer weiten weißen Leinenhose und Flipflops. Ein wenig erinnerte er Seifferheld an Olaf, den Mann seiner Tochter – fehlten nur die Freundschaftsarmbänder an den Handgelenken. Aleksandrs blaue Augen funkelten, und wenn er lächelte, bekam er Grübchen. Seifferheld war sicher, dass die Frauen reihenweise auf ihn flogen.

„Der Verkäufer hat mir versichert, dass das Zeug völlig unbedenklich ist. Man kann's sogar täglich auftragen. Er meinte, er sei Cosplayer und verwende das selbst, wenn er auf Conventions geht." Aleksandr ging in die Knie und tätschelte den Schädel von Onis. „Na, du Hübscher? Wir spielen jetzt Alchemisten und verwandeln Gold in Kohle und machen aus dir einen pechschwarzen Hovawart. Was sagst du dazu?"

Onis schleckte ihm die Hand.

Seifferheld spürte, wie er weich wurde. Das Urteil seines Hundes kam für ihn den Gesetzestafeln gleich, die Moses vom Berg Sinai heruntergetragen hatte – wenn er ehrlich war, glaubte er fest, dass niemand, den Onis mochte, ein wirklich schlechter Mensch sein konnte.

Leise seufzend sah er zu, wie Aleksandr die Haarkreide gemäß Packungsbeilage auf dem trockenen Fell auftrug. Onis ließ es fröhlich hechelnd mit sich geschehen.

Plötzlich hörte man Schritte. Männerschritte. Von zwei Männern.

Onis stellte das Hecheln ein, Seifferheld sah auf, Aleksandr hielt inne, Pjotr umklammerte die Glock etwas fester.

Die Schritte näherten sich dem Wohnzimmer.

Onis bellte einmal kurz auf. Es war kein freundliches Bellen.

Die Tür zum Flur ging auf und der Muskelmann trat ein, in seiner Begleitung ein schmalhüftiger junger Mann mit randloser Brille.

Der trug zu seinem gestylten Kinnbart und den rappelkurzen Haaren einen weißen Kittel und weiße Gesundheitsschuhe und hielt eine Arzttasche in der Hand. Er wirkte nervös.

Im Vergleich wirkte der Grobschlächtige neben ihm wie das Abziehbild eines muskelbepackten Bösewichts aus einem amerikanischen Comic-Heft: derbe Gesichtszüge, rasierter Schädel, sichtlich mehrfach gebrochene Nase, wulstige Lippen und eiskalter Blick.

„Ah ... Sergei." Pjotr legte die Glock auf den Tisch. Er schien erleichtert. Als ob eine Last von ihm abfiel.

Seifferheld ging sehr davon aus, dass Sergei der Muskelmann war, nicht der Kittelträger.

„Da ist er", sagte Sergei zu dem jungen Mann und zeigte mit seiner Hand, die so groß war wie ein Vorschlaghammer, auf Pjotr.

„Guten Tag ... also äh ... sehr angenehm ...", stotterte der Weißbekittelte nervös und sah dabei von Pjotr zu Aleksandr und wieder zurück. Seifferheld schien er nicht zu bemerken. Oder ignorierte er ihn absichtlich? „Tut mir leid, dass ich nicht früher kommen konnte ... im Krankenhaus war die Hölle los und ..."

„Schon gut." Pjotr winkte ab. Mit einer Geste, die eines Marlon Brando in *Der Pate* würdig gewesen wäre. Seifferheld fiel auf, dass Pjotr Jagelovsk – wo er nun kein einfacher Insasse der JVA mehr war – zunehmend die Autorität eines Clan-Chefs ausstrahlte. Obwohl er so gebrechlich war. „Jetzt sind Sie ja da."

„Äh ... gut ... tja dann, wenn Sie sich hinlegen könnten, damit ich mir Ihren Zustand einmal ansehen kann ...?“ Der junge Mann stellte seine Arzttasche ab. Seine Nervosität nahm noch einen Zacken zu.

Pjotr stand auf. „Wir gehen besser ins Schlafzimmer.“

Seifferheld sah ihnen nach. Hatten sie noch eine Geisel genommen? Einen jungen, unschuldigen Arzt vom Diakoniekrankenhaus? Seine Spürnase wies allerdings in eine andere Richtung: Der Mediziner machte es für Geld. Man hatte ihm wahrscheinlich ein Angebot gemacht, das er nicht ausschlagen konnte.

Seifferhelds Chance auf Flucht war jedenfalls vertan. Mit Pjotr allein hätte er es noch aufnehmen können, und trotz der Jugend von Aleksandr traute er sich zu, auch ihn außer Gefecht zu setzen. Aber gegen diese rasierte Fleischwurst kam er definitiv nicht an. Sergei blieb mit verschränkten Armen neben der Tür stehen.

„Oi weh“, rief Aleksandr in diesem Moment. Er schien nicht begeistert.

Siggi sah zu Onis. Und ihm stockte der Atem. „Was in drei Teufels Namen ...?“

Aus welchen Gründen auch immer – chemische Reaktion, unsachgemäße Handhabung, abgelaufenes Haltbarkeitsdatum, keine Ahnung – färbte die Haarkreide das Fell von Onis nicht schwarz, wie es geplant war, sondern lila. Die gesamte linke Körperhälfte des Hundes sah aus, als wäre das lila Samtkissen von Nachbarin Hoppe zum Leben erwacht.

Türsteher Sergei kicherte. Einen Moment lang wirkte er fast menschlich.

„So kann ich nicht mit ihm nach draußen. Ein bunter Hund erweckt viel zu viel Aufmerksamkeit.“

Onis krümmte den Rücken und knickte mit den Hinterpfoten ein.

Aleksandr bekam große Augen und zuckte zurück. „Was ist? Habe ich ihm wehgetan?“

Seifferheld schüttelte den Kopf. „Nein. Das macht er immer, wenn er mal muss. Viel Zeit bleibt Ihnen nicht mehr, dann platzt seine Blase.“

„So ein Mist aber auch.“ Aleksandr sah auf die Haarkreide in seiner Hand. „Was machen wir denn jetzt?“

Sergei stapfte auf Onis zu und griff in seine Hosentasche. „Ich habe da eine Idee ...“

Onis knurrte.

Wenn Seifferhelds Theorie stimmte, dann gehörte Sergei nicht zu den Guten. Was hatte der Mann jetzt vor? Wollte er seinen Hund etwa erschießen? Siggi stand abrupt auf. Nur über seine Leiche!

„Komm her, Hundchen“, sagte Sergei zu Onis und grinste.

Es war ein hässliches Grinsen ...

Ich glaube nicht an Wiedergeburt. Das habe ich schon nicht getan, als ich noch ein Hamster war.

Shane Richie

„Der Roboterarm fährt jetzt aus. Langsam, ganz langsam ...“

Dombrowski schwang sich zur Höchstform auf. Er fungierte als lebender Life-Ticker und schlüpfte dabei ganz unwillkürlich in die Rolle der von ihm heiß geliebten Sportkommentatoren.

„... und jetzt, in diesem alles entscheidenden Moment, schließt sich die Roboterhand um den Türgriff des Geländewagens ...“, verlautbarte er atemlos. „... noch ist völlig unklar, ob die Bombe mit der Tür verbunden ist und beim Öffnen explodiert ... und ja, ja, jetzt ist es so weit ... die Roboterfinger betätigen den Griff und ...“

In der Küche hielten alle den Atem an.

Natürlich gab es keine visuelle Live-Schalte zu den Geschehnissen vor Ort draußen im Solpark. Dombrowski war einfach nur per Handy mit Kollege Bauer zwo von der Mordkommission verbunden, der – in sicherer Entfernung – im Solpark stand und bei der Entschärfung der Bombe zusah und mit monotoner Stimme berichtete, was im jeweiligen Augenblick geschah. Die atemlose Spannung und die Füllwörter stammten von Dombrowski.

„... Moment ... es tut sich nichts ... die Tür scheint zu klemmen. Per Fernbedienung wird die Roboterhand neu justiert ...“

Marianne atmete schwer aus. Sie wusste nicht, wie lange sie das noch durchhielt. War das ihr Siegfried im Wagen? Die Roboterkamera hatte zwar eine Gestalt auf dem Rücksitz im Innenraum ausmachen können, die lag aber unter einer karierten Decke. Marianne wischte sich eine Träne aus dem Augenwinkel. In solchen Momenten war einem alles egal. Dass man sich in seinen alten Job als Journalistin zurücksehnte. Dass man fünf Kilo zu viel wog. Oder zehn. Und man sich noch heute früh auf der Badezimmerwaage gewünscht hatte, man könne Körperfett spenden wie Blut. Alles pillepalle. Es zählte nur die Sorge um den Menschen, den man liebte.

„... jetzt weht die Leiter ...“

Alle stutzten.

„... nein, sorry, hab mich verhört ... jetzt geht es weiter ...“ Dombrowski guckte entschuldigend in die Runde. Es war ein bisschen so, als würde man „Stille Post“ spielen.

„Was?“, rief Susanne. „Sie müssen lauter sprechen!“

Der Laptop stand immer noch auf dem Fenstersims, damit Seifferhelds Tochter in Peking die Ereignisse mitverfolgen konnte.

„... es ist so weit! Der Roboterarm hat die Klinke gepackt und öffnet gleich die Wagentür, und zwar ... jetzt!“ Dombrowski lauschte. Alle spitzten die Ohren. „Nichts. Es gab keine Explosion.“

Alle atmeten wieder aus.

Helmerich flatulierte zusätzlich noch. Er stand in der Tür zur Vorratskammer, damit er sich rasch dorthin zurückziehen konnte, wenn er spürte, dass wieder eine Gaswolke entweichen wollte. Aber dieses Mal war er nicht schnell genug gewesen.

Vor wenigen Minuten war Karina, Siggis Nichte, mit Mann und Kindern eingetroffen. Sie trug noch immer ihren Mantel. Weil Fela Junior und Fatou so aufgedreht waren – sie konnten die Angst ihrer Eltern riechen wie zwei kleine Trüffelschweine –, spielte Papa Fela drüben im Wohnzimmer mit ihnen, um den Kleinen das Miterleben des Super-GAU, sollte er denn eintreten, zu ersparen.

Karina hatte sich bei ihrer Tante Irmgard untergehakt, die wiederum eine Hand auf die Schulter von Marianne gelegt hatte. Wie sehr man sich sonst auch beharken mochte, das war jetzt ein Moment, in dem die Seifferheld-Frauen zusammenhielten.

„... der Roboterarm fährt in den Wageninnenraum aus und nähert sich der Bombe“, fuhr Dombrowski fort. „Noch ist die Lage unklar ... es könnte sich um Plastiksprengstoff handeln ... Das Handy könnte der Zünder sein. Sind noch Komplizen in der Nähe, die die Bombe gleich per Anruf zünden?“ Dombrowski sprach immer schneller. „Die Roboterkamera zoomt auf das Objekt ... und jetzt sieht man ...“

Es klingelte an der Haustür.

Helmerich entfuhr vor Schreck eine ganze Windkaskade, die ihn förmlich in die Küche katapultierte.

Karina schrie auf. Marianne auch, aber vor allem deshalb, weil sich Irmi urplötzlich in ihre Schulter gekrallt hatte.

Olgas „Brühe“ schwappte aus dem Becher.

Dombrowski fiel das Handy aus der Hand. Scheppernd landete es auf dem Küchenboden.

Panik ist ansteckend.

„Was ist?“, rief Susanne in Peking.

Olga fächelte sich Luft zu. „Ich beinahe Herzkasper bekommen.“ Sie machte aber keine Anstalten, aufzustehen und nachzusehen, wer zu ihnen wollte. Haustüröffnen war nicht Bestandteil ihrer Stellenbeschreibung.

Fela, der Gute, hatte das bereits erledigt.

Er führte Polizeichefin Bauer in die Küche.

„Guten Abend. Ich sehe, Sie sind alle beisammen.“

Frau Bauer war eine hochgewachsene Respektsperson unbestimmten Alters. Sie strahlte Kompetenz und eine unglaubliche Ruhe aus. In ihrer Gegenwart fühlte man sich sofort ruhiger.

„Wie man mir mitgeteilt hat, versorgt Herr Dombrowski Sie mit den neuesten Nachrichten.“

Dombrowski klaubte sein Handy vom Küchenboden.

„Oder er versucht es zumindest.“ Frau Bauer hob fragend eine Augenbraue.

„Bauer zwo, bist du noch da? Bitte kommen“, rief Dombrowski in sein Handy, dessen Display jetzt von einem gezackten Sprung geziert wurde, an dem Welpenfellhaare klebten.

Marianne stand auf.

Frau Bauer reichte ihr die Hand. „Frau Seifferheld, wir tun wirklich alles, was wir können. Spezialteams sind vor Ort. Und weil Ihr Mann einer von uns ist, sind wir natürlich auch an der Sache dran. Die komplette Abteilung ist involviert."

Marianne spürte, wie ihr die Tränen kamen. Sie wollte aber vor Frau Bauer nicht kleinmädchenhaft heulen, deswegen smalltalkte sie auf Sachebene. „Die Mordkommission ermittelt in einem Entführungsfall? Was sagt das Polizeipräsidium dazu?"

Frau Bauer lächelte. Es war kein fröhliches Lächeln, mehr ein komplizenhaftes. „Zufällig hat Kollege Wurster gerade jetzt einen Cold Case neu geöffnet – ein Tötungsdelikt, bei dem Pjotr Jagelovsk dringend der Tat verdächtigt wird. Wir ermitteln also in einem Mordfall, und das überschneidet sich mit den Ermittlungen in dem Entführungsfall."

Marianne schloss die Augen. Sie fühlte sich ein bisschen erleichtert. Wie man sich eben so fühlt, wenn man in einer Notsituation merkt, dass man nicht allein ist. Dass andere einem den Rücken stärken, für einen da sind, gegen alle Regeln mitermitteln.

Da kreischte Dombrowski lauthals: „Meine Fresse!"

Sogar Polizeichefin Bauer zuckte zusammen.

Helmerich schloss sich vorsichtshalber in der Vorratskammer ein.

Fela kam aus dem Wohnzimmer gelaufen.

„Was ist jetzt wieder?", rief Susanne in Peking.

„Es ist keine Bombe – ich wiederhole: Es ist keine Bombe!", berichterstattete Dombrowski. „Das ist nur ein kaputtes Handy ... auf einem Käse ... äh ... Moment ... Käse? Bauer zwo, bist du sicher?"

Die Polizeichefin schnaubte. „Geben Sie mir mal Ihr Handy. Bauer, sind Sie da?"

Ihr Assistent hieß auch Bauer, war aber mit ihr weder verwandt noch verschwägert, was sie bei jeder sich bietenden Gelegenheit nachdrücklich betonte. Er war nämlich ein Idiot mit Minipli-Dauerwellenfrisur. Deswegen hatte sie ihn auch als Beobachter zur Geländewagen-Action geschickt. Da war er ihr nicht im Weg und konnte nichts anrichten.

„Okay, Bauer ... wenn es keine Bombe ist, dann will ich jetzt wissen, wer da im Auto liegt! Ist mir egal, ob man Sie nicht näher an den Wagen lässt, finden Sie's trotzdem raus!"

Sie gab Dombrowski sein Handy zurück, weil ihr eigenes klingelte, wischte sich die Hand mit den Welpenhaaren an Dombrowskis Cordjacke ab, warf einen raschen Blick auf das Display und sagte: „Diesen Anruf muss ich leider annehmen. Mein Chef. Will vermutlich wissen, warum wir gerade alles stehen und liegen lassen, um uns in die Arbeit der Experten einzumischen."

Sie sah zu Dombrowski, während das Handy in ihrer Hand unermüdlich weiterklingelte. Es war ein bisschen so, als würde man im Kino kurz vor dem feuerwerksprühenden Happyend-Kuss von Heldin und Heldin herausgerufen. War das nun Seifferheld im Auto oder nicht?

Das Klingeln des Handys schien nachdrücklicher zu werden. Natürlich pure Einbildung, aber für alle deutlich spürbar.

„Ich muss los. Ich wollte auch nur rasch vorbeikommen, um zu sagen, dass wir jederzeit für Sie da sind, Frau Seifferheld. Sie haben meine Nummer. Wenn irgendetwas sein sollte ..." Sie sah zu Dombrowski, aber der schüttelte den Kopf. Frau Bauer schürzte die Lippen. Sie konnte und wollte nicht glauben, dass die Gestalt im Fluchtwagen der tote Siegfried Seifferheld war. Ihr Instinkt sagte ihr, dass Seifferheld noch lebte, dass Jagelovsk ihn als Trumpfkarte im Ärmel behielt, um im Austausch für das Leben des Ex-Kommissars einen Freifahrschein in ein nicht auslieferungspflichtiges Land fordern zu können. „Schicken Sie mir eine SMS, sobald Sie mehr wissen, Dombrowski!“ Sie reichte Marianne nochmals die Hand und ging, das Handy schon ans Ohr gepresst.

Marianne setzte sich wieder. Sie nahm den Blick nicht von Dombrowski. Ihre Mundhöhle war wie ausgedörrt, aber sie brachte jetzt keinen Schluck herunter.

Helmerich lugte durch die Vorratskammertür in die Küche. Olga leerte in einem Zug ihren mittlerweile fünften Becher „Brühe“, wirkte aber vollkommen nüchtern.

Da hob Dombrowski den Kopf. „Ja?“, rief er. „Und?“

„Herrje“, schimpfte Irmgard, „können Sie diesen Menschen nicht auf Lautsprecher schalten?“

Dombrowski, der tendenziell mit der Situation überfordert war, tat es. Wäre Frau Bauer nicht schon eiligen Schrittes draußen auf der Gasse gewesen, hätte sie es noch verhindern können, so aber tönte gleich darauf die Stimme von Bauer zwo durch die Küche und per Skype bis nach Peking: „Mein Gott, die haben die Leiche in der Mitte auseinandergesägt!“

Hinter jedem großen Mann steht eine Frau,
die mit den Augen rollt.
Jim Carrey

„Ich jetzt brauchen Wodka.“ Im Seifferheldhaus gab es nichts Stärkeres als Bier und Wein, darum war Olga immer vorbereitet. Sie zog ihre mittlerweile zweite Flasche Wodka aus ihrer übergroßen Handtasche. Dass sie bereits mehrmals Hühnerbrühe mit Wodka angesetzt, verteilt und mehrheitlich selbst getrunken hatte, focht sie nicht weiter an. Wenn man Wodka nicht pur trank, war es kein Wodka. Und diese Situation hier erforderte Wodka!

Siegfrieds Ex-Kollegen Dombrowski hatten sie hochkant hinausgeworfen, sobald klar war, dass die in Bauchnabelhöhe mit einer Säge voneinander getrennten Körperhälften nicht die von Seifferheld waren.

Sie waren, sie sich herausstellte, nicht einmal menschlich, sondern gehörten zu der Schaufensterpuppe, die einem Crailsheimer Herrenausstatter – inklusive Tweedjackett, Cordhose und Karohemd – zusammen mit einer Auswahl Strickmützen aus dem Anlieferungsbereich des Geschäfts gestohlen worden war. Am selben Tag, an dem auch der Geländewagen in Crailsheim entwendet wurde – laut Zeugenaussagen von einem kopfrasierten Riesen.

Die Sonderermittler gingen nun davon aus, dass die Befreiungsaktion von der Bande des Russen von langer Hand geplant worden war. Man vermutete, dass Jagelovsk mitsamt seiner Geisel Zuflucht in einem der Verstecke seiner Organisation suchen wollte. Ein eingeschleuster Undercover-Agent wurde kontaktiert und tippte auf das Safehaus des Clans in München-Giesing.

Rund um Schwäbisch Hall wurden Straßenkontrollen eingerichtet. Zwei Hubschrauber mit Nachtsichtgeräten zogen zudem über ganz Hohenlohe ihre Kreise, für den Fall, dass sich Jagelovsk und seine Helfer zu Fuß durch die Wälder durchschlagen wollten.

Gegen seinen Rauswurf hatte Dombrowski, der ja den Auftrag hatte, im Seifferheldhaus zu bleiben und abzuwarten, ob möglicherweise ein Anruf von Jagelovsk einging, noch vehement protestiert, aber Irmgard hatte Fela zu Hilfe gerufen – und gegen die grauhaarige Eisenfresserin und den durchtrainierten Zweimetermann mit afrikanischen Wurzeln rechnete sich Dombrowski trotz regelmäßigen Kampfsporttrainings keine Chance aus. Wobei er sich weitaus mehr vor Irmgard fürchtete als vor Fela. Wenn hier wer von Menschenfressern abstammte, daran zweifelte er keine Sekunde, dann Siggis Schwester Irmgard.

Seine letzte Information an die Runde war die, dass der Geflohene mit seiner Geisel und den Fluchthelfern spurlos von der Bildfläche verschwunden war und man bedauerlicherweise keinen Hinweis auf das zweite Fluchtfahrzeug hatte.

Nun tagte der Familienrat.

„Okay, wir sollten jetzt nicht die Nerven verlieren." Susanne klang gefasst, wirkte aber müde. Kein Wunder, bei ihr in China war es ja auch schon nach drei Uhr in der Früh. „Papa lebt, und solange man lebt, gibt es immer eine Chance, gibt es immer Hoffnung." Sie sagte das mehr zu sich selbst als zu den anderen.

Olga flößte Marianne Wodka ein. Zumindest setzte sie ihr ein Schnapsglas an die Lippen und redete ihr so lange gut zu, bis Marianne das Glas packte, einen Schluck nahm, hustete, noch mehr hustete und das Glas dann austrank. Sie war totenbleich und zitterte am ganzen Körper. Seit sie vor ihrem inneren Auge ihren zersägten Mann vor sich gesehen hatte, war sie nicht mehr ansprechbar.

Irmgard legte ihrer Schwägerin eine Wolldecke um die zitternden Schultern.

Helmerich in der Vorratskammer hatte das Schlimmste gar nicht mitbekommen, sonst hätte ihn bestimmt eine einzige große Gasexplosion in tausend Teile zerfetzt. So war er „Was ist? Was ist?" rufend aus der Vorratskammer geeilt, als die Frauen angefangen hatten, haltlos zu schreien. Die Frauen und Dombrowski. Und sogar Irmgard.

Weil nicht nur Panik ansteckend ist, sondern auch Hysterie.

Aber jetzt war das Schlimmste vorüber.

Fela brachte die Kinder nach oben ins Schlafzimmer. Gott sei Dank waren die Kleinen längst völlig übermüdet eingeschlafen, als das Geschrei losging. Sie hatten nichts mitbekommen.

Karina, die seit einiger Zeit nicht mehr stillte, trank ebenfalls ein Glas Wodka, auch wenn sie nach kurzem Probeschnuppern vermutete, dass es sich um Selbstgebrannten handelte und sie alle erblinden würden. „Dieser Typ, dieser Jagelovsk, hat doch bei Onkel Siggi das Sticken gelernt. Die kennen sich also. Und er hat nicht nur Onkel Siggi mitgenommen, sondern auch Onis. Ich glaube, er bringt ihn nicht so schnell um."

Sie griff sich an den Hals, in dem gerade ein Flächenbrand loderte. Dieser Wodka hatte es in sich.

„Und wenn sie spurlos verschwunden sind und es keinen Hinweis auf ein zweites Fluchtfahrzeug gibt, dann liegt doch nahe, dass sie hier ganz in der Nähe untergetaucht sind."

Wenn es darum ging, sich in die Denkweise eines Kriminellen einzufinden, stand Karina ihrem Onkel Siggi trotz seiner vierzig Jahre Berufserfahrung in nichts nach. Aus dem einfachen Grund, weil sie selbst ... nun ja, nicht ganz gesetzestreu gelebt hatte. Das heißt, bevor sie Mutter geworden war. Mutterschaft veränderte alles. Also, erst mal. Während ihrer wilden Zeit, also noch vor drei Jahren, hatte sie sich nackt an das Kirchengeländer gekettet, um gegen Massentierhaltung zu protestieren, hatte Häuserwände mit Parolen besprüht, die die Leute aus ihrer Massen-Trance aufrütteln sollten, hatte einmal sogar ein Dixi-Klo in die Luft gesprengt. Warum sie Letzteres getan hatte, das wusste sie auf die Schnelle nicht mehr zu sagen. Aber es hatte definitiv einem guten Zweck gedient. Und sobald Fela Junior und Fatou aus dem Gröbsten raus waren, würde sie wieder politisch aktiv werden, das hatte Karina sich geschworen. Es gab viel zu tun, und sie würde es anpacken!

Kurzum, Karina musste sich nur überlegen, was sie selbst tun würde, wenn sie beispielsweise einen Manager von Branchenriese Monsanto oder Nestlé oder eines anderen Konzerns entführen würde, der den Menschen das Regenwasser, das sie in Tonnen sammelten, in Rechnung stellte oder den Landwirten gentechnisch verändertes und patentrechtlich geschütztes Saatgut für überteuertes Geld verkaufte, das nicht selbst nachwuchs, sondern immer wieder vom Konzern abgekauft und womöglich auch noch mit Pestiziden gedüngt werden musste, um volle Leistung zu erbringen.

„Wenn ich Jagelovsk wäre, würde ich mich erst mal bedeckt halten, bis die ersten Wellen an Suchaktionen vorbei sind. Ich würde hier in der Gegend untertauchen und abwarten."

„Kind, das ist doch albern, dieser Russe ist ein Superverbrecher. Wahrscheinlich wurde er von seinen Kumpanen längst mit einem Learjet nach Südamerika ausgeflogen." Irmgard runzelte die Stirn.

„Ich glaube, auf dem Hessentaler Flughafen können gar keine Learjets landen und starten", wandte Helmerich mutig ein. Mutig, weil es Folgen haben konnte, wenn man seiner Frau widersprach.

„Es geht ums Prinzip!", bellte Irmgard.

„Und Siggi und Onis haben sie mitgenommen?", fragte Marianne. Sobald man ihr etwas zum Nachdenken gab, konnte sie auch mit schlimmsten Stresssituationen umgehen. Nur nicht grübeln. Alles war besser, als zu grübeln.

Irmgard erwiderte darauf nichts. Sie war der festen Überzeugung, dass man ihren Bruder und seinen Hund morgen früh tot hinter irgendeinem Hangar finden würde. Oder die beiden würden über dem Atlantik einfach abgeworfen.

Karina schüttelte den Kopf. „Nein, nein, das ergibt keinen Sinn. Learjet, Südamerika ... wenn diese Typen so einen hochkarätigen Fluchtplan hätten, dann hätten sie auch eine High-Tech-Flucht durchgezogen: Teile der JVA-Mauer weggesprengt oder sich wie Ninjas aus einem Superhubschrauber über dem Gefängnisinnenhof abgeseilt, ihn gepackt und ab damit. Nein, das riecht alles nach klein-klein und selbstgemacht." Karina tigerte durch den Raum und kratzte sich am Ohrläppchen, weil ihr das half, sich zu konzentrieren. „Ich sage, wir müssen selbst aktiv werden", erklärte sie und blieb stehen.

„Selbst aktiv werden? Sonst noch was? Wie albern ist das denn!", nölte Susanne aus dem Laptop. „Die Suche nach Papa überlassen wir den Profis! Die wissen, was sie tun! Wir halten uns da schön raus." Sie schaute streng.

„Ach, findest du?" Karina baute sich vor dem Laptop auf und funkelte ihre Cousine nicht minder streng an.

„Allerdings!", erklärte Susanne mit exakt derselben Stimme, mit der im Altägyptischen Pharaonen stets zu sagen pflegten: *So soll man es schreiben, so soll es geschehn.*

„Tja, ich sehe das anders", sagte Karina lapidar und klappte den Laptop zu. „Sonst noch wer Einwände?", fragte sie und sah sich in der Runde um.

Irmgard fand zwar eigentlich auch, dass man die Suche der Polizei überlassen sollte, aber ihr war klar, dass die Untätigkeit und das Abwarten sie rasend machen würden. Und sie war auch ein klitzekleines bisschen stolz auf die Art und Weise, wie ihre Nichte mit Widerständen umging. „Nein", sagte sie deshalb.

Olga nahm einen Schluck aus der Wodkaflasche. „Ich dabei!"

Helmerich und Marianne nickten.

Karina sah alle der Reihe nach an. „Gut. Das heißt jetzt, wir müssen noch heute Nacht alle aus unserem Bekanntenkreis mobilisieren. Irgendjemand hat etwas gesehen oder gehört, da bin ich sicher! Wir sind hier in einer Kleinstadt, in der jeder jeden kennt." Karina sah sich noch einmal um. „Und gleich morgen früh legen wir los. Seid ihr dabei?"

Marianne klopfte mit dem Wodkaglas auf die Tischplatte, damit Olga ihr nachschenkte. „Ich kann nicht einfach herumsitzen und nichts tun. Ich bin dabei."

Olga nickte, während sie Marianne nachschenkte. „Ich für Siegfried zu allem bereit!"

Karina schaute ihre Tante an.

Irmgard verschränkte die Arme. Das war aber entgegen der allgemeinen Deutung kein Abwehrzeichen, sondern im Gegenteil eine Verlautbarung ihrer Entschlossenheit. „Uns Seifferhelds gibt es seit über fünfhundert Jahren in Schwäbisch Hall. Wäre doch gelacht, wenn wir Siggi nicht finden können!"

Helmerich nickte.

Karina nahm die Schultern zurück und reckte den Kopf in die Höhe. Sie wirkte wie die zu allem entschlossene barbusige „Freiheit" auf dem berühmten Gemälde von Eugène Delacroix.

„Dann ist es abgemacht: Die Seifferhelds werden aktiv!"

DONNERSTAG

Seifferheld und der Hundeallergiker mit dem Hexenschuss

Aus gegebenem Anlass heute kein Polizeibericht.

Siegfried Seifferheld betrachtete, was von seinem geliebten Hund übrig geblieben war, und schauderte.

Würde Onis jemals wieder der Alte sein? Würde er das Trauma der Totalrasur verarbeiten können?

Seinem Scherer Sergei würde der Hovawart jedenfalls nicht vergeben – so viel war klar. Obwohl Sergei, das musste man zugeben, trotz seiner Pranken relativ behutsam mit dem Vierbeiner umgegangen war. Nachdem er den batteriebetriebenen Rasierapparat aus der Hosentasche gezogen hatte, mit dem er – wie er sagte – mehrmals täglich über seine Platte fuhr, weil „die Girls auf schön glatt stehen“, ging alles ganz schnell. Hinterher hätte nicht einmal Seifferheld seinen treuen Gefährten wiedererkannt: von der Schnauze bis zum Schwanz komplett enthaart, nur auf dem Scheitel zwischen den Ohren war noch eine Art Irokesenschnitt übrig.

Jetzt saß Onis in Habachtstellung neben Seifferheld und fixierte Sergei. Hin und wieder hob er die Oberlippe und knurrte leise.

Der kleine Teppich aus Hundehaaren lag immer noch neben der Wohnzimmercouch, genau so, wie er gestern Abend zu Boden gefallen war. Mal abgesehen von ein paar Reinigungsfetischisten hielten Männer es im Allgemeinen locker mit Dreck aus, solange der nicht im Weg war. Keiner der Jungs hatte also zum Staubsauger gegriffen.

Es war kurz nach neun. Aleksandr war eben mit Onis von der Morgenrunde zurückgekehrt und hatte alle Fenster geöffnet. Wenn man von draußen kam, war der Altmännergeruch im Haus ziemlich unerträglich, fand er mit der Überheblichkeit der Jugend. Natürlich achtete Aleksandr darauf, dass die Gardinen zugezogen blieben – es sollte ja niemand einen Blick ins Innere erhaschen können.

„Einen tollen Hund haben Sie", sagte er zu Seifferheld. „Onis gehorcht aufs Wort. Wir haben eine Runde gedreht, und dann hat er eine halbe Stunde wie ein Wilder die Frisbee-Scheibe apportiert. Der ist für den Rest des Tages ausgepowert. Zur Belohnung habe ich ihm eben an der Fleischtheke der Bäuerlichen Erzeugergenossenschaft zwei Wiener Würstchen gekauft, während er ganz brav draußen gewartet hat."

Aleksandr hatte aus der Bauernhalle auch Brot mitgebracht – und extra eine Butterbrezel für Siggi. So gab es jetzt Frühstück am wackeligen Küchentisch des Reihenhauses: Wurst, eingelegte Früchte, Kefir, Marmelade, Rührei mit Pilzen und Bratkartoffeln. Die warmen Speisen hatte der Weißbekittelte zubereitet, der die Nacht an der Seite von Pjotr im ersten Stock verbracht hatte und der auch jetzt wieder nach oben geeilt war, um den alten Russen zu holen.

Sergei war der Einzige, der mit Appetit zulangte. Wobei er aber beim Ausfahren des Armes zum Nachschlagnehmen jedes Mal stöhnte und ächzte. – Wenn er nicht gerade auf Seifferheld aufgepasst hatte, dann hatte er nämlich auf der Campingliege im Flur geschlafen, was ihm sein Rücken offenbar übelnahm.

Außerdem nieste er alle paar Minuten und wischte sich danach jedes Mal mit dem Hemdsärmel über Mund und Nase. „Ich muss mir was eingefangen haben", leierte er ausnahmslos nach jedem Nieser, wie eine alte Vinyl-Schallplatte mit Sprung.

Aleksandr und Sergei hatten abwechselnd Wache geschoben, während Seifferheld auf der ausziehbaren Couch im Wohnzimmer mehr oder weniger unruhig geschlafen hatte, mit seinem Nackthund Onis im Arm.

Er hatte das unangenehme Gefühl, dass nicht wegen ihm Wache geschoben wurde, sondern wegen einer Bedrohung von außen. Fürchteten sie, dass jeden Moment ein Sondereinsatzkommando das kleine Vororthäuschen stürmen konnte? Oder steckte mehr dahinter?

Seifferheld nahm einen Bissen von der Butterbrezel, obwohl er keinen Hunger hatte. Er wollte nicht undankbar erscheinen.

Aleksandr gab Marmelade in seinen Kefir und rührte unentschlossen darin herum.

Sergei schaufelte Rührei und Bratkartoffeln in sich hinein. Wenn er nicht gerade nieste.

Auf dem Tisch lag die neueste Ausgabe des *Haller Tagblatts*, die Aleksandr ebenfalls mitgebracht hatte. Die reißerische Schlagzeile lautete: *Russen glückt spektakuläre Flucht mit Geiselnahme.*

Von der Treppe hörte man Schritte auf den knarzigen Stufen.

„Guten Morgen." An der Hand des Weißbekittelten trat Pjotr ins Esszimmer. Es schien ihm ein wenig besser zu gehen, zumindest hatte er etwas Farbe im Gesicht.

Sergei brummte etwas mit vollem Mund. Krümel flogen.

Seifferheld nickte. Onis sprang auf und schob seinen Irokesen-Schädel in den Schritt von Pjotr. Der tätschelte seinem Enkel unbeholfen die Schulter. Im Tätscheln hatte er offenbar nicht viel Übung.

„Großvater, du siehst schon viel besser aus.“

„Ich habe ihm ein Stärkungsmittel verabreicht“, sagte der junge Mann im Kittel zu Aleksandr.

Noch immer kannte Seifferheld seinen Namen nicht. Eine Vorstellungsrunde hatte es nicht gegeben. Aber es war sowieso fraglich, ob die üblichen Benimmregeln auch zwischen Fluchthelfern und Geisel galten.

„Sergei soll mir zuerst den Bart stutzen, im Gefängnis bin ich zum Waldschrat verkommen“, verlangte Pjotr und ging zur Spüle in der kleinen Küche. Aleksandr schob ihm einen Hocker hin.

Sergei erhob sich ächzend und hielt sich das Kreuz.

„Hast du Rücken?“ Pjotr schaute skeptisch. Er klang vorwurfsvoll, als ob sich seine Subalternen keine Malaisen erlauben dürften. Ohne auf die Antwort zu warten, wandte er sich an seinen Enkel. „Ist draußen alles klar?“

„Eben war's das noch.“ Aleksandr nickte.

„Eben ist nicht jetzt. Sieh nach.“ Eine Stimme, die keinen Widerspruch duldete.

Aleksandr nickte folglich gehorsam und ging durch die Küchentür nach draußen in den kleinen Kräutergarten und von dort einmal ums Haus.

Seifferheld wurde klar, dass die Verwandlung von Bandenchef Pjotr Jagelovsk zum gütigen Großväterchen nicht gänzlich abgeschlossen war – das lässige Erteilen von Befehlen hatte er jedenfalls noch drauf.

Sergei zog aus seiner Jackeninnentasche eine flache Rosenholzbox, in der sich ein Rasiermesser und ein Abziehriemen sowie eine Rasierschaumdose in Reisegröße befanden. Er verteilte den Schaum auf Pjotrs Wangen und setzte das Rasiermesser an.

Seifferheld fand, dass man als Mann nie hilfloser ausgeliefert war, als wenn man nach alter Barbier-Tradition rasiert wurde.

Während Sergei Pjotr bearbeitete – mit geübten Bewegungen, als würde er das nicht zum ersten Mal machen –, setzte sich der Weißbekittelte an den Tisch.

„Frühstück, die beste Mahlzeit des Tages. Bin am Verhungern." Er bediente sich einmal querbeet.

Weil Sergei und Pjotr miteinander Russisch redeten und sehr vertieft in ihr Gespräch schienen, ergriff Siggi die Gelegenheit beim Schopf.

„Herr Doktor ...", fing er an.

„Ich bin kein Arzt, ich bin Pfleger." Der junge Mann schüttelte den Kopf. „Sie haben sich vom Kittel täuschen lassen. Ich wette, wenn ich eine Frau gewesen wäre, hätten Sie sofort gedacht, ich sei Krankenschwester. Nur bei Männern in weißen Kitteln denkt man gleich an Halbgötter in Weiß. Das ist Gender-Profiling."

„Äh ... da haben Sie womöglich nicht unrecht, Herr ..." Seifferheld gehörte noch einer Generation an, der Gender-Profiling wurst war.

„Nennen Sie mich einfach Niklas."

Man hörte ein Niesen. Gleich darauf schrie Pjotr auf.

Niklas und Siggi sahen zur Spüle, wo Sergei Pjotr mit einem Küchentuch eine blutige Stelle an der Wange abtupfte. „Tut mir leid, Boss. Der Nieser hat mich überrascht."

Pjotr guckte grimmig.

Seifferheld vermutete schwer, dass Sergei allergisch auf die Hundehaare reagierte, die jetzt, wo die Fenster offen standen, in der leichten Brise durch die Luft flogen. Einzelne Härchen waren zuvor auch schon auf dem Rührei gelandet, das Sergei mit so großem Appetit gevespert hatte. Aber Siggi sagte nichts. Sollte Sergei doch die Krätze kriegen.

Niklas widmete sich wieder seinem Frühstückshunger und bestrich eine Brotscheibe hauchdünn mit Butter.

Seifferheld beugte sich zu ihm. „Niklas, wurden Sie auch entführt?"

„ENTFÜHRT?"

Pjotr und Sergei verstummten und schauten zu ihnen.

Seifferheld lächelte unverbindlich. Als die beiden Russen ihr Gespräch weiterführten, legte er Niklas die Hand auf den Unterarm. Mit dem Kopf zeigte er wortlos auf die Schlagzeile des *Haller Tagblatts.*

Niklas schluckte. „Geiselnahme? Scheiße, sind *Sie* die Geisel?"

Siggi nickte.

Niklas nickte auch. Es war ein mechanisches, aussagefreies Nicken. Er starrte einen Moment auf die Zeitung.

In Seifferheld arbeitete es. Vermutlich war Niklas von einer unblutigen Befreiung ohne Geiselnahme ausgegangen. Das konnte er mit seinem Gewissen vereinbaren. Dass es jetzt eine Geisel gab, mochte alles umkehren. Vielleicht ließ er sich sogar dazu überreden, Siggi zur Flucht zu verhelfen. Oder den Behörden einen Tipp zu geben. In Seifferheld keimte Hoffnung auf.

Da sagte Niklas mit bitter klingender Stimme: „Diese Schlagzeile ist wieder ganz typisch für das heutige Klima im Land – wieso muss man hervorheben, dass es ein *Russe* war? Welche Rolle spielt die Nationalität? Wieso kann man nicht einfach von einem Strafgefangenen sprechen? Oder einfach nur titeln: *Spektakuläre Flucht mit Geiselnahme*? Aber nein, man muss hervorheben, dass es ein Russe war."

Seifferheld deduzierte, dass der junge Mann gesellschaftspolitisch sensibilisiert war, und er hatte ja auch nicht ganz unrecht, aber eine Diskussion darüber führte vom eigentlichen Punkt weg.

„Sind Sie auch gegen Ihren Willen hier?", flüsterte er.

„Wer? Ich?" Niklas schüttelte den Kopf. „Nein, ich wohne hier. Das ist mein Haus. Also, eigentlich das Haus meiner Großmutter. Sie ist aber vor kurzem gestorben."

„Mein Beileid."

„Danke. Es war krankheitsbedingt abzusehen, und sie war auch schon weit über neunzig. Wenn das hier vorbei ist, verkaufe ich das Haus. Ich habe einen Interessenten für beide Hälften. Wobei der Makler meint, ich soll lieber erst mal vermieten, weil die Immobilienpreise gerade im Keller sind."

„Aber wieso ...?", fing Siggi an.

„Na, weil das Haus ja nett ist und ich auch viele schöne Kindheitserinnerungen habe, aber es ist echt nicht mein Geschmack. Ich könnte nie hier wohnen. Außerdem ..."

„Das Haus ist doch im Moment nicht wichtig, es interessiert mich nicht, warum Sie es verkaufen wollen ..." Seifferheld beugte sich noch weiter über den Tisch. „Ich will wissen, warum Sie hier sind? In dieser Situation, nicht in diesem Haus. Das macht Sie zum Fluchthelfer, das ist Ihnen doch hoffentlich klar?"

„Ach so, warum mache ich hier mitmache?" Niklas betrachtete sein Butterbrot wie ein Orakel – als würde ihm der Messerabdruck auf der Butter gleich die Antwort mitteilen.

Seifferheld nickte. Das war die Gretchenfrage. Wieso beteiligte sich ein junger Pfleger an einer solchen Straftat? Vermutlich für Geld, viel Geld. Dämmerte Niklas gerade, wo er da hineingeraten war? Hatte man ihm im Vorfeld verschwiegen, dass der Greis, um den er sich kümmern sollte, ein geflohener Sträfling war? Oder hatte er von der Flucht gewusst, nicht aber die Geiselnahme miteinkalkuliert, bei der noch gar nicht feststand, ob sie glücklich enden würde?

Dann sagte Niklas in bedächtigem Tonfall: „Soll ich den Putenschinken nehmen oder lieber den Parmaschinken? Sieht beides gut aus. Haben Sie die Wurst schon probiert? Können Sie mir dazu raten?"

Seifferhelds Augenbrauen schossen nach oben.

„Fertig", brummte Sergei drüben an der Spüle.

Pjotr sah zu Seifferheld. „Wie wär's mit einer Rasur? Sergei weiß, was er tut. Man sieht es ihm nicht an, aber er hat Friseur gelernt."

Seifferheld fuhr sich mit der Hand über das Kinn. Stoppelig. Aber was gingen ihn die Gepflogenheiten der Zivilisation an, wo er doch jetzt Geisel war? Wenn es keine Frau zum Küssen gab, konnte man problemlos auf Höhlenmensch machen und der Natur ihren Lauf lassen. „Danke, ich will mir den Bart wachsen lassen."

Aleksandr kam durch den Haupteingang von seinem Kontrollgang zurück. Onis lief zu ihm und schnupperte an seiner Hand, die vermutlich noch nach Wiener Würstchen roch. „Draußen ist weit und breit niemand. Nur ein stämmiges Schulkind mit Rucksack drüben an der Bushaltestelle."

„Hm", brummte Sergei, als ob er Schulkinder für gemeingefährlich hielt. „Soll ich nachsehen?"

Pjotr schüttelte den Kopf. „Nein. Du hast anderes zu tun, das habe ich dir doch eben gesagt. Und beeil dich." Pjotr ging – etwas klapprig zwar, aber ohne Stütze – zum Esstisch.

„Wie geht es Ihnen heute, mein Freund?", erkundigte er sich bei Seifferheld.

„Mir geht es gut. Aber Sie sind Stadtgespräch.“ Siggi schob ihm die Zeitung hin.

„Ich lese grundsätzlich nichts über mich. Nie. Bette Midler tut das auch nicht. Trolle soll man trollen lassen. Apropos Bette Midler, wie wäre es mit etwas Musik?“ Er sah die beiden jungen Männer an.

Niklas sprang auf, eilte zu dem Transistorradio auf der Anrichte und schaltete es ein. Mit einem Rauschen unterlegte russische Volksweisen erklangen im Raum. Als Niklas sich wieder umdrehte, fegte er versehentlich mit dem Ellbogen ein paar Matrjoschka-Figuren von der Anrichte, die er wieder aufhob und gewissenhaft der Größe nach aufstellte. Über der Anrichte hingen, feinsäuberlich ausgerichtet, diverse signierte und gerahmte Fotografien: Juri Gagarin, Alla Pugatschowa und Leonid Breschnew. Man hätte das komplette Innere dieses Hauses einem Museum für russische Zeitgeschichte vermachen können. Man erriet mühelos, welchen Migrationshintergrund die Großmutter von Niklas hatte.

Pjotr wippte im Takt zur Musik mit dem Kopf und häufte sich den Rest Rührei auf seinen Teller.

Niklas setzte sich wieder an den Tisch.

Er und Aleksandr sahen sich an.

Seifferheld war, was Zwischenmenschliches anging, nachgewiesenermaßen ein Langsamkapierer, aber er hörte die sprichwörtliche Nachtigall trapsen und ahnte, wie die Antwort auf seine vorhin gestellte Frage lauten musste.

Pjotr bekam nichts mit, er aß genussvoll seine winzige Portion Rührei mit Bratkartoffeln. Bei sehr alten Menschen verkümmerten ja oft die Geschmacksnerven, und es war quasi egal, ob man ihnen ein Gourmetessen oder geschredderten Pappkarton servierte, aber Pjotr sah aus, als würde es ihm schmecken.

Sergei, der jetzt eine leichte Windjacke trug, aus der ein Halfter mit einer Pistole lugte, trat – mehrmals niesend – aus der Küche ins Esszimmer. Er hielt sich den Rücken. „Ich glaube, ich habe einen Hexenschuss."

Niklas stand auf. „Ich kann Ihnen eine Schmerztablette geben."

„Unsinn. Bei einem Hexenschuss wäre er bewegungsunfähig. Und Schmerztabletten vernebeln nur die Sinne. Jetzt sei kein Mädchen, Sergei, und tu, was ich dir aufgetragen habe", giftete Pjotr.

„Ist gut, Boss, dann geh ich jetzt."

Pjotr nickte, ohne ihn anzusehen. „Du weißt, was du zu tun hast. Komm nicht zurück, bevor es nicht erledigt ist."

Sergei ging.

Niklas setzte sich wieder.

Und Seifferheld fragte sich, was Sergei erledigen sollte ...

Wer hat diesen Mann gesehen?

Zum Glück gibt es Instagram, sonst müsste man 538 Leute abtelefonieren, um ihnen zu sagen, dass man Zitronentorte gegessen hat ...

Im *Media-Office* am Scharfen Eck, *dem* Druck- und Kopiercenter von Schwäbisch Hall, ließ Karina das Flugblatt, das sie in der Nacht am Computer erstellt hatte, zehntausend Mal kopieren. Für den Anfang.

****

Wer hat diesen Mann gesehen?
Oder diesen Hund?
(Ein Foto von Siggi und Onis aus glücklicheren Tagen)
Sie wurden am Mittwochnachmittag gegen 14 Uhr in der Innenstadt von Schwäbisch Hall entführt. In einem schwarzen Geländewagen.
(Eine Zeichnung des Fahrzeugs, die Karina selbst erstellt hatte, schließlich war sie ausgebildete Graphikerin.)
Ist Ihnen in oder um Schwäbisch Hall etwas Ungewöhnliches aufgefallen, das zur raschen Aufklärung beitragen könnte?
Hohe Belohnung!!!
Bitte melden unter:
(Festnetznummer des Seifferheldhauses)

****

Foto und Text hatte sie auch in all ihren WhatsApp-Gruppen, auf Instagram, Facebook, Twitter, Tumblr, Snapchat, Pinterest, Google+ und noch ein paar weniger bekannten Plattformen gepostet, mit der Bitte, es zu teilen. Was binnen kürzester Zeit auch mehrere hundert Mal geschehen war. Haller halten zusammen!

Und nun stand dieses zierliche Persönchen im Hauptquartier alias der Seifferheldschen Küche in der Unteren Herrngasse auf einer Sprudelkiste und instruierte seine Truppen. Die großen Feldherren der Geschichte hätten sich in diesem Moment eine Scheibe von ihr abschneiden können.

„Hat das jetzt jede kapiert?“

Alle, die sich an diesem Vormittag hatten freinehmen können, waren da: die Kochkurskumpel von Siggi (tutti kompletti), die Trommlerfreunde (na ja, eigentlich nur Reimer und Helmerich, aber immerhin), Olga die Putzfrau und natürlich alle vor Ort befindlichen Angehörigen (zu denen selbstverständlich auch Helmerich gehörte – er war eine lebende Schnittmenge).

Unter dem Küchentisch fiepte es. Marianne hatte darauf bestanden, dass der Welpenkindergarten weiterging. „Die Halter und Halterinnen verlassen sich auf mich. Da sind Alleinerziehende dabei, die die Hunde sonst unbeaufsichtigt zu Hause lassen müssten.“ Sie verschwieg, dass es ihr guttat, sich um die kleinen Wesen zu kümmern, die keine Ahnung von den großen Kümmernissen des Lebens hatten. Folglich rauften sich die Bichogge, der Schnudel und der Chips gerade spielerisch, während der Pickel auf dem Schoß von Klempner Arndt lag und sich durchkraulen ließ. Er war ein Verschmuster. Der Pickel. Der Klempner aber auch.

„Gut, wenn's sonst keine Fragen gibt ...“ Karina wollte von der Kiste Sprudel steigen, auf der sie Stellung bezogen hatte, damit sie ihren Fußtruppen in die Augen sehen konnte. Wie alle großen Feldherren – Cäsar, Napoleon, Hannibal – war sie nämlich eher klein gewachsen.

Kläuschen räusperte sich. „Also ... äh ... um ehrlich zu sein ...“ Seine Begriffsstutzigkeit war legendär. Er hatte die Weisheit nicht mit Löffeln gefressen, wie man so sagte. Allenfalls mit einer Pipette eingeträufelt. Wenn überhaupt.

Karina seufzte und wiederholte: „Wir verteilen jetzt die Flugblätter an strategisch günstigen Stellen der Stadt und sind dabei immer zu zweit unterwegs – in der Innenstadt sowie in den Industriegebieten Kerz und Solpark. Wer auch nur den kleinsten Hinweis bekommt, meldet sich. Ich habe eine WhatsApp-Gruppe für uns eingerichtet, damit alle alles zeitgleich erfahren. Die Festnetznummer hier ruft bitte keine an, damit die Leitung frei bleibt für mögliche Zeuginnenanrufe. Hall ist ein Dorf – jemand muss was gesehen haben. Und wir werden diesen Jemand finden. Jetzt verstanden?!“

Kläuschen nickte. „Schon klar, aber was ist eine ... wie heißt das gleich ... eine Wasabi-Gruppe?“

„Pas de problème, Klaus, keiné Sorgé. Du bist mit mir ünterwegs, und isch weiß, wie das geht.“ Bocuse klopfte ihm auf die Schulter und zog sein Handy heraus, dessen Schutzhülle in den französischen Nationalfarben erstrahlte: blau, weiß, rot.

„Haben alle ihre Handys dabei? Und sind die Handys auch alle voll geladen?“ Karina guckte streng.

Sämtliche Mobiltelefone wurden gezückt und brav in die Höhe gehoben. Es waren die unterschiedlichsten Modelle – iPhone, Samsung, sogar ein altes Motorola-Teil, mit dem man nur telefonieren und simsen konnte. Es gehörte Mathelehrer Horst, der sich vehement weigerte, von der fortschreitenden Digitalisierung der Welt versklavt zu werden, wie er sagte. Mit seinem antiquierten Gerät konnte er natürlich nicht whatsappen, aber er war Wanderführerautor Guido zugeteilt, der immer das allerneueste Markenmodell mit High-Scale-GPS sein eigen nannte, weil er insgeheim fürchtete, dass er auf seinen Streifzügen durch die Welt sonst verloren gehen könnte.

„Gut. Hat jede ihren Partner?" Karina sah sich in der Runde um. Die Runde nickte. Sogar Irmgard, die eine brillante Heerführung erkannte, wenn sie eine sah, ordnete sich anstandslos unter.

Die Helfer gruppierten sich entsprechend Karinas Zuteilung: Guido zu Horst, Klaus zu Bocuse, Reimer zu Arndt, Helmerich zu Irmgard, Gotthelf zu Eduard, Olga zu Karina.

„Marianne wird hierbleiben und das Telefon hüten", fuhr Karina fort.

Marianne würde nicht nur das Telefon und die Welpen, sondern auch Fela Junior und Fatou hüten, damit Papa Fela senior, der früher für das *Haller Tagblatt* gearbeitet hatte, sich bei seinen Ex-Kollegen erkundigen konnte, ob die investigativ etwas ausgegraben hatten.

Karina sah auf ihre Armbanduhr. „Arno Siegmanns Sendung beginnt in zehn Minuten. Er wird seine Hörerinnen regelmäßig zu den Werbepausen fragen, ob sie etwas gesehen haben, und ihnen die Telefonnummer von hier geben, damit sie Sichtungen gegebenenfalls melden können."

Arno Siegmann war der Stricker (mit *rrr*), der sich in Sticker (ohne *rrr*) Siggis interaktive Handarbeitssendung für Männer auf SWR4-Frankenradio hineinintrigiert hatte. Jetzt erwies es sich als nützlich, ihn zu haben. Arno machte bei dieser Aktion natürlich nicht mit, weil ihn das schlechte Gewissen wegen seiner Intriganz umtrieb – er gehörte nur ebenfalls zu der Trommlergruppe und war unter dem Gruppendruck eingeknickt.

„In vier Stunden treffen wir uns hier wieder. Und nicht vergessen: Die Flyer nicht einfach an den Kassen auslegen, sondern immer mit den Geschäftsführerinnen reden, damit die ihre Kassiererinnen instruieren, auf die Flyer aufmerksam zu machen."

Karina sprach seit neuestem grundsätzlich immer in der weiblichen Form, weil sie fand, die Sprache sei lange genug männlich geprägt gewesen und die Männer sollten sich von nun an mitgemeint fühlen. Ein letztes Mal sah sie jedem Einzelnen in die Augen. „Okay, es gilt! Jetzt hängt es von uns ab, jede von uns muss ..."

Da klingelte das Telefon. Marianne hatte die Lautstärke des Klingeltons bis zum Anschlag aufgedreht, und es klingelte nicht nur infernalisch laut, es schob sich auch vibrierend über den Küchentisch.

Wie eine La-Ola-Welle breitete sich das Zusammenzucken durch die versammelte Mannschaft aus.

Marianne fasste sich als Erste und nahm den Hörer ab. „Ja?"

Es wurde ganz still in der Küche. Man hätte ihre Herzen pochen hören können, wenn nicht gerade draußen auf der Gasse ein Nachbar die Papiermülltonne vom Sammelplatz an der Ecke nach Hause geschoben hätte, was auf den Pflastersteinen besonders laut ratterte und knatterte und dröhnte. Es war Donnerstag, und alle vier Wochen wurden an diesem Tag im Innenstadtbezirk zwei die Papiermülltonnen geleert.

Alle starrten auf Marianne.

Die nickte. Und nickte noch mal. Sie bewegte kurz die Lippen, aber man konnte nicht hören, was sie sagte. Dann legte sie auf. Und holte erst mal tief Luft.

„Was ist?", rief Irmgard, für die jede Rücksichtnahme einer falschen Rücksichtnahme gleichkam. Sie sagte immer ehrlich, was sie dachte, und zwar genau in dem Moment, in dem sie es dachte. „Jetzt spuck es schon aus, Marianne!"

„Das war Frau Bauer, die Polizeichefin. Sie hat mich nur gefragt, wie es mir geht, und wollte mich auf den neuesten Stand bringen."

„Und?" Irmgard machte antreibende Bewegungen. Geduld war nicht nur *nicht* ihre starke Seite, sie war weiter nichts als ein verkümmertes, im Grunde überflüssiges Anhängsel, wie der Blinddarm.

„Es gibt keine neuen Erkenntnisse." Marianne versuchte, mit ihrem völlig dehydrierten Mund zu schlucken. Es gelang ihr nicht. Olga ging in die Vorratskammer, um etwas zu trinken zu holen.

„Die Behörden gehen immer noch davon aus, dass die Russen das Fahrzeug gewechselt haben und Richtung Osten, also Bayern unterwegs sind. Die Autobahnen werden besonders kontrolliert", krächzte Marianne. „Das Team von Frau Bauer knöpft sich heute den einzigen Besucher vor, der Jagelovsk regelmäßig im Gefängnis besucht hat. Sie sagt, es ist ein gutes Zeichen, dass wir noch nichts gehört haben. Siggi ist vermutlich noch ..."

Am Leben wollte sie sagen, aber ihr brach die Stimme.

Sie war kein junges Ding mehr. Jahrelang war sie immer an die falschen Kerle geraten, und als sie schon kurz davor stand, ihr Liebesleben ad acta zu legen, hatte sie diesen wunderbaren, knorrigen, einfühlsamen, integren, treuen, neugierigen, sturen, stickenden Hundeliebhaber und Ex-Kommissar kennen gelernt. Er war die Liebe ihres Lebens. Und die letzten Worte, die sie an die Liebe ihres Lebens gerichtet hatte, lauteten: „Herrgottnocheins, du machst das!“ und „Basta!“ Wie so ein feuerspuckender Hausdrachen herausgedröhnt. Falls er ... sie musste schlucken ... falls er sterben sollte, wäre das die allerletzte Erinnerung an sie, die er mit ins Jenseits nahm: eine schlecht gelaunte Xanthippe, die ihn nörgelnd verbal entmännlichte. Marianne wischte sich über die feucht aufquellenden Augen.

Irmgard, die hinter ihr stand, klopfte ihr auf den Rücken. Es sollte ein liebevolles, Mut machendes Tätscheln sein, ähnelte aber eher den heftigen Schlägen, die man jemandem angedeihen ließ, der sich verschluckt hatte. Immerhin wurde Marianne durch das Einprügeln ihrer Schwägerin dermaßen abgelenkt, dass die Tränen augenblicklich versiegten.

Olga kam aus der Vorratskammer zurück, goss klare Flüssigkeit in ein Wasserglas und stellte es vor Marianne hin. „Austrinken! Wenn Mensch haben Kummer, Körper brauchen Flüssigkeit.“

Marianne trank in großen Schlucken und hustete sich gleich darauf fast die Seele aus dem Leib, denn natürlich hatte Olga kein Mineralwasser, sondern Wodka geholt.

„Also gut, dann los!“, erteilte Karina mit markiger Stimme den Befehl zum Aufbruch. „Lasst uns Onkel Siegfried finden!“

Für so ein kleines Persönchen klang ihre Stimme enorm zackig. Und verströmte erstaunlich viel Power.

Alle, die saßen, standen auf. Alle, die standen, drückten den Rücken durch. Wäre in diesem Moment das Rote Meer vor ihr gelegen, es hätte sich geteilt ...

Menschen ... einzeln geht's ja noch,
aber in der Gruppe unerträglich.

Immer, wenn jemand, der genau weiß, was er tut, einer Gruppe von Leuten, die keinen blassen Schimmer haben, was abgeht, präzise erklärt, was sie zu tun haben, gehen diese Leute hin und kümmern sich einen Pfifferling um das, was sie tun sollen, sondern tun einfach das, was ihnen gerade so durch den Kopf schießt. Als Masse ist der Mensch nun mal ein Idiot.

Schon an der Ecke Untere Herrngasse, Schuhbäckgässle und Haalstraße blieben Karinas Truppen abrupt stehen.

Was sie nur wagten, weil Karina noch kurz im Haus geblieben war, um rasch mit ihren Eltern zu telefonieren – Seifferhelds Bruder und Schwägerin, die gerade auf einem Kreuzfahrtschiff mitten im Pazifik dümpelten und somit nicht einfach mal eben herbeieilen konnten.

„Ich finde ja, man sollte auch die umliegenden Wälder durchkämmen", erklärte Reimer von der Männertrommelgruppe, ein erklärter Baumfreund. „Ich kenne jede Menge abgelegene Hütten, in denen man es gut ein paar Tage aushält und an denen praktisch nie jemand vorbeikommt. Höchstens mal der Förster. Da sollte man doch nachsehen, oder?"

Arndt, der ihm zugeteilt war, nickte.

„Woher genau soll denn bitte schön eine russische Mörderbande diese abgelegenen Hütten kennen?", hielt Irmgard dagegen.

Reimer zuckte mit den Schultern. „Das sind Profis, die haben ihre Scouts überall."

„Vielleicht haben die ja auch den Förster bestochen?", warf Arndt ein, der jede Woche einmal ins Lichtspiel-

Center ging, um sich einen Action-Blockbuster anzuschauen. In ihm keimte die Idee, dass sich das hier noch zu einer schönen High-Speed-Verfolgungsjagd entwickeln könnte. Warum sollte Schwäbisch Hall kein geeignetes Pflaster für ein *Mission-Impossible*-Szenario sein?

Die Männer nickten wissend.

Irmgard, als einzige Frau in der Runde, rief: „Lächerlich!"

„Ich finde, wir sollten nicht ohne Gottes Hilfe losziehen." Helmerich war ganz groß darin, den roten Faden eines Gesprächs mal eben zu durchtrennen und aus heiterem Himmel einen Thementapetenwechsel vorzunehmen. „Wie es im Psalter heißt: *Wohl dem, der seine Hoffnung auf den Herrn setzt.* Ich schlage ein gemeinsames Gebet vor."

„Hier?" Irmgards Augenbrauen schossen nach oben. Sie war durch und durch evangelisch, und das nicht nur an Weihnachten – aber doch nicht in der Öffentlichkeit!

Auch wenn Irmi sich für die Stimme der Vernunft hielt, für die Männer war sie – ganz mephistophelisch – der Geist, der stets verneint.

„Ich habe den Schlüssel für die Kirche." Helmerich zog seinen Schlüsselring aus der Hosentasche und pfriemelte aus den Dutzenden von Schlüsseln einen unauffälligen Metallschlüssel heraus.

„Das soll ein Kirchenschlüssel sein?" Klaus schien enttäuscht. „Ich dachte, das sind so unterarmlange Eisenteile mit riesigem Schlüsselbart."

Helmerich nickte. Er war auch jedes Mal wieder enttäuscht. „Für die alten Holztüren trifft das zu, aber an den Nebentüren haben wir neue Schlösser anbringen lassen und ..."

„Wollt ihr beiden euch für euren Plausch nicht hinsetzen und ein Heißgetränk bestellen?", wetterte Irmgard und zeigte mit den Armen auf die Tische vor Olli's Cocktailbar sowie dem Schuhbäck.

Klaus sah aus, als würde er tatsächlich überlegen, ob er nicht kurz einkehren wollte, und wenn ja, was ihm lieber wäre: die moderne Tagesbar oder das geschichtsträchtige Wirtshaus.

Irmgard rollte mit den Augen. „Macht doch, was ihr wollt. Ich gehe jetzt los. Diese Pärchenbildung ist ohnehin Unsinn." Sie drückte ihrem Mann ein paar Flyer in die Hand. „Ohne dich bin ich schneller. Verteil du die Flyer, wo du willst."

Dann stob sie davon.

„Also abgemacht, wir fahren in den Wald?" Reimer sah zu Arndt, dann sagte er zu Gotthelf und Eduard: „Wenn ihr beiden die Flyer im Kerz verteilt, reicht das völlig."

Reimer und Arndt stiegen in Arndts Mini-Laster, den er fett an der Ecke geparkt hatte. Das *Notfallklempner-im-Einsatz*-Schild war so was wie ein Freiparkschein.

„Und wir nehmen uns das Solparkgelände vor!", jodelte Wanderführer Guido Schmälzle ihnen hinterher und fragte Horst: „Ein bisschen Bewegung tut jetzt gut. Sollen wir laufen?"

„In. Den. Solpark? Das dauert doch ewig." Mathelehrer Horst hatte als junger Kerl an den olympischen Spielen in Mexiko teilgenommen – ja, tatsächlich! – und sich – eine solche Lebensgeschichte verpflichtet! – konsequent fit gehalten. Aber die Strecke von der Innenstadt in das Vorort-Industriegebiet zog sich – und sie zog sich zudem bergauf. Und noch dazu bei für die Jahreszeit ungewöhnlich hohen Temperaturen.

„Nicht, wenn wir joggen." Schmälzle trabte schon mal auf der Stelle, um sich aufzuwärmen.

„Du bist ja plemplem. Wir fahren." Horst hatte eine Monatskarte. Er nahm grundsätzlich den Bus.

„Na schön, dann treffen wir uns an der Haltestelle bei der Bäuerlichen Erzeugergenossenschaft. Ich warte da auf dich.“ Schmälzle lief los. Man musste dieser Selbsteinschätzung Tribut zollen, auch wenn man sie komplett gaga fand. Bei Schmälzle kam zweierlei erschwerend hinzu: Erstens war er der älteste der Kochkursjungs und zweitens trug er in seinem Rucksack immer einige Belegexemplare seines Bestsellers *Mit Schmälzle fröhlich über Stock und Stein durch Hohenlohe.*

Horst, den nun der Ehrgeiz gepackt hatte, sah Schmälzle nach, dann sah er auf seine Armbanduhr. „Mist, nur noch knapp zwei Minuten, bis der Bus vom Schuppach losfährt. Aber das schaff ich, wär doch gelacht.“ Er lief ebenfalls los, wenn auch in die andere Richtung.

Die Übriggebliebenen atmeten hörbar aus.

„Betet ihr mit?“, fragte Helmerich und sah Klaus und Bocuse mit einer nachgerade kindlichen Aufforderung zum Mitspielen an.

„Je suis Katholik.“ Bocuse zuckte entschuldigend mit den Schultern.

Helmerich wollte einwenden, dass vor Gott alle gleich waren und dass der Allerhöchste für jeden ein offenes Ohr hatte, vermutlich sogar für die Gebete eines Katholiken, aber andererseits kannte er Bocuse nicht wirklich gut. Falls der ein Hardcore-*Opus-Dei*-Mitglied war, und diesen Franzosen war ja alles zuzutrauen, dann musste er sich womöglich tagelang selbst geißeln, sollte er jemals ein evangelisches Gotteshaus betreten. Helmerich hatte im Fernsehen schon drei Mal *Der Da Vinci Code* mit Tom Hanks gesehen, er kannte sich aus. Und eine solche Selbstgeißelung wollte er Bocuse dann doch nicht zumuten. Er wandte sich an Klaus.

„Seit wann steht denn da eine Nackte?“ Klaus, der die Aufmerksamkeitsspanne einer Fruchtfliege besaß, war mit seinen Gedanken längst wieder woanders. Zügigen Schrittes ging er auf die Figur vor dem Schuhbäck zu.

Sie stellte eine Nymphe dar und war nur oben ohne, untenherum züchtig in ein Tuch gehüllt. Alles aus wetterfestem Steinguss.

Helmerich blähte enttäuscht die Backen. Allein zu beten war zwar nicht sinnlos, aber weit weniger effektiv, als zu dritt zu beten, also sie beide und Jesus – schließlich stand ja geschrieben: Wo zwei oder drei in meinem Namen versammelt sind, da bin ich mitten unter ihnen. Er wollte Klaus gerade zum Mitkommen beschwören, da zwitscherte es im Duett in sein Ohr: „Herr Pfarrer, wie schön, dass wir Sie treffen. Wir hätten da nämlich eine Frage …"

„… passen am Sonntag eher Tulpen zu Ihrer Predigt oder doch besser Bartnelken?"

Frau Bertsch-Baierle (verlobte Gerber, verwitwete Bertsch, geschiedene Baierle, geschiedene Schmittkowski, geborene Müller) und Frau Schiefer-Klöppler (geborene Schiefer-Klöppler, nie verheiratet) hakten sich bei ihm unter. Die beiden Damen gehörten zum Blumenschmuckkomitee der Kirchengemeinde und waren seine ganz persönlichen Groupies. Pfarrer sind ja so was wie Rockstars – ganz egal, wie sie aussehen oder wie mitreißend beziehungsweise wenig mitreißend sie predigen. Dass sie einen direkten Draht zum Allerhöchsten haben, macht sie für viele (hauptsächlich Witwen, alte Jungfern und männliche Teenager auf der Suche nach dem Sinn) zu unwiderstehlichen Attraktoren.

Selbst der schütterhaarige Helmerich Hölderlein, dessen modische Entscheidungen Karl Lagerfeld, Tom Ford und Jean-Paul Gaultier in den gemeinschaftlichen Suizid treiben würden, wenn sie ihn denn je zu Gesicht bekämen, und dessen Predigten erwiesenermaßen sogar Opfer einer post-traumatischen Angstattacke in den sofortigen Tiefschlaf fallen ließen, selbst der unscheinbare Helmerich Hölderlein hatte darum also seine höchstpersönlichen Groupies.

Frau Bertsch-Baierle und Frau Schiefer-Klöppler zogen ihn in Richtung Kirche. Sie hatten fast geheult, als Helmerich seinerzeit Irmgard Seifferheld ehelichte. Was hatte dieser unleidliche, bezopfte Drache, was sie nicht hatten? Nicht, dass sie Hölderlein hatten heiraten wollen – Frau Bertsch-Baierle war ja schon in festen Händen, und Frau Schiefer-Klöppler hatte schon so lange als unberührte Jungfrau gelebt, da wollte sie das jetzt bis zum Schluss durchziehen.

Helmerich ließ sich von den Damen fortschleppen. Leicht verwirrt angesichts der Frage der beiden Frauen. Das von der evangelischen Landeskirche Baden-Württemberg vorgegebene Predigtthema lautete *Die wartende Gemeinde*, mit dem dazugehörigen Spruch aus Psalm 98: *Singet dem Herrn ein neues Lied, denn er tut Wunder*. Helmerich hatte dabei an Musik gedacht – wollte den Gottesdienst mit der Blockflötengruppe der Grundschule garnieren oder mit einem selbst komponierten Solo des großartigen Organisten, Blumen waren ihm eher nicht in den Sinn gekommen. Aber ja, die Damen hatten nicht ganz unrecht: Wer wartete, wollte es dabei auch schön haben.

Da fiel ihm ein, dass auch sein Schwager Siggi wartete – und zwar auf Rettung.

„Könnte ich Sie beide für einen spontan einberufenen Gebetskreis interessieren?", fragte er deshalb. „In der Sakristei? Für die rasche Errettung meines lieben Bruders in Christo, Siegfried Seifferheld."

„Kommt ... Ihre Frau auch?", erkundigte sich Frau Schiefer-Klöppler mit treuherzigem Augenaufschlag.

„Meine Irmgard lässt bereits Taten sprechen und verteilt Flyer in der Innenstadt."

Frau Bertsch-Baierle und Frau Schiefer-Klöppler warfen sich vielsagende Blicke zu.

Ein flotter Gebetsdreier mit dem Pfarrer?

Sie konnten ihn gar nicht schnell genug die schmale Gasse in Richtung Marktplatz und Kirche zerren ...

Kläuschen stand derweil vor der pseudo-antiken Steingussfigur auf dem kleinen, efeuumrankten gepflasterten Vorplatz der Traditionsgaststätte Schuhbäck, wo auch ein paar Holztische für Gäste standen, die im Freien essen und-Schrägstrich-oder rauchen wollten. Während Bocuse ergriffen das in Stein gemeißelte Gedicht auf dem Schild an der Wand neben dem Eingang vorlas:

„Als Doktor Faust gen Hall einst kam
zum Schuhbäck stracks den Weg er nahm.
Mit wackern Siedern früh und spat
gar manchen scharfen Trunk er tat.
Ist nit zum Schaden ihm gereicht."

Er sah zu Klaus. „Hing das da schon immer? Ist mir noch nie aufgefallen!" Wer genau hinhörte, der merkte, dass Bocuse jetzt absolut akzentfrei sprach. Hier waren ja auch keine Deutschen, denen er den charmanten französischen Chefkoch vorspielen musste, hier war nur sein Freund Klaus. Und vor Freunden kann man sein, wer man ist – im Zweifel eben auch ein sprachbegabter Franzose.

„Und mir ist die hier nie aufgefallen. Tolle Frau." Klaus betrachtete andächtig die Frauenfigur.

Sie war sehr jung und hatte spitze Brüste. Und natürlich war sie unbekleidet. Vielleicht schaute sie deswegen verschämt seitlich nach unten. Klaus konnte sich gar nicht sattsehen. „Ob die zu kaufen ist?“

Man darf sich Kläuschen nicht als schmierigen Kerl vorstellen. Er war nur sehr einsam. Ohne Gummipuppe Mimi und Kurzzeitechtfreundin Gunda lag sein Herz brach. Und sehnte sich doch nach einem Objekt, dem es seine Zuwendung schenken konnte. Das Herz will, was es will. Manchmal eben auch eine in Stein gegossene Frau.

„Das ist doch eine völlig normale Feld-, Wald- und Wiesenfigur. Die kriegst du in jeder gut sortierten Gartenfachhandlung“, sagte Bocuse, der mittlerweile vor der Speisekarte Aufstellung genommen hatte. Er hatte nicht gefrühstückt, daher lachte ihn alles auf der Karte verführerisch an. „Wurstsalat mit Blutwurst klingt lecker. Oder lieber was Leichtes? Linsen und Spätzle ohne Saiten? Was meinst du, Klaus, hast du nicht auch Hunger?“

Klaus hörte gar nicht zu. „Das ist keine aus dem Gartenbedarf. Die hier, die ist etwas Besonderes.“ Er seufzte sehnsüchtig.

Klaus hielt sich selbst durchaus für partnerschaftstauglich. Es war ihm ehrlich unbegreiflich, wieso es die (wenigen) Frauen, die sich bislang in ihn verliebt hatten, auf Dauer nicht mit ihm ausgehalten hatten. Er wusste es nicht, aber den Frauen, die es auf sein sehr beträchtliches Erbe abgesehen hatten, war er zu wenig vorzeigbar, und weil er sich gegen jedwede Veränderung sträubte (etwa gegen regelmäßige Pflegemaßnahmen des Männerkörpers), gaben sie es irgendwann auf und suchten sich einen aussichtsreicheren Trophäenkandidaten. Von denen es in Hall – übervoll an reichen Erben – ja auch jede Menge gab. Und die Frauen, die sich in das zottelige, schlicht gestrickte Kind im Mann verliebten, merkten irgendwann, dass sie besser einfach ein Kind bekamen – das machte dieselbe Mühe, und anders als bei Klaus würden bei einem Kind Erziehungsversuche, wenigstens in Teilen, fruchten.

„Ich geh rein und frag, ob ich sie haben kann.“ Klaus strahlte. Ihm war, als hätte sein Leben plötzlich wieder einen Sinn.

Bocuse suchte nach den Öffnungszeiten.

Wir haben für Sie Montag bis Freitag von 11:30 Uhr bis 14:00 Uhr geöffnet.

„Die haben noch geschlossen“, sagte Bocuse. Sein Magen knurrte enttäuscht.

Als ob sich Kläuschen von so einer Nebensächlichkeit abhalten ließ, wenn er die Liebe seines Lebens gefunden hatte.

Ich kam, ich sah – ich sah, dass ich nichts sah.
Frei nach Cäsar

„Wo ist Olga?“

Karina trat in die Küche des Seifferheldhauses, das Handy in der Hand. Sie hatte ihren Eltern auf der anderen Seite des Globus versichert, dass alles Menschenmögliche getan wurde, um Siegfried zu finden. Ihr Papa hatte es stoisch aufgenommen, aber ihre Mutter Marcella hatte mit der vollen Wucht ihres italienischen Erbes reagiert und lauthals geheult und geschrien.

Karina, die mehr nach ihrem Vater kam und ausufernde Heißblütigkeit nur dann an den Tag legte, wenn es um politische und ökologische Themen oder um ihre Kinder ging, war froh, als sie auflegen konnte.

Marianne saß vor dem Festnetz-Telefon, als ob sie es hypnotisieren wollte. Aber das Telefon blieb stumm.

Es war ja auch noch kein einziger Flyer verteilt worden.

Unter dem Tisch tollten die beiden pausbäckigen Kleinkinder von Karina mit dem Chips, dem Schnudel und der Bichogge herum. Nur der Pickel knabberte an Mariannes feinstrumpfhosenumhüllter Wade, weil er auf ihren Schoß wollte, um sich dort durchkraulen zu lassen.

„Was?“ Marianne sah auf.

„Olga? Wo ist sie abgeblieben? Ich will jetzt mit ihr los und die Flyer verteilen.“

Karina nahm den ziemlich verzweifelt wirkenden Pickel auf den Arm, um ihn kurz zu knuddeln.

„Keine Ahnung, ich dachte, sie ist bei dir.“ Marianne sah bleich und übernächtigt aus. Ihre Locken hingen kraftlos herab. In ihrer Hand hielt sie einen Antistressball, den sie aber nicht knetete.

„Du solltest was essen“, riet Karina mütterlich. „Du darfst keinen Schwächeanfall bekommen. Onkel Siegfried braucht dich doch, wenn er wieder freikommt.“ Karina setzte den Pickel auf Mariannes Schoß und ging zum Kühlschrank, um ihrer angeheirateten Tante die Reste ihres veganen, laktose-, milcheiweiß-, gluten- und cholesterinfreien Müsli herauszuholen, mit dem sie sich an diesem Morgen gestärkt hatte.

Zu jedem anderen Zeitpunkt hätte ihr Marianne – die sinnliche, genussliebende Österreicherin – die Müslischale um die Ohren gehauen (definitiv bildlich, möglicherweise sogar tatsächlich), jetzt aber starrte sie nur blicklos auf die beige Pampe.

„OLGA!“, brüllte Karina in den Hausflur.

Die vier Welpen und die beiden Kinder zuckten zusammen, nur durch Marianne sausten die Schallwellen absolut wirkungslos hindurch.

Der Hausflur blieb stumm.

„Na schön, dann geh ich eben allein!“ Karina griff sich einen Stapel Flyer und stapfte los.

Das Problem mit uns Menschen ist ja,
dass wir vom schnellsten Sperma stammen und
nicht vom klügsten ...

„Hier waren wir eben schon!“

Arndt ließ sich schwer auf die verwitterte Holzbank fallen, die – laut Messingschild – vom Ehepaar Mehring dem Wanderer zur Labsal gespendet worden war.

Die Sonne brannte unerbittlich auf den Teil des Naherholungsgebiets Mainhardter Wald herunter, der zum Landkreis Schwäbisch Hall gehörte. Wobei ihnen nicht nur die Sonne zu schaffen machte, sondern auch der Umstand, dass es sich um eine Mittelgebirgslandschaft handelte und es somit auf und ab ging.

Arndt, der nicht nur Klempner, sondern auch leidenschaftlicher Sportler war, wusste, dass Dehydration momentan ihr größter Feind war. Dehydration und Unterzuckerung. Wasserflaschen und Snacks hatten sie nämlich nicht dabei. Wie auch, wo sie sich doch – entgegen den ausdrücklichen Befehlen ihrer obersten Truppenführerin – spontan allein in die Wälder geschlagen hatten, ohne an Marschverpflegung zu denken.

Reimer stützte sich an dem Baumstamm ab, an dem sich ungefähr in Augenhöhe die rote Wegmarkierung befand, der sie bislang gefolgt waren. Oder – Moment – hatten sie gesagt, sie wollten sich an die blauen halten? Reimer übertünchte seine kurzzeitige Unsicherheit mit dem Flair felsenfester Überzeugung. „Nein, nein, wir waren hier noch nicht, das kommt dir nur so vor, weil es für das ungeübte Auge im Wald überall gleich aussieht.“

Arndt zog sein T-Shirt aus und wischte sich damit den Schweiß von der Stirn. Sein Hemd hatte er sich schon längst um die Hüfte gebunden.

„Ach ja? Wie viele Holzbänke haben die Mehrings wohl den Wanderern zur Labsal gespendet?“, höhnte er. „Zwei? Drei? Fünfzig? Ist Holzbänkespenden deren erklärtes Hobby?“ Er war nicht er, wenn er Hunger hatte.

Reimer sah sich um. Er war sich anfangs absolut sicher gewesen, dass die Hütte, die er im Sinn hatte, fußläufig zum Parkplatz lag. Was sie vermutlich auch tat – nur war es eben ein anderer Fußweg.

Er hatte hier doch schon mal getrommelt, in einer Sommervollmondnacht. Sollte sein Orientierungssinn wirklich so danebenliegen?

„Ist ja gut. Vielleicht habe ich mich ein klein wenig vertan. Aber wenn wir jetzt ausschließlich der roten Markierung folgen, dann kommen wir zur Hütte des schwäbischen Albvereins. Da werfen wir eine Stärkung ein und lassen uns den Rückweg zum Auto erklären.“

„Hm.“ Arndt schaute skeptisch. „Und woher wissen die vom Albverein, wo wir geparkt haben?“

„Na ...“ Reimer zeigte grob in eine Richtung. Da die Mittagssonne direkt über ihnen stand, mochte es Norden oder Westen oder Osten sein. „Wir sind von da gekommen ...“

Arndt schüttelte den Kopf. Er hätte gleich sagen sollen, dass er mit diesem Typ *nicht* verpaart werden wollte. Das war einer von diesen Vollmondtrommlern, die hatten doch alle einen Hau an der Waffel. Spätestens bei dem Vorschlag, die diversen Waldhütten abzuklappern, hätte er sich noch abseilen können, aber dummerweise fand er die Idee, dass sich die Russen mit Siggi in einer einsamen Hütte versteckten, tatsächlich glaubhaft. Hatte er nicht genau so was erst neulich bei *Das Bourne Vermächtnis* oder *Die Bourne Verschwörung* auf Netflix gesehen?

Genervt atmete Arndt aus.

Irgendwo hämmerte ein Specht.

Da hörte man es im Gebüsch knacken.

Arndt und Reimer sahen sich an. Sie waren – unabhängig voneinander – davon ausgegangen, dass sie eine illegal bewohnte Hütte entdecken und dann die Polizei verständigen würden. Zu keinem Zeitpunkt war eine Feindberührung mit den Russen vorgesehen.

Dass andersrum ein Schuh draus werden könnte, dass also die Russen sie entdecken und womöglich in einen Hinterhalt locken könnten, auf diesen Gedanken waren sie nie gekommen. Das könnte unschön enden. Denn zweifellos waren die Russen bewaffnet.

Es knackte lauter.

Arndt sprang auf.

„Vielleicht Wildschweine?", flüsterte Reimer.

Die beiden Männer kannten sich mit wilden Tieren nicht aus: Arndt war nie im Wald, und wenn Reimer nächtens trommelte, dann nahm alles, was Beine oder Flügel hatte, Reißaus.

Beide hatten zwar gelesen, dass Wildschweine mittlerweile als Kulturfolger sogar in Berliner Vorgärten zu finden waren und dort ganz friedlich in den Beeten wühlten, aber was so ein echter Hohenloher Keiler war, dem war bestimmt nur daran gelegen, aus menschlichen Eindringlingen Hackfleisch zu machen.

„Sind Wildschweine nicht nachtaktiv?", flüsterte Arndt zurück. Das war der letzte Strohhalm, an den er sich klammerte. Schliefen nicht alle Waldtiere tagsüber?

Bevor Reimer antworten konnte, brach etwas aus dem Unterholz hervor.

Sie waren zu zweit.

Langbeinig.

Pferdeschwänzig.

Braungebrannt.

Arndt und Reimer klappten die Unterkiefer herunter. Das geschah reflexartig. Hatte mit Evolution zu tun.

„Oh ... 'stuldigung. Wir haben unss verlaufen ...", lispelte es. Die Sprachmelodie war keine einheimische. Und angesichts der langen blonden Haare und der fjordblauen Augen und der Sommersprossen und der Rucksäcke musste es sich um skandinavische Touristinnen handeln. Sehr süße noch dazu.

Während Reimer den Anblick der beiden Blondinen in Jeans-Hotpants und hautengen, atmungsaktiven Trägertops in sich aufnahm, wurde Arndt bereits aktiv.

„Keine Sorge, wir helfen gern. Wo wollen Sie denn hin?", versprach er vollmundig, als würde er sich hier im Wald wie in seiner Westentasche auskennen und nicht selbst ein Verlorener und Verlaufener sein.

Die jungen Frauen, die Pfeffersprays in den Hotpant-Taschen hatten und deren Hände instinktiv zu ihren Hüften gewandert waren, als sie die beiden Männer bemerkt hatten, sahen Arndt an. Oben ohne. Mit Sixpack. Und grünen Augen unter einer dunklen Elvis-Tolle.

Den deutlich älteren, nur oberarm-, nicht bauchmuskel-trainierten Glatzkopf Reimer ignorierten sie.

Sie warfen erst Arndt, dann sich lange, sehr lange Blicke zu, kicherten albern und strichen sich nicht vorhandene goldene Haarsträhnen aus dem Gesicht.

„Wir haben kein besstimmtes Siel. Können Ssie uns einfach zur nächssten Ortssaft bringen?", lispelte die Zweite und lächelte betörend. Ihre Zähne blitzten, ihre Sommersprossen auch.

„Aber sicher doch." Arndt warf sich in Positur. Weil er schwitzte, sah er aus wie eingeölt.

„Sie ssind aber ein ssehr gut ausssehender Mann", sagte die Erste ungeniert und ließ ihren Blick über seinen Körper wandern.

Die Skandinavier waren ja gemeinhin als freimütiges Volk bekannt. Arndt tippte bei den beiden leckeren Wanderschnitten auf Dänemark.

Und er gab ihr natürlich recht: Jeden Abend nach der Arbeit ging er ins Fitnessstudio und stählte seinen Körper – er fand sich selbst auch gutaussehend.

„Oh ... danke schön! Da wird ein einfaches Alpaka ja ganz rot unterm Flausch." Arndt zwinkerte den Frauen zu. Wenn er etwas konnte, außer Rohre zu verlegen, dann war das, Rohre zu verlegen. „Es wird mir ein großes Vergnügen sein, Sie ins nächste Dorf zu geleiten. Wir müssen nur der roten Markierung folgen. Wenn ich bitten darf?" Er fuhr die Ellbogen aus.

Erneut albern kichernd hakten sich die Däninnen bei ihm unter, und zu dritt schritten sie in den Sonnenuntergang.

Also, nicht wirklich, es war ja noch heller Mittag. Aber so vom Feeling her.

Ungnädig brummend und hmpfend folgte ihnen Reimer. „Das war meine Idee. *Ich* hab gesagt, den roten Markierungen nach."

Aber es nützte nichts, ein weiser alter Silberrücken zu sein, wenn die Gorilladamen nach Frischfleisch lechzten ...

Wir aber wollen nüchtern sein, angetan mit dem Panzer des Glaubens und der Liebe und mit dem Helm der Hoffnung auf das Heil.
Paulus (geborener Saulus)

Der himmlische Geist war in der Sakristei der evangelischen Stadtpfarrkirche von Sankt Michael zu Schwäbisch Hall zweifellos gegenwärtig. Grundsätzlich immer, ganz klar, aber auch und gerade in diesem Augenblick.

Zum einen, weil sich in diesem kleinen Nebenraum seit vielen hundert Jahren Geistliche auf ihre Predigten vorbereiteten und Zwiegespräche mit dem Allerhöchsten führten. So was färbt natürlich auf die Mauern ab. Zum anderen, weil Evangelist Matthäus genau das versprochen hatte, sofern zwei oder drei von ihnen in seinem Namen beisammensaßen – und sie saßen hier schließlich zu viert.

Wobei nur einer von ihnen ernsthaft an Gott dachte.

Und das war Hilbert Menzinger, der in einer halben Stunde die Kirche für die Öffentlichkeit aufschließen und dann an der Theke Dienst schieben sollte, will heißen, er sollte Erbauungsbücher verkaufen, auf die Kunstschätze in der Kirche aufpassen und zum Münzeinwurf in die silbernen Kollektenbehälter ermuntern.

Er war – wie immer, wenn er an der Reihe war – schon deutlich früher gekommen, weil es für ihn nichts Schöneres gab, als allein im Mittelschiff zu sitzen und die Grandiosität dieser herrlichen Kirche kontemplativ auf sich wirken zu lassen.

An diesem Tag platzten allerdings Pfarrer Hölderlein und die beiden unsäglichsten Damen des Blumenschmuckkomitees in seine Erhabenheitsmeditation.

Als der Pfarrer erklärt hatte, dass es einen spontanen Gebetskreis für die Errettung seines Schwagers geben solle, hatte er natürlich sofort angeboten, mitzubeten. Das gehörte sich so. Zudem kannte er Siegfried Seifferheld. Das war einer von den Guten. Wobei Hilbert Menzinger, langjährig pensionierter Verwaltungsamtangestellter, selbstverständlich auch für weniger Gute gebetet hätte: Er war schließlich Christ. Und glaubte an die Gnade.

„Siehe ... ich habe dir geboten, dass du ... äh ... getrost und unverzagt seist. Lass dir nicht grauen und entsetze dich nicht, denn ... äh ... Dings ... der Herr, dein Gott, ist mit dir ...“

Helmerich Hölderlein stotterte. Und schwitzte.

Weil er einen Aussetzer hatte. Einen eklatanten. Ihm fiel absolut keine passende Bibelstelle ein. Seit der Prüfungsangstattacke während seines ersten kirchlichen Examens hatte in seinem Hirn keine solche Leere mehr geherrscht.

Wobei die weiße Wand, die sich vor seinem inneren Auge auftat, dem Umstand geschuldet war, dass sich zwei Frauenhände mit scharf gefeilten Fingernägeln in ihn verkrallten.

Die Welt war übersexualisiert, das fand er schon seit langem. Warum konnte man nicht einfach geschwisterlich zusammen beten? Warum mussten die beiden Blumenkomiteelerinnen so eine Begrabsch-Nummer daraus machen?

Er sah hilfesuchend zu Bruder Hilbert, aber der hatte die Augen geschlossen und den Kopf gesenkt, weil er das beim Beten immer so hielt. Die Welt musste draußen bleiben, wenn man mit dem Herrn sprach. Zuhause stöpselte Helmerich sich auch immer Ohropax in die Gehörmuscheln, aber weil er nicht mit einem Notfallgebetskreis gerechnet hatte, hatte er keine Ohrstöpsel dabei.

Er schluckte schwer. Interessanterweise hatte er im Haus des Herrn niemals ein Problem mit seinen Darmwinden. Auch nicht unter großem seelischem Druck, so wie jetzt. Allerdings brachte er es auch nicht über sich, den Damen den Kopf zurechtzurücken.

„Äh ... wir wollen in der Stille weiterbeten ...“, rettete er sich aus dem Dilemma seiner versiegenden inneren Bibelspruchquelle.

In aller Fairness sollte jedoch gesagt werden, dass Frau Bertsch-Baierle und Frau Schiefer-Klöppler in diesem Moment nicht an dem Mann Helmerich interessiert waren, sondern nur an der Autoritätsperson. Die Frage, ob am Sonntag Tulpen oder Bartnelken den Altar zieren sollten, war für die beiden keine Nebensächlichkeit. Hier ging es um mehr als um Leben und Tod. Es ging um die Ehre.

Und um die Präsidentschaft des Blumenschmuckkomitees.

Die Entscheidung, wer nach vier Amtszeiten in Folge in die Fußstapfen von Irmgard Seifferheld-Hölderlein treten sollte, lag in den schwitzigen Händen von Helmerich Hölderlein.

„Ja, wir wollen still beten", flötete Frau Schiefer-Klöppler und beugte sich zu Helmerich. „Und danach sprechen wir über den Blumenschmuck. Für diesen Sonntag."

„Und ganz generell für alle Tage", fiel Frau Bertsch-Baierle ein. „Darüber, in wessen zarten Händen die Blumenschmuckentscheidungen künftig liegen sollten." Sie knetete Helmerichs Oberschenkel. Wie mit einer Eisenkralle. Von wegen zarte Hände.

Helmerich schwitzte mittlerweile wie ein Stahlarbeiter am Hochofen.

„Erster", rief Menzinger.

„Wie bitte?" Helmerich war fassungslos.

„Ich sagte *Amen*." Hilbert Menzinger sah seinen Pfarrer an. War mit dem alles in Ordnung? Bleich, kalter Schweiß, Zittern – das musste die tiefe Sorge um seinen Schwager sein. Menzinger nahm sich vor, gleich nach Dienstschluss noch eine Gebetsrunde für Helmerich Hölderlein einzulegen.

„Sie wollen doch jetzt nicht gehen?", kiekste Helmerich.

Die überwiegende Mehrheit aller Lebewesen auf dieser Erde stirbt, weil sie bei lebendigem Leib von Raubtieren gerissen und gefressen wird. Als Mensch vergisst man gern, wie privilegiert man lebt. Und stirbt. Nur Helmerich Hölderlein wusste in diesem Moment ganz genau, wie sich eine Antilope fühlte, wenn sie sich plötzlich allein mit zwei Löwinnen sah. Deren Pranken sich tief in ihr Fleisch bohrten.

Das Ende war nahe, das Schicksal beschlossen.

Helmerich schloss die Augen.

Darum hörte er auch nur, wie eine Herde Büffel in die Sakristei stürmte.

Nur dass es keine Büffel waren, sondern Bouletten.

Nein, keine Fleischfrikadellen.

Kurzer Einschub zur Erklärung:

Keine lebende Seele würde je erfahren, ob Irmgard aus lauter Liebe zu ihrem Gatten, weil sie wusste, wie wichtig ihm das Gebet war, ihre Truppen mobilisiert hatte ... oder ob sie Frau Bertsch-Baierle und Frau Schiefer-Klöppler hatte kommen sehen und die beiden nicht unbeaufsichtigt lassen wollte, weil keine der beiden Hyänen ihre Nachfolgerin im Blumenschmuckkomitee werden sollte. Sondern vielmehr die von Irmi prädestinierte ehemalige Leiterin der Stadtbücherei.

Jedenfalls hatte Irmi ihre schnelle Eingreiftruppe mittels Telefonkette erfolgreich aktiviert, und so stürmten in diesem Moment fünf ältere Frauen in burgunderfarbenen kurzärmeligen T-Shirts und burgunderfarbenen Baskenmützen in die Sakristei.

Sie nannten sich *Die Bouletten* und spielten regelmäßig im Kocherquartier Boule. Sie hatten sogar schon an Boule-Turnieren in ganz Deutschland teilgenommen. Nicht sehr erfolgreich, was die Spiele anging, aber Weltklasse darin, ihre Gegner und Gegnerinnen psychologisch einzuschüchtern.

„Wir haben gehört, hier wird gebetet“, dröhnte Frau Michele, ehemalige Kieferorthopädin, in dem Tonfall, in dem sie früher immer „Mund auf!“ gebellt hatte.

„Wir beten mit!“, verkündete Frau Gebauer, ehemalige Bademeisterin im Schenkensee-Hallenbad, und nahm mit ihren stämmigen Beinen eine Pose ein, die sie von Irmgard gelernt hatte und die im Tai Chi unter dem Namen *Der unverrückbare Wasserbüffel* bekannt war.

Die anderen drei Bouletten sagten nichts, verschränkten aber die schrumpeligen, altersfleckigen Arme in einer Art und Weise, die keinen Widerspruch duldete.

Frau Bertsch-Baierle und Frau Schiefer-Klöppler zogen schmollend ihre Fingernägel aus Pfarrer Hölderleins Beinfleisch. Sie wussten, wann sie sich geschlagen geben mussten.

Helmerich atmete auf.

Sein Glaube hatte sich bestätigt: Der Herr wirkte Wunder, auch heute noch!

Was einen stresst, sollte man wie ein Hund angehen: Wenn man es nicht fressen und auch nicht damit spielen kann, dann einfach dagegenpinkeln und hoch erhobenen Hauptes weitermarschieren.

Bewährtes Lebensmotto

„Oh Gott, ich hoffe, Sie finden den armen Herrn Seifferheld bald. Er kommt einmal im Monat vorbei und kauft das Hundefutter für seinen Onis. Die gute Marke, kein Billigzeugs.“

Die junge Geschäftsführerin der Zoohandlung im Industriegelände Solpark pustete sich eine widerspenstige

Locke aus dem Gesicht und nahm Horst die Flyer ab. „Die lege ich an allen Kassen aus. Und ich gebe meinem Personal in der Mitarbeiterbesprechung die Anweisung, dass sie die Kunden darauf aufmerksam machen sollen."

„Danke, das ist wirklich sehr freundlich." Horst nickte.

„Ich bitte Sie – das ist das Mindeste, was wir für einen unserer nettesten Stammkunden tun können. Und natürlich für Sie." Sie lächelte ihn besonders liebenswürdig an. Wie man jemanden anlächelte, den man schon lange kannte und schätzte.

Horst war unbehaglich zumute. Seit nunmehr dreißig Jahren lehrte er in Schwäbisch Hall Mathematik, da war quasi jeder Zweite ein ehemaliger Schüler. Aber er erkannte keinen von ihnen, wenn er ihnen in der Stadt begegnete – wenn er gegrüßt würde, grüßte er einfach zurück. Das musste reichen.

Solange die Schüler in seiner Klasse saßen, war das kein Thema. Aber schon am Tag nach der Abschlussfeier schien sein Gehirn die Gesichter und Namen auszuradieren. Als wolle es Platz schaffen für all die neuen Kids, die da kamen.

Er hätte auf das Namensschild an ihrem Revers schauen sollen, aber das war jetzt von den Flyern verdeckt. Irgendein Zeichen des Wiedererkennens musste er aber geben, wenn er sich schon nicht an ihren Namen erinnern konnte. Das sprach sich sonst herum.

„Großartig, was Sie aus sich gemacht haben", sagte er schließlich – ein neutrales Kompliment, das immer passte.

Sie stutzte kurz. „Na ja, meine Eltern wollten eigentlich, dass ich einen akademischen Beruf ergreife."

Herrje, hatte sie zu den wenigen Auserwählten gehört, für die Mathematik die Klaviatur des Universums war, auf der sie wunderkindartig spielten? Normalerweise erinnerte er sich an die Hochbegabten. Das waren ja auch nur eine Handvoll.

Er wühlte in seiner Erinnerung. Ja, ihr Gesicht kam ihm entfernt bekannt vor. Aber ihm wollte einfach nicht einfallen, wie sie hieß oder woher er sie kannte. Hatte man ihm vorhin, als er bat, mit der Geschäftsführung sprechen zu können, einen Namen genannt? Selbst das war ihm entfallen.

„Ich bin jedenfalls sehr stolz auf Sie. Es ist für einen Lehrer das größte Kompliment, wenn aus seinen Ehemaligen ordentliche, erfolgreiche Menschen werden – egal ob in der Wirtschaft oder in der akademischen Welt."

„Wie bitte?" Den Ausdruck völliger Verständnislosigkeit, der sich über das Gesicht der jungen Frau legte, kannte Horst gut – er war schließlich Mathematiklehrer.

„Oh Entschuldigung, ich dachte, ich kenne Sie vom Mathematik-Unterricht."

„Wohl kaum, ich bin keine Hallerin. Ich bin erst vor drei Jahren hergezogen." Sie schaute angemifft.

„Verzeihung, Ihr Gesicht kam mir bekannt vor und da dachte ich ..." Horst geriet ins Stottern.

„Na, das hoffe ich doch sehr, dass Ihnen mein Gesicht bekannt vorkommt. Ich bin schließlich Ihre direkte Nachbarin in der Hauffstraße. Ich habe schon mehrmals Pakete für Sie angenommen, wenn Sie im Urlaub waren!"

Sie schüttelte den Kopf und ließ ihn einfach stehen.

Horst lief rot an und eilte nach draußen, wo er erst mal tief Luft holte. Er konnte nur hoffen, dass sie die Flyer trotz seines Fauxpas auslegte und nicht einfach beleidigt in den Papiermüll warf. Dann hakte er diese Episode innerlich ab. War ja nicht das erste Mal, dass er sich vertan hatte. In den Straßen Halls mussten Dutzende Leute herumlaufen, die glaubten, er sei bereits senil. Von nun an durfte er kurz vor den Ferien einfach keine Pakete mehr bestellen.

Gerade wollte er zu dem großen Bäderbedarf direkt neben der Zoohandlung gehen, als er am Ende der Straße jemanden winken und auf sich zujoggen sah.

Guido Schmälzle!

„Meine Güte, Guido!" Horst sah auf seine Armbanduhr. „Wo hast du denn gesteckt? Ich hab dich schon verloren geglaubt."

Keine Sekunde lang hatte Horst daran geglaubt, dass Guido zu Fuß schneller sein würde als er mit dem Bus. Aber selbst auf allen Vieren kriechend hätte Schmälzle schon längst hier sein müssen. Horst hatte bereits so gut wie alle Flyer verteilt und außer dem Bäderbedarf war nur noch der Elektrogroßhandel übrig.

„Ich wär ja schon vor Ewigkeiten hier gewesen, lange vor dir, echt, aber mich hat ein Kampfhund angefallen! Da drüben!" Guido Schmälzle zeigte in Richtung der anderen Seite des Solparks, wo die Wohngebiete lagen.

Horst riss die Augen auf, folgte aber mit seinem Blick nicht dem Finger von Guido, sondern inspizierte dessen Körper. „Um Himmels willen! Eine Kampfhundattacke? Diese Tiere dürften ohne Maulkorb nicht aus dem Haus – das ist doch schon seit Jahren meine Rede! Wo hat er dich gebissen? Bist du schwer verletzt? Musst du ins Krankenhaus?"

Horst hielt am Körper seines Kochkurskumpels Ausschau nach Blutschlieren, klaffenden Wunden oder wenigstens Gebissabdrücken in den Weichteilbereichen.

Man sah aber rein gar nichts. Horst war fast ein bisschen enttäuscht.

„Nein, der Hund war nicht richtig aggressiv, nur total übergriffig. Und der Besitzer, so ein junger Schlaks, hatte das Tier überhaupt nicht im Griff." Guido schüttelte den Kopf, wie man es tat, kurz bevor man eine Petition zur Abschaffung aller Hunde aufsetzte oder wenigstens einen echauffierten *Ich-klage-an*-Tweet absetzte. „Hat mich von Kopf bis Fuß vollgesabbert. Der Hund, nicht der Halter. Alles klebt!" Guido zeigte auf seine behaarten Männerbeine in den Bermudashorts. „Ehrlich, diese Gefahrhundrassen sollte man rigoros verbieten!"

Horst sah sich um, als könnte der schleckende Kampfhund gleich aus dem Gebüsch brechen und sich auch an ihm vergehen. „Was war es denn für eine Rasse?"

Guido zuckte mit den Schultern. „Keine Ahnung, kenn mich da nicht so aus. Aber er war ungefähr kniehoch. So'n Nackthund. Mit einer Felltolle auf der Stirn. Ehrlich, am helllichten Tag – ich sage dir, das ist nicht mehr mein Land ..."

Impfpass gesucht, Bernsteinzimmer gefunden.

„Tief einatmen. Und wieder ausatmen. Und wieder einatmen."

Olga atmete tief ein, verschluckte sich am widerlich süßen Gestank der Duftkerze vor ihr auf dem Tisch, hustete ausgiebig und versuchte es erneut. Mit demselben Ergebnis.

Madame Ischtar seufzte. Die Husterei beeinträchtigte ihre Konzentration. „Vielleicht verzichten wir ausnahmsweise auf das Atmen."

Olga war das recht.

Der kleine, muffige Raum in dem kleinen, muffigen Haus in der Nähe des Weilertors war berühmt-berüchtigt. In bestimmten Kreisen. Spirituell aufgeschlossenen Insiderkreisen.

Hier sagte Madame Ischtar mit Hilfe von Tarot-Karten die Zukunft voraus. Ihre Trefferquote war legendär.

Olga war schon einmal bei ihr gewesen, am Tiefpunkt ihrer Ehe. Madame Ischtar hatte damals vorhergesagt, dass ihr Leben schon bald eine Wendung zum Besseren nehmen würde und dass ihr eine lange Phase des Glücks bevorstand. Kurz darauf war Olgas Mann gestorben, und seitdem war sie glücklich.

Bei Ärzten sagt man: Wer heilt, hat recht. Bei den Vorhersagen eines Mediums gilt demzufolge: Wenn's stimmt, ist es echt.

Sie saßen im Konsultationsraum von Madame Ischtar, einer wahren Wunderkammer. An den Wänden hingen asiatische Holzmasken, die Dämonen darstellen sollten. Mit verzerrten Gesichtern starrten sie auf Olga herab.

Die Duftkerze war oberarmdick und unterarmlang und kam aus Frankreich. Der süßliche Gestank, den sie verbreitete, stammte aber wohl eher aus einem der neun Höllenkreise von Dante. Olga fand, es roch nach verwesendem Fleisch.

Die dicken Samtvorhänge waren zugezogen, und das flackernde Licht der Kerze ließ die Holzmasken noch dämonischer wirken.

Auf dem kleinen, runden Tisch mit der schwarzen Samttischdecke, der zwischen ihr und Madame Ischtar stand, lagen – frisch ausgeteilt – drei Karten.

Auf der ersten Karte stand, vor leuchtend gelbem Hintergrund, ein Mann in rotem Überwurf, der den Betrachterinnen den Rücken zukehrte und der sich an einem Holzstab festhielt, welcher frühlingshaft auszukeimen schien. Neben dem Überwurfträger gab es noch zwei mannshohe Stäbe.

„Das gutes Zeichen, stimmt nicht?“, fragte Olga.

„Pst!“ Madame Ischtar legte ihren Zeigefinger an die Lippen. Sie schloss die Augen und summte leise.

Olga war total unmusikalisch. Bei dem Summen mochte es sich um *Atemlos* von Helene Fischer handeln oder auch nur um eine willkürliche Abfolge von Tönen. Der Gesamteindruck von flackerndem Licht, schwerem Duft und Summtönen ließ sie jedoch angemessen beeindruckt erschauern. Olga hatte als Kind noch in der ehemaligen Sowjetunion gelebt, bei Eltern, die der Partei treu ergeben waren. Spiritualität war kein Teil ihres Lebens gewesen. Vielleicht hungerte sie deshalb so sehr danach.

Während Madame Ischtar summte, betrachtete Olga neugierig die beiden anderen Karten. Nach langem Mischen aller 78 Karten der großen und kleinen Arkana, bei dem sie auf Anordnung von Madame Ischtar an Seifferheld hatte denken sollen, hatte sie selbst diese drei Karten gezogen.

Auf einer sah man eine Art Märchenprinz in einem Triumphwagen unter der römischen Ziffer VII. Das Gefährt wurde offenbar von zwei Sphinxen gezogen. *Der Wagen* stand auf der Karte.

Die dritte Karte machte Olga ein wenig Angst. Man sah ein rotes Herz, das von drei Schwertern durchbohrt wurde.

Das Summen wurde lauter. Madame Ischtar summte sich in Trance.

„Werden wir Siegfried lebend wiederfinden?“, so hatte Olgas Frage an das Medium gelautet. Madame Ischtar zapfte nun das Wissen des Äthers an, um die Antwort zu finden.

Etwas tropfte auf die Samttischdecke. War es Kerzenwachs? Oder Ektoplasma aus der Anderswelt?

Olga bekam eine Gänsehaut.

Während Karina vorhin mit ihren Eltern telefoniert hatte, hatte Olga sich ihrerseits am Handy telefonierend erkundigt, ob sie mit der Wahrsagerin einen Termin ausmachen konnte. Normalerweise war die Warteliste kilometerlang – bis zu drei Monate musste man auf einen Termin harren.

Aber bei Olga machte Madame Ischtar eine Ausnahme. „Es handelt sich um einen Notfall, da schiebe ich Sie rasch dazwischen. Kommen Sie sofort!", hatte sie gesagt.

Madame Ischtar, die eigentlich Elke Drossel hieß, konnte einen Fall, der so im Fokus der Öffentlichkeit stand, nämlich gut gebrauchen. Ja, sie war bestens im Geschäft, aber nur hier, in Schwäbisch Hall, und die Stadt war ihr zu klein geworden. Sie suchte neue, grünere Weiden: Sie wollte Tarot-Beraterin im Fernsehen werden! Dafür musste man etwas vorweisen können: prominente Kunden oder gelöste Kriminalfälle. Eine Feld-Wald-und-Wiesen-Wahrsagerin schaffte es nicht ins bundesweite Medieninteresse. Die Seifferheld-Entführung war zwar nicht so spektakulär wie beispielsweise die Moshammer-Ermordung oder die Frage, wer wirklich der Vater von Prinz Harry war, aber es war zumindest ein Anfang. Wenn die Presse darauf ansprang, könnte das ihre Eintrittskarte in die Welt der Medienstars ihrer Zunft werden.

Madame Ischtar hatte nur ein Problem: Sie glaubte tatsächlich an die Kraft der Tarot-Karten, die Zukunft vorherzusagen. Es war sehr viel leichter, wenn man das nicht tat.

Das Brimborium drum herum war natürlich gestellt. Die Kunden brauchten das. Sie erwarteten für ihr Geld nicht nur die Zukunftsvorhersage, sondern auch Entertainment.

Deswegen trug Madame Ischtar auch eine knöchellange schwarze Robe und eine Kette mit winzigen Totenschädeln, von denen sie behauptete, sie seien aus echten menschlichen Knochen geschnitzt. Was vermutlich Quatsch war, sonst hätte sie die Kette nicht für läppische fünfzig Euro auf dem Flohmarkt in Straßburg bekommen.

Zur Entertainmenteinlage gehörte das volle Programm für alle Sinne, also nicht nur die Optik, sondern auch Haptik und Olfaktorik. Madame Ischtar wedelte mit geschlossenen Augen noch etwas Kerzenduft in Richtung Olga, die in dem weichen Sessel, in dem sie saß, fast versank, summte dabei noch lauter, dann verstummte sie abrupt und öffnete die Augen.

Olga erstarrte. Der Augenblick der Wahrheit war gekommen.

„Die erste Karte heißt *Die Drei der Stäbe*. Die Stäbe lassen hoffen. Sie sagen Ihnen: Ruhe bewahren! Es besteht Aussicht auf Erfolg!"

Elke Drossel hatte extra zwei Sommer lang bei einer Schauspielerin der Freilichtspiele Sprechunterricht genommen, damit sie nicht wie Elke klang, sondern wie Madame Ischtar: dunkel, samtig, eine Stimme aus jenseitigen Welten.

Olga atmete erleichtert aus. Mehr hatte sie gar nicht hören wollen. Sie hätte jetzt gern nach ihrer Elektrozigarette gegriffen, aber das hatte Madame Ischtar strikt untersagt.

„Die zweite Karte ist *Der Wagen*. Die Sieben ist die Zahl der Vollendung. Der Erfolg ist gewiss."

Jeder andere im Business hätte an dieser Stelle auf vage Umschreibungen zurückgegriffen. Weil es verdammt blöd aussehen würde, wenn man den Erfolg vorhersagte, Siegfried Seifferheld dann aber niemals oder nur tot aufgefunden wurde. Nicht so Elke Drossel. Sie wusste, wusste tief in ihrem Herzen und mit jeder Pore ihres Seins, dass auf die Tarot-Karten Verlass war. Was die Karten sagten, das stimmte. Und das leitete sie auch genauso an ihre Kundin weiter. Die Show mit ihrer dämonischen Wunderkammer und ihrem Künstlernamen und der schauspielerischen Einlage hätte sie nicht gebraucht, das machte sie wirklich nur für die Leute, die zu denken schienen, dass die Glaubwürdigkeit des Kartenlesens exponentiell mit dem Grad des Unterhaltungswertes anstieg.

Folglich verdrehte sie jetzt die Augen und griff sich an die Stirn. „Aber die dritte Karte ... die *Drei der Schwerter* ..."

Olga sah nochmals auf das von Schwertern durchbohrte Herz und hielt unwillkürlich die Luft an. Ein mehrfach durchbohrtes Herz konnte bei allem Wohlwollen nichts Gutes bedeuten. Wurde Siegfried lebend gefunden, aber Onis war tot?

Ihre Stirn legte sich in Falten. Jetzt kam es drauf an. „Ja?", fragte sie atemlos. „Was das bedeuten?"

„Die dritte Karte zeigt, dass alte Wunden aufgerissen werden." Madame Ischtar fixierte Olga über den Rand ihrer Brille hinweg. „*Ihre* alten Wunden ..."

In diesem Moment donnerte eine Faust gegen die Eingangstür. Mehrfach. Und sehr heftig.

Olga schrie vor Schreck auf. Madame Ischtar, der die Karten diese Störung verheimlicht hatten, zuckte ebenfalls zusammen.

Wenn Elke für einen Kunden die Karten legte, schaltete sie immer die Haustürklingel ab und stöpselte das Telefon aus, damit sie auf keinen Fall gestört werden konnte. Gegen aggressives Anklopfen per Faust war sie aber nicht gefeit.

Das hatte sich allerdings bislang auch noch nie jemand getraut. Wer mochte das sein?

Die Wunderkammer von Madame Ischtar befand sich im Erdgeschoss, gleich neben dem Eingang. Weil sie nicht wollte, dass fremde Menschen durch ihre Privaträume marschierten, wohnte sie oben. Hier unten gab es nur das Beratungszimmer und eine Gästetoilette. Und weil sie so nah an der Haustür waren, hörten sie jetzt auch die Rufe: „Hier ist die Polizei. Machen Sie auf!"

Aus Madame Ischtar wurde abrupt wieder Elke Drossel. „Die Polizei?" Sie war sich sicher, dass sie sich nichts zuschulden kommen lassen hatte, aber eine gewisse Rest-Unsicherheit blieb natürlich immer.

Auch Olga staunte. *„Politsiya?"*

Im Gegensatz zur Wahrsagerin hatte sie jedoch eine dumpfe Ahnung.

Elke stand auf, ging zur Tür und öffnete sie.

„Wurster, Mordkommission", sagte Wurster, den seine Freunde nur als den „Bärenmarkenbär" kannten, weil er von Kopf bis Fuß rot behaart war, und hielt ihr seine Marke hin. Wobei man als Otto Normalbürgerin ja nicht wusste, wie genau so eine Marke auszusehen hatte – er hätte ihr auch seine Payback-Karte oder die Mitgliedskarte der Schrebergartenfreunde hinhalten können. Er war in Begleitung von zwei Uniformierten, einer davon weiblich. „Ist Frau Olga Pfleiderer bei Ihnen?"

Es war eine rhetorische Frage, denn er stand ja nur deshalb vor der Wahrsagerin, weil er dank Ortungsdaten des Mobilfunkanbieters von Olga bereits wusste, wo sie sich aufhielt. Warum er aber Siggis Putzfrau zur Befragung aufs Revier bringen sollte, hatten ihm die offiziell zuständigen Ermittler aus Stuttgart und Heilbronn nicht mitgeteilt. Er führte hier nur einen Befehl aus.

Elke sagte nichts. Sie drehte sich in der offenen Tür zur Seite, damit er einen ungehinderten Blick auf Olga an dem kleinen runden Tisch im Nebenraum erhaschen konnte.

Wurster und die beiden Uniformierten traten ein und bauten sich vor Olga auf.

„Frau Pfleiderer", sagte Wurster mit seiner Amtsstimme, die so gar nicht nach Schnuffelbär, sondern eher nach Aggro-Grizzly klang, „ich muss Sie bitten, mich zu begleiten. Sie stehen im Verdacht, maßgeblich zu Pjotr Jagelovsks Flucht aus der Justizvollzugsanstalt Schwäbisch Hall beigetragen zu haben."

Olga guckte störrisch, stand aber auf. Obrigkeitspersonen zu gehorchen, war ihr seit frühester Kindheit eingebläut worden. Und ja, das war sie, die alte Wunde, die schlagartig wieder aufgerissen wurde. Die Wahrsagerin hatte recht behalten.

Positiv war allerdings zu vermerken, dass sie jetzt, wo die Polizei sie mitnahm, die hundertfünfzig Euro nicht bezahlen musste, die das Kartenlesen bei Madame Ischtar pro angefangener Stunde gekostet hätte ...

Die Definition des Bösen?
Jemand, der dich an dir selbst zweifeln lässt.

Irmgard Seifferheld-Hölderlein schwärmte nach ihrem Handytelefonat mit den Bouletten wie ein Ein-Frau-Heuschreckenschwarm in der Innenstadt von Schwäbisch Hall aus.

Zusammen mit Helmerich hatte sie von Karina die Einzelhandelsgeschäfte zugewiesen bekommen. Jetzt, da ihr Mann in stiller Einkehr für das Auffinden ihres Bruders betete, fiel sie im Alleingang über die

Traditionsgeschäfte her, in denen Siggi Stammkunde war – wie beispielsweise das Reformhaus *Mohring*, die *Löwen*-Apotheke, das Haushaltswarengeschäft *Kachel*, das Handarbeitsfachgeschäft *Zwing* und das Modehaus *Wanner* – und fragte überall höflich, ob sie ihre Flugblätter an der Kasse auslegen durfte.

Sie durfte.

Dabei musste der Begriff höflich für Irmgard neu definiert werden, denn es war genau genommen nur für ihre Verhältnisse höflich, weil sie ihrem „Ich lege hier an der Kasse meine Flyer aus!“ noch ein „Sie haben doch sicher nichts dagegen, oder?“ hinzufügte.

Was aber im Grunde nur eine rhetorische Frage war, denn einer Irmgard Seifferheld-Hölderlein widersprach man nicht.

Die Geschäftsleute hatten natürlich ausnahmslos alle schon von der Entführung gehört und bekundeten aufrichtig ihre Anteilnahme. Etwas gesehen hatte aber niemand.

Bis auf einen jungen Mann in der Eisdiele *Venezia*, der gerade draußen die Tische saubergewischt und daher mitbekommen hatte, wie der Geländewagen vorbeigerast war, quasi mit rauchenden Reifen. Allerdings hatte er, obwohl er sofort aufgeschaut hatte, das Auto nur noch von hinten gesehen. Er war es aber gewesen, der immerhin so viel vom Kennzeichen hatte erkennen können, dass aufgrund seiner Zeugenaussage der Wagen ermittelt werden konnte.

„Ich hoffe, Sie finden Ihren Bruder wieder“, sagte er teilnahmsvoll zu Irmgard. Das Foto von Siggi und Onis auf dem Flyer hatte sofort seine Erinnerung geweckt: drei Kugeln Vanille im Becher mit extra Sahne für das Herrchen und eine Kugel Vanille in der Waffel für den Hund. Im Sommer jede Woche einmal.

„Gott segne Sie“, sagte Irmgard, obwohl sie davon ausging, dass der junge Mann Venezianer und somit Italiener und also höchstwahrscheinlich Katholik war. Sie teilte den Glauben ihres Mannes, dass Gott unparteiisch und überkonfessionell war und alle Menschen liebte, nicht.

Anschließend unterbrach Irmi sogar die Proben der Freilichtspiele auf den Sandsteinstufen der großen Freitreppe von Sankt Michael und verteilte ihre Flyer an die Akteure.

Das kam nicht bei allen gut an.

Der Regisseur – eher cholerisch veranlagt und aus der Hauptstadt für den Sommer verpflichtet – fluchte, herrschte die Ordner in den roten Sweatshirts an, warum sie *diese Person* in den abgesperrten Bereich gelassen hatten, und vermittelte ganz insgesamt den Eindruck, er wolle sich gleich wie Rumpelstilzchen in den Pflasterboden des Marktplatzes bohren.

Die anderen Theaterleute schauten peinlich berührt in alle Richtungen, die Regieassistentin war froh, dass es ausnahmsweise einmal nicht sie traf, und die beiden Ordner, die mehr Respekt (und ja, auch Angst) vor der berüchtigten Irmgard Seifferheld-Hölderlein hatten als vor einem, der sowieso nur acht Wochen in der Stadt blieb, guckten harmlos und zuckten mit den Schultern.

„Das ist doch Scheiße!“, brüllte der Regisseur. „Fünf Minuten Pause – ich muss mich neu sammeln!“

Nur die Hauptdarstellerin – eine echte Opernsängerin, weil zum ersten Mal in der Geschichte der Freilichtspiele Schwäbisch Hall eine Oper für die Sommerfestspiele auf der Großen Treppe inszeniert wurde, was andererseits die logische Fortsetzung der vielen Musicals früherer Zeit war –, also nur diese

Sängerin reagierte betroffen und kam auf Irmi zu. „Ich habe auch einen Hund, ich ahne, was Sie gerade durchmachen müssen." Sie zeigte auf einen Boston Terrier, der zu Füßen eines Sonnenschirms neben dem Stuhl des Regisseurs dessen Tobsuchtsattacke verschlief. Wie Irmi glaubte. Wer den Hund kannte, wusste, dass das Tier bei so erschreckenden Ereignissen wie dem Veitstanz eines Zweibeiners narkoleptisch wegsackte.

„Eigentlich vermisse ich mehr meinen Bruder als den Hund", erklärte Irmgard, für die Onis tatsächlich stets nichts weiter als ein Hund geblieben war. Es gab solche Menschen.

Die Sängerin, eine rubenesk gerundete, knallbunte Erscheinung mit ähnlich üppiger Lockenpracht wie Marianne, zuckte angesichts dieser Aussage mit keiner der aufgeklebten Wimpern. Sie war innerlich und äußerlich robust. Außer, wenn es um Männer ging. „Ich sehe schon, Sie sind keine Tierfreundin." Sie fächelte sich kühle Luft zu. Stilvoll, mit einem Fächer. „Von dieser Entführung habe ich in der örtlichen Tageszeitung gelesen. Wirklich schlimme Sache. Wenn ich einen Hovawart sehen sollte, melde ich mich." Sie rollte das Faltblatt ein und steckte es in ihren Ausschnitt, aus dem sie mit derselben fließenden Bewegung etwas herausholte. „Hier ist meine Karte", sagte sie und reichte Irmgard eine Visitenkarte. „Wenn ich in irgendeiner Weise helfen kann, falls Sie beispielsweise eine Menschenkette bilden wollen, um die Wälder und Wiesen zu durchstreifen ..."

„Dieser Fall wird wohl nicht eintreten", meinte Irmgard steif. „Außerdem haben wir ausreichend Helfer, und die Wälder werden in diesem Augenblick bereits durchstreift."

„Oder falls Sie mediale Aufmerksamkeit wünschen und meine Pressekontakte brauchen, um bundesweite Aufrufe zu starten ...“ Die kurvige Sängerin ließ nicht locker. Das lag an ihrer anerzogenen Hilfsbereitschaft, aber durchaus auch an ihrer angeborenen Neugier.

„Danke, aber Kontakte zu *Gala* oder *InStyle* werden uns wohl kaum nützen!“

„Ich meine ja nur ... Die Polizei tut natürlich ihr Bestes, aber man will doch selbst auch aktiv werden, das verstehe ich nur zu gut. Ich habe Erfahrung in privaten Ermittlungen und helfe wirklich gern. Melden Sie sich!“

„Kann es jetzt vielleicht bitte endlich weitergehen! In zwei Wochen ist Premiere!“, brüllte der Regisseur.

„Ich komme ja schon“, flötete die Sängerin und tänzelte erstaunlich agil die Stufen hinauf.

Erst als die Frau außer Hör- und Sichtweite war, las Irmi, was auf der Visitenkarte stand: *Pauline Miller, Sopran*. Und eine Homepageadresse.

„Was soll uns so eine Trällerliese helfen können? Lächerlich!“

An der Ecke Marktstraße und Neue Straße, dort, wo sich die öffentlichen Toiletten befanden, warf sie die Visitenkarte in den Mülleimer.

Im Weitergehen kämpfte Irmgard allerdings eine aufsteigende Tränenflut nieder. Höchst ungewöhnlich für sie. Aber diese Millerin verströmte die Aura einer Amazone, die vor nichts zurückschreckte. So hatte Irmi sich selbst immer gesehen: als eine Powerfrau, die nicht einfach nur abwartete, sondern die Dinge selbst in die Hand nahm und zu einem guten Ende brachte.

Doch jetzt ...

... jetzt tauchten langsam Zweifel in ihr auf, ob diese Sache wirklich gut ausgehen konnte ...

In der gustatorischen Wahrnehmung werden sieben Geschmacksqualitäten unterschieden:
süß
salzig
sauer
bitter
fett
umami
Niederlage
Till Raether

Fünfeinhalb Stunden später waren die zehntausend Flugblätter verteilt. Und zwar flächendeckend. Nicht nur in der Innenstadt, fast im ganzen Landkreis – von Gelbingen bis Gaildorf, von Michelfeld bis Michelbach, allüberall lagen an allen Kassen die von Karina gestalteten Zettel aus. Zwar nur in Schwarzweiß, aber doch ein Blickfang.

Die vollständige Abdeckung der ganzen Gegend mit Flyern war allein Karina, Irmgard, Eduard und Gotthelf und in Teilen noch Horst zu verdanken. Die anderen waren ja mit dänischen Wanderinnen, Nymphenkäufen, sabbernden Hunden, intrigierenden Komiteefrauen und Wahrsagerinnen beschäftigt gewesen.

Fast zeitgleich trafen sie alle – mit Ausnahme von Olga, die auf dem Revier in der Salinenstraße befragt wurde, und den beiden Waldwanderern Reimer und Arndt – in der Seifferheldküche ein, um sich zu stärken. Und um Informationen auszutauschen. Die WhatsApp-Gruppe hatte nur einer genutzt, nämlich Guido Schmälzle, und der hatte – themenverfehlend – in die Runde gefragt, ob man allein durch Hundesabber Tollwut bekommen könne ...

„Und? Hat jemand angerufen?", fragte Buchhändler Eduard, als er sich neben seinen verschwitzten Flugblattverteilungspartner Gotthelf zu den anderen in die Küche drängte.

Er stellte sich neben Klaus, der keuchend eine mannshohe weibliche Skulptur im Arm hielt – nackt, nur um die Scham hüllte sich geziemend ein Tuch. Klaus keuchte übrigens nicht obszön, sondern ausgepowert. Er hatte seine Nymphe ganz allein mit einer vom Wirt geliehenen Sackkarre vom Schuhbäck in die Untere Herrngasse 6b gerollt und dort in die Seifferheldsche Wohnung getragen, und seine neue Liebste wog bedauerlicherweise sechzig Kilogramm.

Marianne, die mittlerweile einen schwarzen, langärmligen Leinen-Overall trug und ihre Locken zu einem festen Knoten im Nacken geschlungen hatte, wodurch sie wie eine sizilianische Witwe aussah, hatte frischen Kaffee gebrüht und belegte Brötchen gemacht.

Alle griffen ausgehungert zu. Sogar Bocuse, in dessen Magen ein leckeres Schuhbäck-Schnitzel anverdaut wurde. Aber eine Brötchenhälfte ging irgendwie immer.

Marianne holte tief Luft. „Gefühlt sind eine Million Anrufe eingegangen. Meistens Beileidsbezeugungen. Ein paar Anfragen von überregionalen Redaktionsbüros. Jemand, der mir eine Versicherung verkaufen wollte."

„Also nichts", rekapitulierte Karina.

„Nein, nichts." Marianne seufzte.

Die Welpen waren zwischenzeitlich abgeholt worden, der Kindergarten war nur morgens geöffnet. Fela junior und Fatou hielten nebenan ihr obligatorisches Nachmittagsschläfchen. Da die übermütige Lebenslust der Welpen und Kleinkinder fehlte, verströmte die Seifferheldküche die Aura pechschwarzer Depression.

Schweigend tranken alle ihren Kaffee und mampften ihre Brötchenhälften. Mit Ausnahme von Marianne, die keinen Bissen herunterbekam.

Auch Klaus langte kräftig zu, obwohl er sich während der Steinfigurpreisverhandlungen mit dem Wirt, der nicht verkaufen wollte, ausgiebig am Vorspeisenbuffet bedient hatte. Der Wirt hatte zu keinem Zeitpunkt eine Chance gehabt: Klaus war reich und scheute nicht davor zurück, sein Geld auch auszugeben.

„Die Saat ist gesät“, sagte Helmerich, weil er das Schweigen nicht länger aushielt – und um den anderen Mut zuzusprechen. Das war schließlich sein Job. „Jetzt liegt es in Gottes Hand.“

„Wo sind Reimer und Arndt abgeblieben?“, erkundigte sich Karina, der es mehr als sauer aufstieß, dass sich ihre Truppen nicht an ihre Vorgaben gehalten hatten. Dabei wusste sie noch gar nicht, dass die beiden sich in die Wälder geschlagen hatten – sie fand es nur ärgerlich, dass sie zur vereinbarten Zeit nicht zum Appell erschienen, ohne sich angemessen abgemeldet zu haben.

Jetzt, wo Karina es sagte, kam es allen suspekt vor, dass Reimer und Arndt noch nicht da waren. An der Tränke und am Napf war Arndt sonst immer der Erste. Er zeichnete sich vor allem durch seine *Laissez-faire*-Haltung aus – leben und leben lassen und dazwischen nichts tun.

Und für Obertrommler Reimer galt: Wenn es umsonst zu essen und zu trinken gab, fehlte er nie.

„Ich rufe sie mal an.“ Karina schob sich den Rest ihres Brötchens in den Mund und wählte die Nummer von Arndt.

Der nahm das Gespräch auch sofort an. Also ... relativ sofort.

Relativ deswegen, weil er zwar sofort und unverzüglich nach seinem Handy gegriffen hatte, aber erst einmal Beschwichtigungsgesten in alle Richtungen werfen musste, bevor er auf die Taste zum Annehmen des Gesprächs drücken konnte.

Als Klingelton hatte er nämlich die Maschinengewehrsalve aus einem Eminem-Song gewählt – das musste er, damit er, wenn er Klempnerbereitschaftsdienst schob, die Anrufe nicht verpennte –, aber angesichts der überfallartig einsetzenden vermeintlichen Maschinengewehrattacke hatten sich die Rettungskräfte rund um ihn herum schutzsuchend zu Boden geworfen. Jetzt standen sie alle wieder auf, klopften sich den Staub von den Kleidern und warfen ihm böse, sehr böse Blicke zu.

„Ja?"

„Arndt, wo bleiben Sie denn?", rief Karina in den Hörer.

Sie lauschte, dann entglitten ihr die Gesichtszüge und sie wurde sichtlich bleich. „Was? WAS?"

Sämtliche Anwesende in der Seifferheld-Küche beugten sich kollektiv vor, als könnten sie auf diese Weise etwas hören.

„Stell doch auf Lautsprecher!", verlangte Irmgard.

Was Karina dann auch tat. Aber besser nicht getan hätte.

„... sind gerade am Grillplatz zwischen Gnadental und Rinnen. Wir haben die Däninnen abgesetzt und wollten dann zum Wagen zurück, haben uns aber verlaufen, und da haben wir auf einmal die ganzen Streifenwagen gesehen und den Hubschrauber und dachten, wir schauen einfach mal nach, könnte ja sein, dass es was mit den Russen und Siggi zu tun hat. Und tatsächlich, hier ist die Hölle los. Es geht mir total an die Nieren." Arndt sprach wie sein Klingelton: maschinengewehrsalvig schnell. Und mit einer Stimme, der man das Entsetzen anhörte.

Und offenbar war auch Reimer zutiefst bewegt, denn man hörte Würgegeräusche.

„Reimer, nicht noch mal auf meine Jay-Z-Sneakers!“, hörte man Arndt schimpfen, bevor er sich wieder an Karina wandte. „Sagen Sie den anderen nichts, hören Sie, Karina? *Nichts* sagen, vor allem Marianne nicht“, verlangte er jetzt, ohne zu wissen, dass ihn bereits alle, auch Marianne, hören konnten. „Es gibt böse Neuigkeiten. Man hat eine Leiche gefunden. Verbrannt. Genauer gesagt, ziemlich verkokelt. Also, ganz genau gesagt glimmt sie eigentlich noch.“

Er stockte, dann sprach er weiter: „Und die Leiche trägt ...“ Er schluckte, hörbar bewegt. „... eine Windjacke.“

In der Küche schnappten alle nach Luft.

Marianne schrie: „Nein!“

Wenn Siegfried Seifferheld für etwas berüchtigt war, dann für seine Windjackenvorliebe. Man traf ihn nie ohne an, nicht einmal bei dreißig Grad im Schatten.

„Oh mein Gott!“ Karina schluchzte es fast. „Ist es ...?“

Sie brachte es nicht über sich, den Namen ihres Onkels auszusprechen. Was man aussprach, wurde real.

Im Hintergrund hörte man Feuerwehrsirenen.

Und den reihernden Reimer.

Marianne und Irmgard nahmen sich bei den Händen, Helmerich senkte im stillen Gebet den Kopf.

Die in Stein gegossene Nymphe war nicht die Einzige, die zur Reglosigkeit erstarrt dastand – auch die anderen verharrten unbeweglich. Wie in einem Alptraum.

„Ist es ...?“, wiederholte Karina.

Arndt atmete hörbar aus. „Keine Ahnung, ob es Siggi ist ... die Feuerwehr ist noch dabei, die Flammen zu ersticken, man kann noch nicht nachsehen ...“

Seifferheld und das singende Springteufelchen

Seifferheld legte den Kopf schräg und sah zum Fenster. „Haben Sie das auch gehört?“

Er saß mit Pjotr im Wohnzimmer und stickte.

Die verstorbene Großmutter von Niklas hatte einen nachgerade riesigen Nähkorb mit faszinierenden Garnen sowie drei angefangene Kissenbezüge mit aufgemalten Motiven hinterlassen: schlafende Katze, üppiger Frühlingsblumenkranz, zwitschernde Nachtigall auf Koniferenzweig. Als Seifferheld das entdeckt hatte – er konnte seit seiner Vorverruhestandung an keinem Nähkorb mehr vorbei, ohne hineinzuschauen –, gab es für die Männer natürlich kein Halten.

Pjotr hatte sich für die Frühlingsblumen entschieden und füllte gerade die Konturen einer Päonie mit Satinstichen aus. Er hob den Blick, wobei sich – wieder einmal – sein langer weißer Bart in der Garnschlaufe verfing. Er ruckelte ihn frei. „Was soll ich gehört haben?“

Aleksandr und Niklas waren – nachdem Aleksandr vom Gassigehen mit Onis zurückgekehrt war und ein bisschen besorgt von dem joggenden Mann erzählt hatte, den Onis offenbar erkannt und überschwänglich begrüßt hatte, Gott sei Dank aber nicht andersherum – nach oben in den ersten Stock gegangen, um ... *räusper* ... aufzuräumen. Seifferheld entstammte zwar einer anderen Generation, aber die beiden waren über 21, und er sah das locker. Wo die Liebe eben hinfiel.

Pjotr schien jedoch für das Offensichtliche blind zu sein.

Doch das Geräusch, das Seifferheld eben gehört hatte, kam nicht von oben – sondern von draußen.

„Ist da jemand vor dem Fenster?"

Sofort blähte Pjotr misstrauisch die Nüstern. Er legte seine Stickarbeit auf den Wohnzimmertisch und erhob sich ächzend, dann ging er steifbeinig zum Fenster und schob die Gardine beiseite. Er sah nach links, nach rechts, nach vorn, nach unten. „Nein, hier ist niemand." Pjotr schlurfte zurück zu seinem Sessel. „Das war wohl Wunschdenken von Ihnen, mein lieber Siegfried. Ich kann mir gut vorstellen, dass Sie gerettet werden und nach Hause wollen. Aber niemand weiß, dass wir hier sind. Sie müssen sich nur noch ein oder zwei Tage gedulden, dann lasse ich Sie wieder laufen. Sie haben mein Ehrenwort."

Nackthund Onis lag unter dem Tisch und schnaufte. Wenn selbst Onis nichts Ungewöhnliches bemerkt hatte, was zu einem Schnauben oder wenigstens dem Aufstellen der Ohren führte, dann war da auch nichts.

Seifferheld seufzte und stickte weiter.

Pjotr setzte sich, auch das begleitet von einem Stöhnen, und nahm seine Stickarbeit wieder zur Hand. Er war in dem Alter, in dem das Aufstehen und das Hinsetzen automatisch auch die Stimmbänder bewegte. „Wissen Sie, lieber Freund, ich wünschte, ich hätte das Sticken schon früher für mich entdeckt. Und dabei bin ich nur zufällig in Ihren Kurs hineingeraten – eigentlich hatte ich mich für Aquarellmalen angemeldet, alternativ für Töpfern, aber beides war schon voll."

Siegfried lächelte stumm in sich hinein. Er musste an die Kolleginnen denken, die in der Vollzugsanstalt Aquarellmalerei beziehungsweise Töpferei unterrichteten – beide würdige Matronen, aber für alte Männer beziehungsweise langjährig Einsitzende zweifellos so sexy wie Playboy-Häschen. Ihre Kurse waren immer ratzfatz ausgebucht.

Er schenkte sich aus dem silbernen Samowar heißes Wasser nach. Daran könnte er sich gewöhnen: beim Sticken immer eine schöne Tasse Tee zu trinken.

„Ich durfte feststellen, dass Handarbeiten unglaublich meditativ ist“, fuhr Pjotr fort. „Aber anders als beim Meditieren sitzt man nicht einfach nur herum, nein, man hat hinterher etwas zum Vorzeigen. Ja, ja, das hätte ich schon viel früher für mich entdecken sollen.“

Die Glock steckte in Pjotrs Hosenbund. Siggi machte keine Anstalten, sich auf den Russen zu stürzen und ihm die Waffe zu entreißen, obwohl er bestimmt eine Chance gehabt hätte. Zudem war Sergei immer noch unterwegs, und die beiden jungen Männer frönten im oberen Stockwerk ihrer Liebe. Oder sie machten tatsächlich sauber – Siggi kannte sich bei den jungen Leuten von heute nicht mehr aus.

Aber das hier war keine Geisel-Situation, hier saßen einfach nur zwei alte Männer – na ja, wenn es nach Siggi ging, nur ein alter Mann und einer, der noch in Saft und Kraft stand –, die gemeinsam ihrem Hobby frönten. Siggi vermisste das manchmal: einen Mit-Sticker zu haben, jemand, mit dem man schweigend Stich um Stich setzen und einfach *sein* konnte. Pjotr hatte recht, Sticken war Meditation in Bewegung.

Außerdem fühlte sich Siggi in keinster Weise in Lebensgefahr: Er war absolut sicher, dass Pjotr ihn gehen lassen würde, sobald er seine weitere Flucht gesichert wusste. Hm, ob das schon das berüchtigte Stockholm-Syndrom war?

Sie stickten nun schon über eine Stunde. Kurz vor dem vermeintlichen Geräusch war Pjotr sogar eingenickt, und Seifferheld hatte rasch seinen Puls gemessen, weil er fürchtete, der Russe könnte mitten im Sticken die Nadel abgegeben haben, aber Pjotr war mit den Worten „Was ist?“ aufgeschreckt.

Jetzt jedoch flog seine Sticknadel nur so über den Stoff. Bald schon brauchte er eine neue Rolle Garn. Er tastete in der Tasche seiner Weste, in der er ein Heftchen mit Sticknadeln und diverse Garnstränge aufbewahrte, nach Ersatz.

„Ich habe in meinem Leben viel Schlimmes gemacht“, sinnierte er laut. „Sehr viel Schlimmes. Aber getötet habe ich seit über fünfzig Jahren niemand mehr, und selbst damals waren das keine Unschuldslämmer. Nur Leute, die weitaus Schlimmeres als ich getan hatten. Und insgesamt auch viel weniger, als man glauben könnte.“

Okay, schweigend sticken ging anders. Aber kurz, bevor einem der Krebs das Lebenslicht auspustete, wollte man offenbar ganz unwillkürlich noch mal Bilanz ziehen. Seifferheld verstand das und ließ Pjotr gewähren, auch wenn der sich – vermutlich altersbedingt – wiederholte.

„Ich gebe für meine Taten nicht meiner Herkunft die Schuld. Oder meiner Veranlagung. Das sind Ausreden. Ein echter Mann schmiedet sein Glück, sein Leben, sein Schicksal selbst – und ich habe mich bewusst für diesen Weg entschieden.“

Siggi schürzte die Lippen. Grundsätzlich gab er Pjotr recht: Auch wenn man es nicht in der Hand hatte, welche Karten einem die Schicksalsgöttinnen austeilten, so lag es doch in der ureigensten Verantwortung jedes einzelnen Menschen, was er mit diesen Karten anfing und welches Spiel er spielte. Anders als Pjotr Jagelovsk fand Siggi jedoch, dass der Weg, den ein echter Mann einschlug, ein gerader Weg sein sollte – moralisch, integer, ehrenhaft, gesetzestreu und vor allem leichenfrei ...

„Nicht wahr, Sie glauben mir doch, wenn ich Ihnen sage, dass ich Ihnen nichts zuleide tun werde, lieber Siegfried?" Pjotr sah auf. „Es stimmt schon, in meiner Karriere habe ich immer lösungsorientiert gedacht, früher oft auch bis hin zur letzten Konsequenz, aber wer mir Respekt und Integrität entgegengebracht hat, wurde nie entsorgt. Es gibt viele Männer, die noch leben, obwohl sich unsere beruflichen Pfade irgendwann aufgrund von Differenzen getrennt haben." Pjotr klang, als würde er sich – ebenso wie Siggi – für einen aufrechten Charakter halten. Seine Definition von *ehrenhaft* war schlicht und ergreifend eine andere. „Wir mussten Sie einfach mitnehmen, das verstehen Sie doch? Das war dem Moment geschuldet."

Unter dem Tisch rollte sich Onis schnaufend von einer Seite auf die andere. Weil Seifferheld fürchtete, dass es seinen Hund so ganz ohne Fell frieren könnte, hatte er ihm seine Windjacke übergelegt. Die Onis, weil sie ihm beim Herumrollen vom Rücken gerutscht war, nun mit der Schnauze packte und sich über die Hüfte zog.

Pjotr sah immer noch aus, als warte er auf eine Bestätigung.

„Glauben Sie wirklich, dass das hier gut für Sie ausgeht?", wich Siggi der Frage aus, weil er seinen Entführer natürlich nicht wissen lassen konnte, wie wohl er sich bei ihm fühlte. Keine Angst zu haben, war das eine – eine Straftat aber auch noch mit freundschaftlichen Gefühlen zu belohnen, ging gar nicht.

Pjotr kicherte. „Aber Siegfried, natürlich geht das nicht gut für mich aus. In spätestens zwei Monaten bin ich tot." Er hatte das neue Garn eingefädelt und setzte seine Satinstiche nun wieder flink und exakt und optisch augenfällig – fast wie ein Profi. Pjotr war Siggis

Meisterschüler. Trân mochte schneller sticken, aber keiner stickte schöner.

Onis schnaufte im Schlaf. Die Kuckucksuhr tickte.

„Ich sorge mich nur um meinen Enkel." Schlagartig hatte es sich ausgekichert. Pjotrs Stirn faltete sich sorgenvoll. „Aleksandr ist ein guter Junge. Dass wir zueinandergefunden haben, das hat meinem Leben erst wahrhaft Sinn gegeben." Pjotrs Lippen zitterten. „Sie werden doch ein gutes Wort für ihn einlegen, wenn das hier alles ... vorbei ist? Ich bitte Sie sehr darum. Aleksandr hat keine Straftat begangen: Es war Sergei, der den Geländewagen gestohlen hat. Es wurde kein Beamter verletzt, weil ich mir und Aleksandr geschworen habe, dass keine Gewalt eingesetzt wird. Wir wollen doch nur meine letzten Tage auf dieser Erde gemeinsam verbringen. Vielleicht angeln gehen. Wenn ich sterbe, soll mir jemand die Hand halten, der mich liebt ..."

Seifferheld kannte natürlich die Rührseligkeit von Schwerstkriminellen, wenn es um ihre eigene Sterblichkeit ging. Nichtsdestotrotz ...

Ja, es gab für ihn ein *Nichtsdestotrotz*. Pjotr hätte ganz anders vorgehen können, hätte seine Truppen mobilisieren und mit Hilfe einer kleinen Armee die halbe JVA plattmachen können. Dennoch hatte er sich für eine altmodische Flucht – gewissermaßen in Handarbeit – entschieden. Mit so gut wie null Kollateralschäden. Bis auf die getaserten Kollegen. Und seine Geiselnahme.

„Sergei ist im Moment dabei, unsere Weiterreise in den Schwarzwald zu regeln."

„Ah, sehr klug, der Schwarzwald steht im Suchraster bestimmt nicht ganz oben." Seifferheld nickte anerkennend. „Aber wollten Sie nicht in der Heimat sterben?"

„*Da*!“, bestätigte Pjotr in seiner Muttersprache. „Der Sohn eines Geschäftskollegen wohnt und arbeitet in Baden-Baden. Er fliegt mit seinem Privatflugzeug jeden Monat einmal nach Moskau zu seinen Eltern. Noch weiß er es nicht, aber er wird uns mitnehmen. Sie wissen ja, wie das ist – ich habe ihm einmal eine Gefälligkeit erwiesen, jetzt wird er sich revanchieren. Ich muss nur lange genug durchhalten ...“

Pjotr verstummte. Dann legte er den Stickrahmen aus der Hand und zog die Glock aus dem Hosenbund.

Seifferheld hob eine Augenbraue.

Pjotr schob ihm die Waffe über den Tisch. „Ich lege mein Schicksal und das meines Enkels in Ihre Hand, Siegfried. Sie sind ein Familienmann, ebenso wie ich. Und ich glaube, Sie können Menschen gut einschätzen. Sie wissen, dass ich ehrlich zu Ihnen bin und es mir wirklich darum geht, meinen Frieden mit dem einzigen Verwandten zu machen, den ich noch habe. Aleksandr ist kein Verbrecher. Er wird Architekt werden und großartige Gebäude bauen ...“ Pjotrs Blick wanderte auf der Zeitlinie in die Zukunft.

Seifferheld kämpfte mit sich. Er war fast vierzig Jahre lang Polizist gewesen, hatte sich für Recht und Ordnung eingesetzt. Ihm war klar, dass der Schachzug mit der Waffe von Jagelovsk psychologisch klug durchkalkuliert war und er ihn mit dieser Geste ins Boot holen wollte.

Aber Pjotr war tatsächlich auch ein sehr alter, sehr gebrechlicher Mann, von dem für die Gesellschaft keine Gefahr mehr ausging. Die Buchstaben des Gesetzes waren zudem nicht immer gleichbedeutend mit Gerechtigkeit. Pjotr Jagelovsk hatte geraume Zeit hinter Gittern verbracht – was nützte es dem Staat und der Gesellschaft, wenn er hinter Gittern starb? War es nicht humaner und gerechter, ihn die wenigen letzten Tage der Obhut seines Enkels anzuvertrauen? Die Familien der Opfer würden das sicher anders sehen. Aber er, Seifferheld – wie sah er es?

Siggi wollte gerade antworten, da kam ihm etwas zuvor.

Ein Geräusch.

Dieses Mal hatten es Pjotr und Onis auch gehört.

„Das kommt aus der Küche", flüsterte Seifferheld. Er schnitt den Garnfaden ab und presste das Kissen, an dem er gearbeitet hatte, wie ein Schild gegen seine Brust.

Onis sprang auf und schüttelte die Windjacke ab. Witternd hob er seine Schnauze.

Pjotr warf seinen Stickrahmen auf den Couchtisch, griff nach der Glock, erhob sich lautlos – abgesehen von dem üblichen Ächzen, nur in leise – und ging vorsichtig schlurfend in Richtung der Küchentür.

Seifferheld stand mindestens ebenso ächzend auf wie Pjotr, wobei es bei ihm natürlich an der Kugel in der Hüfte und nicht am Alter lag, da war er sich ganz sicher.

Pjotr stand jetzt vor der Küchentür.

Onis bellte einmal kurz auf. Das war sein Warnbellen. So hielt er es auch immer, wenn ein neuer Paketbote, dessen Geruch ihm fremd war, eine Sendung ablieferte.

Der Mann, der in diesem Augenblick lässig die Tür öffnete und aus der Küche geschlendert kam, mit gegelten Haaren und einem Kamelhaarmantel nonchalant um die Schultern seines maßgeschneiderten italienischen Anzugs geworfen, war aber kein Paketbote.

Es war Igor Demioff.

Mit zwei schwer bewaffneten Kerlen im Schlepptau, die so groß wie breit waren. Sie trugen identische

Anzüge, im Gegensatz zu ihrem Boss aber definitiv von der Stange, und ihren Gesichtern nach zu schließen, hatte beide schon des Öfteren als menschliche Sandsäcke für das Box-Training von Wladimir Klitschko gedient.

Seifferheld, der insgeheim davon ausgegangen war, dass ein Sondereinsatzkommando der Polizei die Bude stürmen und ihn befreien würde, hätte selbst dann nicht überraschter aus der Wäsche schauen können, wenn ihm ein singendes Springteufelchen aus der Küche entgegengehopst wäre.

Pjotr dagegen war kein bisschen überrascht.

Er hob die Glock und schoss.

Seifferheld und der Nimbus der Heiligkeit

Donnerstag, 15 Uhr 52

„Seifferheld war ein guter Mann!“, schluchzte Stricker Arno ins Mikrofon. Die Nachricht, dass man einen Toten in einer Windjacke beziehungsweise dessen verbrannte Überreste gefunden hatte, war kurz vor dem Ende seiner Sendung eingetroffen. „Er war ein großartiger Sticker, es gab keinen Besseren als ihn, und ich durfte ihn voller Stolz meinen Freund nennen.“

„Rabäh, rabäh ... so ein Idiot!“, fauchte Irmgard und setzte neues Teewasser auf. „Wir wissen doch noch gar nicht, ob es wirklich Siegfried ist! Der übliche vorzeitige mediale Nachrichtenerguss. Wieder einer, der bestimmt auch an Silvester die Knaller vor Mitternacht hochgehen lässt, weil er's nicht verheben kann. Typisch Mann eben!“

Schwäbisch Hall hatte pi mal Daumen so ungefähr 39000 Einwohner. Das klang relativ viel, aber wenn man die ganzen Zugezogenen abzog, die zum größten Teil wegen der guten Wirtschaftslage in die Stadt gekommen waren oder einfach deshalb, weil man hier – anders als in den Metropolen dieser Welt – nicht im Sekundentakt Opfer von Verbrechen wurde, dann blieben die Alteingesessenen übrig, und das war ein kleiner, überschaubarer Haufen, quasi ein Dorf. In dem sich in Windeseile herumgesprochen hatte, dass einer der ihren, nämlich Ex-Kommissar Siegfried Seifferheld, womöglich tot und gut durch auf einem Parkplatz außerhalb der Stadt gefunden worden war.

Polizeichefin Bauer hatte sofort bei Marianne angerufen und ihr versichert, dass man die Identität des

Toten schnellstmöglichst verifizieren wolle und sie bitte die Nerven behalten solle, weil im Moment noch gar nicht feststehe, ob es sich wirklich um Siggi handele.

Aber die Masse Mensch war der Faktenlage ja immer gern einen Schritt voraus. So, in diesem Fall, offenbar auch das *Haller Tagblatt*.

„Und genau das habe ich auch eben dem *Haller Tagblatt* gesagt", rief nämlich in diesem Moment Stricker Arno ins Mikro und somit aus den Funkwellenempfängern dieser Welt seinen Hörern zu. „Als ich nämlich eben in der Nachrichtenpause angefragt wurde, ob ich ein Statement zum Ableben von Siegfried Seifferheld geben möchte, da habe ich gesagt: Siegfried Seifferheld war ein großer Mann. Genau das habe ich gesagt, und dazu stehe ich auch."

„Depp!", sagte nun ihrerseits Irmgard.

„Er hat völlig neue Maßstäbe in der Freizeitgestaltung gesetzt", fuhr Arno fort, der – weit weg in der Gelbinger Gasse am Studiomikrofon – den Einwurf natürlich nicht hören konnte. „Sticken für Männer wurde durch ihn populär. Die kühne Farbgebung seiner Arbeiten, der Mut, den er bei der Motivauswahl bewies – ich nenne an dieser Stelle nur sein bisher größtes Werk *Leda und der Schwan* –, also ‚größtes', was die Ausmaße angeht ..."

„So ein hinterfotziger Lauselümmel!", fluchte Irmgard.

Helmerich spürte das Aufquellen eines Blähbauches. Er rieb ihn verstohlen mit kreisrunden Bewegungen, weil ihm das Linderung verschaffte. Zuhause machte das Irmi immer für ihn, aber hier vor den anderen gehörte sich das natürlich nicht.

Marianne stützte den Kopf auf den Händen ab.

„... seine Hingabe an die Verbreitung des Männerstickens quer durch alle Bevölkerungsschichten, das er mit quasi missionarischem Eifer betrieb ... auch wenn er mich nie davon überzeugen konnte." Arno kicherte.

„Das soll er mir das nächste Mal, wenn ich ihn sehe, ins Gesicht sagen!", dröhnte Irmgard.

„... all das wird unerreicht bleiben. Und auch menschlich war er immer mein Held, ein durch und durch aufrichtiger Kerl. Siegfried ..." Stricker Arno brach die Stimme, man hörte ein Schluchzen. „... Siegfried wird für immer unvergessen bleiben."

*

15 Uhr 55

„Es bringt Ihnen gar nichts, wenn Sie verstockt schweigen, Frau Pfleiderer!"

Wurster und Rogier van der Weyden sahen zu, wie ein Stuttgarter und ein Heilbronner Kollege Seifferhelds Putzfrau befragten. Und dabei auf Granit stießen.

Die beiden Haller Ermittler standen dabei nicht hinter einer Glasscheibe, die vom Verhörraum aus wie ein Spiegel wirkte. Sie lehnten sich mit verschränkten Armen an ihren Doppelschreibtisch mit den Aktenbergen, Familienfotos und Sandwichresten vom Vortag. Olga wurde nicht in einem sterilen Verhörraum befragt, das hier war schließlich keine amerikanische Fernsehserie. Nein, sie befanden sich in einem ganz normalen Büro mit Gummibaum und Schreibunterlagen aus dunkelbraunem Leder, aber ohne Überwachungskamera.

„Vielleicht braucht sie einen Dolmetscher?", warf der zweite Heilbronner ein, der gerade versuchte, einer überalterten Maschine das dickflüssige Batterieöl zu entlocken, welches unter dem irreführenden Begriff Kaffee firmierte. „Sie ist doch Russlanddeutsche."

Das war die Krux, seit durch die Einsparungsmaßnahmen Stellen wegrationalisiert wurden und Beamte von außerhalb kommen mussten, um hier vor Ort Ermittlungen zu führen. Die kannten ihre Pappenheimer nicht.

Wurster und van der Weyden waren mit Olga per Du und wussten genau, dass sie zwar ihre ganz eigene Version der deutschen Sprache sprach, die aber perfekt. Sie sagten jedoch nichts. Nur aus reiner Gefälligkeit durften sie der Befragung beiwohnen, die Ermittlungen wurden von den auswärtigen Kollegen durchgeführt.

„Ich besorge einen Übersetzer", sagte der Stuttgarter, stand auf und fing schon im Weggehen zu telefonieren an. Das würde den Steuerzahler freuen, wenn da extra ein Übersetzer aus der Landeshauptstadt angekarrt wurde. Die Tür zum Büro ließ er offen.

„Ich bin mal schnell in der Fliesenabteilung", sagte der jüngere Heilbronner und lief in Richtung Klo.

„Ich könnte jetzt einen Energieriegel gebrauchen", sagte der ältere Heilbronner und sah zu Wurster und van der Weyden. Es war ein auffordernder Blick. Der an den beiden abprallte wie ein Gummiball von einer Betonmauer.

„Der Snackautomat befindet sich am Ende des Flurs", sagte Wurster.

Van der Weyden nickte.

Der Heilbronner seufzte, stand auf und holte sich seinen Energieriegel eben selber.

Van der Weyden stellte sich in die offene Tür, sah nach links und nach rechts und nickte Wurster zu.

„Echt jetzt, Olga – Sie haben Jagelovsk zur Flucht verholfen?" Wurster klang vorwurfsvoll.

Sie schob die Unterlippe vor. Von allen Ex-Kollegen Seifferhelds war Wurster ihr Liebling. Behaarten Männern hatte sie noch nie widerstehen können. Aber das war jetzt eine Frage des Prinzips. Sie blieb stumm.

„Ich wette, sie hat die Zettel mit den Fluchtdetails in ihre Blini eingebacken", rief van der Weyden von der Tür. „Deswegen haben die auch immer so bauchig ausgeschaut."

„Ich nicht haben gebacken Fremdkörper in meine Blini", empörte sich Olga. Ihre Blini waren ihr ganzer Stolz. Seit sie drei Mal in Folge im Kochunterricht ihrer Schule in Kasachstan mit der Blini-Ehrennadel am Bande ausgezeichnet worden war. In ihre Blini kamen nur frische Bio-Zutaten!

„Warum schießen sich die Kollegen dann auf Sie ein?", fragte Wurster, der den Redefluss in Gang halten wollte.

„Ich nicht haben getan Böses!" Olga verschränkte die Arme. Ein Abwehrgestus. Weil ihr natürlich bewusst war, dass sie auch nichts Gutes getan hatte.

„Mach hinne", warnte van der Weyden. „Er schlägt schon mit der Faust gegen den Automaten."

Zur Ehrenrettung des Heilbronners sei gesagt, dass der Automat geschlagen werden wollte, und zwar exakt drei Mal fest gegen die linke Seite – von allein gab er nichts her. Das stand so auch auf dem Zettel zu lesen, den die Sekretärin neben das Ausgabefach geklebt hatte.

Wurster schlug die Akte auf, die auf dem Schreibtisch lag und in die er offiziell keine Einsichtserlaubnis hatte. Er pfiff durch die Zähne.

„Olga, Olga, Olga", sagte er. „Sie haben Jagelovsk in den letzten Monaten jede Woche einen Besuch abgestattet?" Er sah sie an. „Kein Wunder, dass sich die Ermittler jetzt wie die Habichte auf Sie stürzen!"

Olga guckte trotzig. „Ich nur haben Grüße von Enkel ausgerichtet. Und von ihm an Enkel. Familie wichtig."

„Soso, Grüße ausgerichtet. Beispielsweise Grüße wie *Mittwochnachmittag, Arztbesuch, alle Systeme auf GO?*"

„*Njet!*" Olga guckte zwar trotzig, nestelte aber nervös an ihrer Bluse. Ein weiterer Knopf sprang auf. Noch einer, und man würde einen ungehinderten Blick auf ihren Bauchnabel haben. „Ich seinen Enkel kennengelernt in Krankenhaus. Sehr guter Junge. Wir um hundert Ecken sogar verwandt."

Wurster ließ sie ohne Nachfragen reden.

„Ich glaube, er dort arbeiten. Er heißen Aleksandr. Ich ihn gesehen kommen aus Schwesternzimmer. Er gehört, dass ich auch aus alter Heimat, und dann er haben sehr, sehr nett mit mir geredet." Sie nickte. „Er mich gebeten, seinen Großvater von ihm zu grüßen. Ich glauben, er nicht können gehen, weil muss arbeiten Tag und Nacht. Arme Bub. Also haben ich gemacht Besuch, erst einmal, dann noch einmal, dann war nette Routine. Und ich nur Sachen übermittelt wie *Ich vermissen dich, Opa, ich alles gemacht haben schön für wenn du kommst aus Gefängnis, ich werden ganz fest an dich denken an deinem Geburtstag am Mittw...*" Bei Olga fiel der Groschen. „Oh."

Wurster schüttelte den Kopf. „Mann, Mann, Mann, Olga, das wird Folgen haben ..."

Rogier van der Weyden räusperte sich, trat hastig in den Raum und stellte sich wieder neben Wurster.

Gleich darauf kamen auch die beiden Heilbronner wieder herein. Der Jüngere schien sich auf der Toilette mit Eau de Cologne eingeduftet zu haben – er segelte auf einer Moschuswolke in den Raum. Der Ältere brachte nicht nur für sich, sondern auch für Olga einen Energieriegel mit. Nicht jedoch für Wurster und van der Weyden.

Dann kam auch der Stuttgarter Kollege wieder. „Der Übersetzer aus Aalen ist unterwegs. Bei dem Verkehr sollte er in einer guten Stunde hier sein.“

Sie setzten sich.

Wurster und van der Weyden entschuldigten sich unter einem Vorwand. Sie wollten sich auf die Suche nach diesem Aleksandr machen.

Olga mümmelte an ihrem Energieriegel und sah stur aus dem Fenster. Sehr stur.

Den Übersetzer hätten sie sich sparen können. Nicht mal ein CIA-Verhörspezialist mit Waterboarding-Erfahrung hätte jetzt noch etwas aus ihr herausbekommen. Und von ihrer Blini-Achillesferse hatten diese Auswärtigen ja keine Ahnung ...

*

17 Uhr 59

Die kleine Marianne möchte bitte aus dem Erwachsenenleben abgeholt werden. Danke.

Marianne sah mit geschlossenen Augen zur gestuckten Küchendecke auf. Ja, das ging, man konnte durch die geschlossene Augendecke hindurchsehen. Wenn man nur verzweifelt genug war.

Das ist doch alles nicht real. Das ist ein Alptraum.

Eben hatte das Handy von Guido Schmälzle geklingelt. „Wer? Oh ja, natürlich möchte ich etwas zu Siegfried Seifferheld sagen, ich bin ja einer seiner engsten Freunde.“ Guido sah entschuldigend in die Runde und formte mit seinen Lippen die Worte *Haller Tagblatt*. Alle schüttelten den Kopf, Arndt warf sogar eine Packung Tempo-Taschentücher nach ihm, aber das berührte Schmälzle nicht weiter: Sein neues Wanderbuch *Hopp, hopp, im Galopp über Feld und Stein – Die schönsten Reit- und Wanderwege in Hohenlohe* erschien nächsten Monat, und da brauchte er jede Presse, die er kriegen konnte. „Wie sein Name schon sagt, war er ein Held ... Siegfried Seifferheld, ein Vorbild für uns alle ..." Schmälzle verzog sich ins gegenüberliegende Wohnzimmer.

„Hör nicht auf ihn, Marianne." Karina stellte ihr eine neue Tasse Kamillentee mit Honig hin. Zur Beruhigung. Die alte Tasse hatte Marianne kalt werden lassen. Sie brachte keinen Schluck herunter.

„Polizeichefin Bauer hat gesagt, dass wir frühestens in zwei Stunden wissen, ob der Tote ... nun ja, ob der Tote wirklich Onkel Siegfried ist. Oder nicht. Ich tippe auf nicht."

„Das ist lieb von dir, Karina." Marianne öffnete die Augen wieder und warf der Nichte ihres Mannes einen dankbaren Blick zu. „Aber das hat sie vor fast zwei Stunden gesagt. Jedes Klingeln kann jetzt bedeuten, dass ... das Grauen zur schrecklichen Wahrheit wird."

Sie saßen immer noch alle beisammen. In solchen Momenten will man nicht allein sein, da braucht man die Sicherheit der Herde. Keiner sagte etwas. Über der Seifferheldküche lag die beklommene Aura eines Zahnarztwartezimmers.

Da klingelte es an der Haustür.

Marianne stockte der Atem.

Irmgard stürmte hinaus und segelte gleich darauf wieder in die Küche, Dombrowski in ihrem Kielwasser.

Karina nahm Mariannes eiskalte Hände. Sollte er die furchtbare Nachricht übermitteln? Natürlich würden sie nicht einfach anrufen, sondern jemand vorbeischicken, das gehörte sich so.

Alle Augen richteten sich auf Dombrowski. Nur die der Nymphe von Klaus nicht, die sah verschämt zu

Boden, weil ihr Schöpfer-Schrägstrich-Bildhauer nur diese Kopfhaltung für sie vorgesehen hatte.

„Hallo", sagte Dombrowski und trat ohne großes Aufheben ein, als würde er zur Familie gehören. Was er als Siggis Stammtisch*bruder* ja auch irgendwie tat.

Von der Statur her hätte er der Bruder von Wurster sein können. Er war nicht so rötlich behaart. Aber genauso massig. Er wirkte allerdings ein bisschen verwahrlost, immer mit strubbeligem dunklem Haarschopf. Sein Hemd rutschte gern mal aus der Hose mit den Hosenträgern, und wenn er sich setzte, so wie jetzt, sah man grundsätzlich Bauchfleisch hervorlugen.

Alle starrten ihn blinzellos und mit angehaltenem Atem an.

Dombrowski guckte unverbindlich.

„Und? Ist es Siggi?", platzte es aus Bocuse heraus.

„Was? Großer Gott, nein! Oder vielleicht doch. Also, das heißt, ich habe keine Ahnung." Dombrowski geriet ins Stottern.

Alle atmeten unisono aus.

„Wenn Sie uns nicht die furchtbare Nachricht überbringen sollen, warum sind Sie dann hier?", herrschte Irmgard ihn an. In ihrer Erleichterung klang sie noch giftiger als sonst.

„Als Verbindungsdings ..."

Unter Irmis Laserblick fehlten ihm schon wieder die Worte. Er schwor sich hier und jetzt, wenn er das nächste Mal statt Gehaltserhöhung wieder eine Fortbildungsveranstaltung bekommen sollte, würde er ein Selbstsicherheitstraining belegen.

„Verbindungsdingsbums?", dröhnte Irmgard. Helmerich legte ihr die Hand auf den Unterarm, aber die schüttelte sie wie ein lästiges Insekt ab. „Verbindungsdingsbums? Ich fasse es nicht – mein Bruder wurde womöglich grausam verbrannt, und Sie kommen mir mit Dingsbums? Ich sage Ihnen mal was, mein Lieber ...“

Dombrowski – der schon längst Dienstschluss hatte und nur aus Freundschaft ins Seifferheld-Haus gekommen war, um hier vor Ort die Fäden in der Hand zu halten, wenn es sein musste, auch die ganze Nacht – ließ die Tirade über sich ergehen. Er wusste, dass Siggis Schwester in diesem Moment nur ihre schreckliche Angst in heillose Wut verkehrte und dass sie diese Wut an ihm auslassen musste, weil sie sonst womöglich platzen würde. Oder schlimmer noch: weinen. Das war ein Überlebensmechanismus und hatte nichts mit ihm zu tun. Flucht oder Angriff. Seiner Erfahrung nach verpufften solche Erregungszustände am schnellsten, wenn man gar nicht weiter darauf einging.

„Sie sind die personifizierte Unfähigkeit, Sie und Ihre Kollegen können meinem Bruder nicht das Wasser reichen, Sie lächerlicher, nutzloser Clown, Sie ...“

„Irmi, Liebste ...“, unterbrach Helmerich ihre Tirade.

Die anderen hielten ihn in diesem Moment für den tapfersten Kerl im Universum. Und wenn nicht im Universum, dann doch definitiv in dieser Küche.

„Lass mich, Helmerich! Bete lieber zu deinem Herrn, er soll uns jemand schicken, der fähiger ist als die hiesige Polizei!“

Helmerich faltete die Hände, nicht, um Irmis Anordnung umzusetzen – es war eher ein Stoßgebet, der Herr möge ihm Kraft geben, sonst würde er doch tatsächlich zum ersten Mal in seinem über sechzigjährigen Leben die Fassung verlieren und womöglich seine Frau verbal züchtigen. Unvorstellbar!

Interessanterweise tat sich an der Flatulenzfront gerade gar nichts.

Und ebenso interessanterweise klingelte es in diesem Moment schon wieder an der Haustür.

Es gab kurz ein Gerangel, weil alle nur eins wollten: raus aus der Küche und weg von Irmgard.

Karina, die Schmalste und Zierlichste unter den Anwesenden, gewann und stürmte los. Die anderen mussten notgedrungen in der Küche bleiben.

Kurz darauf kam Karina mit einem fremden Mann wieder.

Er war mittelalt, mittelgroß, trug einen beigefarbenen Trenchcoat und einen schräg sitzenden Hut mit Krempe und sah, mal abgesehen von der fehlenden Zigarette im Mundwinkel, wie der Zwilling von Humphrey Bogart in *Der Malteser Falke* aus.

„Guten Tag, die Herrschaften. Darf ich mich vorstellen? Zügel, Gustav Zügel – geschüttelt, nicht gerührt." Ein oft geübtes Routine-Lächeln huschte über seine Züge. Mit diesem Bond-Scherz stellte er sich zweifellos immer vor. „Ich bin Privatdetektiv."

„Privatdetektiv? Boar, wie spannend!", hauchte Klaus begeistert. Die gab es also in echt?!

„Was wollen Sie hier?", fragte Marianne ohne Umschweife.

„Ja, erklären Sie sich!", bellte Irmgard.

Gustav Zügel musterte die Anwesenden, einen nach dem anderen. Er ließ sich Zeit. Und gerade, bevor Irmgard ihn anherrschen wollte, dass er gefälligst mit der Sprache herausrücken sollte, sonst würde sie ihm mit dem Handfeger auf den Leib rücken, sagte er: „Ich wurde engagiert, um mich auf die Suche nach einem Entführungsopfer zu machen. Einem gewissen Siegfried Seifferheld."

Es geschah nicht oft, aber Irmgard Seifferheld-Hölderlein war angesichts dieser Entwicklung tatsächlich sprachlos.

*

18 Uhr 01

„Entschuldigung, wie viele?"

„Sie sollten sich vielleicht mal die Ohren untersuchen lassen, wenn Sie schon hier sind – ich sagte, von den 2300 Mitarbeiterinnen und Mitarbeitern unseres Hauses heißen insgesamt 38 mit Vornamen Alexander", wiederholte die ältliche Diakonisse aus der Personalabteilung des Diakoniekrankenhauses Schwäbisch Hall. Wenn – krankheitsbedingt oder durch sonstige Unwägbarkeiten – die Personalabteilung unterbesetzt war, rief man gern Schwester Rosemarie zu Hilfe. Sie war noch vom alten Schrot und Korn, mit Dutt und einer angeborenen Schärfe im Umgang mit Patienten und anderen Menschen. „Alexander ist ein sehr beliebter Vorname für bestimmte Jahrgänge. Und Untersuchungen zeigen ja, dass der Vorname den Charakter und somit das Schicksal prägt – ein Alexander ergreift eben eher einen medizinischen Beruf als ein Kevin oder ein Yannik."

„Ach ja?", sagte Rogier van der Weyden und überlegte kurz, was aus ihm geworden wäre, wenn ihn seine belgischen Eltern nicht Rogier, sondern Mats oder Wout genannt hätten. Currywurstbudenbesitzer? Stahlmagnat?

Wurster quälten solche Überlegungen nicht. Er sagte: „Wir brauchen von allen Alexandern die Kontaktdaten – Telefonnummer und Adresse."

Schwester Rosemarie nickte und scrollte. „Ich drucke Ihnen die Liste aus."

Es tat gut, sich gebraucht zu fühlen. Normalerweise kümmerte sie sich jetzt, wo sie in Rente war, um den weit über achtzigjährigen Pfarrer Ebert, las ihm – weil sein Augenlicht nicht mehr das beste war – aus dem *Haller Tagblatt* oder einem Erbauungsbüchlein vor oder lauschte mit ihm dem *Ave Maria* in der Interpretation von Heino auf einer Vinyl-Schallplatte, aber Pfarrer Ebert war momentan auf einer Freizeit für im Ruhestand befindliche Geistliche in Bad Boll.

Für den aktiven Dienst an den Kranken hatte sie nicht mehr den Nerv, aber hier in der Personalabteilung Listen ausdrucken, das war genau das Richtige für sie. Mochten andere pensionierte Diakonissen Sudoku spielen, sie wollte noch nützlich sein.

„Aus der Liste kann man nicht zufällig ersehen, wer einen russischen Familienhintergrund hat, oder?", fragte Wurster.

Schwester Rosemarie sah auf. Misstrauen lag in ihrem Blick. „Was soll die Frage? Suchen Sie sich Ihre Verbrecher etwa nach deren Herkunftsland aus? Fahnden Sie nach Abstammung? Ist das dieser Rassismus, von dem man allenthalben hört?"

„Aber nein, Madame", flötete van der Weyden. „Es handelt sich vielmehr um eine Familienzusammenführung. Von Enkel und Großvater."

„Ich bin keine *Madamm*!", erklärte Diakonisse Rosemarie, für die alles, was französisch klang, einen liederlichen, sittenlosen Beigeschmack hatte. Dass das auch rassistisch war, kam ihr nicht in den Sinn. „Na gut, wenn es um eine Familienzusammenführung geht, hilft man natürlich gern. Hier bitte."

Sie reichte Wurster und van der Weyden die komplette Alexander-Liste. „Viel Erfolg, meine Herren."

*

18 Uhr 03

„Sie sind Privatdetektiv und wollen meinen Mann suchen?" Marianne fand als Erste ihre Stimme wieder.

Gustav Zügel nickte und reichte ihr seine Karte.

Detektei Zügel
Ihr Ermittler in Stuttgart für Privat und für Unternehmen
TÜV-zertifiziert und mit Top-Anwaltsreferenzen

Irmgard war immer noch sprachlos. Sie sah von Helmerich zu Zügel zu der kleinen Jesus-Figur, die ihnen ihre Schwägerin aus ihrer italienischen Heimat mitgebracht hatte, damit das Seifferheldhaus, wenn es denn schon nicht katholisch war, so doch wenigstens einen katholischen Jesus als Beschützer hatte.

Gustav Zügel zog aus der linken Tasche des Trenchcoats einen Notizblock und klappte ihn mit einer lässigen Handbewegung auf. „Dann wollen wir mal loslegen. Jede Sekunde zählt!"

„Nicht so schnell, erst möchte ich wissen, wer Sie engagiert hat", fragte Marianne.

„Eine Frau Seifferheld." Zügel zog aus der rechten Trenchcoat-Tasche einen Bleistift und leckte daran. „Wenn Sie mir jetzt bitte grob die Fakten schildern würden?"

„Eine Frau Seifferheld?" Dombrowski sah zu Marianne, dann zu Irmgard, dann zu Karina. Die drei Frauen schüttelten die Köpfe. Irmgard sogar heftig und vehement – so weit käme es noch, dass sie mit ihrem sauer ersparten Geld für die Ermittlungen zahlte, die doch eigentlich die Polizei auszuführen hatte, die sie wiederum mit ihren Steuern finanzierte.

„Von uns war das aber keine", erklärte Karina.

„Es war eine Frau Susanne Seifferheld. Mittels Online-Auftragserteilung."

„Man kann online einen Privatdetektiv anheuern?" Klaus klang nachgerade heiß. Er überlegte bereits, wofür er einen Privatdetektiv brauchen könnte. Um die Frau seines Lebens für ihn zu finden?

„Man kann alles online machen", stellte Zügel klar. „Und jetzt die Fakten, wie sie sich Ihnen präsentieren, wenn ich bitten darf. Ihnen ist ja wohl klar, dass die ersten 24 Stunden in einem Entführungsfall die entscheidenden sind. Im Grunde sind wir schon zu spät dran."

*

18 Uhr 47

Das Intro der *SWR Landesschau* flimmerte über den Bildschirm von Seifferhelds Laptop.

Guido Schmälzle hatte die frohe Kunde verbreitet, nachdem er sein Nachruf-Statement abgegeben hatte. „Der Typ vom *Haller Tagblatt* meint, heute Abend kommt was in der Landesschau über ihn und Onis."

Woraufhin der ARD-Livestream aufgerufen worden war und das dritte Programm ohne Ton vor sich hinflimmerte.

Jetzt beendete Karina den Lautlos-Modus.

„Schwäbisch Hall war gestern Schauplatz einer spektakulären Gefangenenbefreiung", sagte die Moderatorin mit Betroffenheitsmiene und sah direkt in die Kamera.

Tags zuvor war die Kunde von Jagelovsks Flucht und Seifferhelds Entführung zu spät in der Redaktion eingetroffen, als dass man noch darüber hätte berichten können. Jetzt war die Angelegenheit der Aufhänger der Sendung.

„Rücken Sie mal zur Seite, ich sehe nichts“, sagte Detektiv Zügel zu Bocuse.

„Ein Schwerkrimineller, der in der Justizvollzugsanstalt von Schwäbisch Hall einsaß, nutzte einen Arztbesuch, um mit Hilfe von zwei Komplizen die Flucht anzutreten. Dabei wurden die beiden begleitenden Beamten leicht verletzt und ein Passant als Geisel genommen.“

Schnitt.

Großaufnahme vom Pokerface des Polizeisprechers. „Wir ermitteln derzeit in alle Richtungen. Noch haben wir keine Spur von dem Flüchtigen, aber es gibt erste Hinweise auf seine Helfershelfer.“

Ein Foto von Pjotr Jagelovsk wurde eingespielt. Er wirkte alt und gebrechlich und ein wenig verwirrt, kein bisschen wie ein Schwerverbrecher.

„Bei dem entführten Passanten handelt es sich um jemand, den viele unserer Zuschauerinnen und Zuschauer sicher bestens in Erinnerung haben, ist es doch das Herrchen von Onis, dem singenden Hovawart.“ Hinter der Moderatorin lief ein Ausschnitt von dem Abend, an dem Onis in der *Landesschau* sein berühmtes Jaulen von sich gegeben hatte. Würden Opern für Tiere geschrieben, er wäre der Pavarotti unter den Vierbeinern.

Dann wurde ein Foto von Seifferheld gezeigt. Sichtlich eine Uraltaufnahme aus dem Fotofundus der Polizei. Es zeigte Siggi auf dem Polizeiball 1998, sehr fesch und enorm windschnittig in Ausgehuniform und mit seiner Ehefrau im Arm. Allerdings seiner ersten Frau.

Marianne hatte das Gefühl, als hätte man ihr eine Ohrfeige versetzt.

Die Kamera zoomte auf Seifferhelds damals noch jugendfrisches Gesicht ein. Dieses Gesicht war ihr fremd.

Sie sprang auf und rannte ins Badezimmer. Niemand sollte sie heulen sehen.

Das war gut so, denn gleich darauf sah man den Kopf eines weiteren Mannes.

„Die Polizei warnt: Pjotr Jagelovsk ist höchst gefährlich und zweifellos bewaffnet. Erst nach seiner Flucht fand man seinen Zellengenossen – Wladimir Schultze, hier im Bild – tot auf, erstochen mit einem umfunktionierten Füllfederhalter."

Das Bild zeigte natürlich nicht den niedergemetzelten Schultze, sondern ein altes Fahndungsfoto des Mannes. Kein sympathisches Gesicht, aber den Tod hatte er natürlich trotzdem nicht verdient.

„Er hat seinen Mitbewohner ermordet?" Karina klang fassungslos, als hätte ein Student seinen WG-Freund wegen der Haare im Waschbecken kaltgemacht.

„Wundert Sie das? Dieser Jagelovsk ist eine üble Nummer", sagte Zügel. „Bei meinen Internetrecherchen auf dem Weg hierher habe ich mich schlau gemacht und erste Erkenntnisse über ihn gewinnen können. Und ich kann Ihnen versichern, der Typ kennt keine Gnade. Das ist ein Knochenbrecher ersten Grades."

Langsam wurde es Dombrowski zu bunt. Privatdetektive waren für ihn nicht ernst zu nehmen. Die sollten in Kaufhäusern nach kleptomanischen Teenagern und Hausfrauen Ausschau halten, aber sich gefälligst aus richtigen Fällen heraushalten. „Ach tatsächlich, Sie haben sich schlau gemacht?", lästerte er. „Und dank Ihrer Kontakte zur Russenmafia werden Sie den Fall nun in null Komma nichts lösen?"

Zügel verzog einen Mundwinkel. „Keine Sorge, ich pfusche der Polizei nicht ins Handwerk. Ich ermittle da, wo die Polizei nicht hinschaut."

„Wir schauen überall hin!", donnerte Dombrowski.

„Seien Sie doch mal ruhig, man hört ja gar nichts!", befahl Irmgard.

Jetzt war wieder die Moderatorin im Bild. „Der Tote gehörte zum Umkreis des Flüchtigen und galt als dessen Handlanger. Beide sind dem organisierten Verbrechen zuzuordnen."

Irmgard streckte den Arm aus, um den Laptop zuzuklappen. „Marianne muss das nicht erfahren", sagte sie.

Alle schüttelten gehorsam den Kopf.

Da kam Marianne aber schon zurück. Bleich, jedoch gefasst. Sie hatte sich nur kurz das Gesicht mit kaltem Wasser gewaschen, weil sie nichts verpassen wollte. „Was soll ich nicht erfahren? Ist der Bericht schon vorbei?" Sie intervenierte mit ihrer Rechten gegen das Zuklappen des Laptopdeckels. Irmi drückte von oben, Marianne hielt von unten dagegen. Es war wie Armdrücken, nur mit Laptopdeckel.

Wegen der Schieflage unsichtbar, aber deutlich zu hören erklärte die Moderatorin: „Am heutigen Nachmittag wurde in der Nähe von Schwäbisch Hall in einem ausgebrannten Autowrack eine verkohlte Leiche gefunden. Noch ist nicht klar, um wen es sich dabei handelt, aber einiges spricht dafür, dass es der entführte Ex-Polizist Siegfried Seifferheld sein könnte."

Nun schoben beide Frauen den Laptopdeckel nach oben. Man sah das ausgebrannte Wrack eines Wagens, aus dem noch Rauch aufstieg. Gott sei Dank konnte man den Innenraum und somit die Leiche nicht erkennen. Aber es war trotzdem gespenstisch.

„Die gute Nachricht für alle Tierfreunde: Der Kadaver eines Hundes wurde in dem Autowrack nicht entdeckt. Für Onis besteht also durchaus noch Hoffnung."

Die Kamera schwenkte über den Tatort und die Meute der Schaulustigen.

„Guck mal, dahinten ... hinter der Absperrung ... sind das nicht wir?", sagte Schmälzle zu Arndt.

Der rollte nur mit den Augen.

„Sollten Sie sachdienliche Hinweise über den Flüchtigen haben, wenden Sie sich bitte an die folgende Rufnummer ..." Die Moderatorin spulte die Telefonnummer herunter und wiederholte sie. Dann setzte sie ein strahlendes Lächeln auf und flötete: „Und nun nach Möchtelfingen am Neckar, wo heute die Erdbeerkönigin gekrönt wurde."

*

19 Uhr 43

„Scheiße!", fluchte Rogier van der Weyden.

Sie hatten von den achtunddreißig Alexanders mittlerweile elf überprüft. Fehlanzeigen, allesamt.

Zu Wurster und van der Weyden hatte sich nach Feierabend auch noch Bauer zwo gesellt, der zwar keine große Hilfe war – auf der Suche nach Alexander Melchatz, Dermatologe, wohnhaft in Bühlerzimmern, hatte er sich drei Mal verfahren –, der aber durch seine Anwesenheit immerhin Flagge zeigte.

Für dreiviertel acht hatten sie sich auf dem Revier verabredet: um sich gegenseitig auf den neuesten Stand zu bringen und um eine Stärkung einzuwerfen – Kaffee und was immer der masochistisch veranlagte Snackautomat im Flur, der erst am Montag wieder neu aufgefüllt wurde, noch im Angebot hatte: Das waren, wie sich herausstellte, ein halb geschmolzener Schokoriegel, Geleebonbons in der Geschmacksrichtung „rote Früchte“ und Studentenfutter mit einem Verfallsdatum aus dem vorigen Jahr.

Wie hingestreckt saßen die drei Männer auf den ergonomisch bedenklichen Bürostühlen. Sie waren völlig groggy, aber Aufgeben kam überhaupt nicht in Frage.

„Sieht nicht gut aus“, konstatierte Bauer zwo depressiv. Selbst seine Dauerwellenlocken hingen schlaff herunter.

„Jetzt immer mit der Ruhe. Wir bleiben dran. Ihr wisst ja, kurz vor der Morgenröte sieht es immer am dunkelsten aus!“ Wurster biss in den weichen Schokoriegel, als wäre er ein Hot Dog.

Drüben im Büro saßen die beiden Kollegen aus Heilbronn sowie der Stuttgarter mit dem Aalener Übersetzer und mit Olga, was man durch die geöffnete Tür sehen und hören konnte.

„Frau Pfleiderer, Sie schaden sich mit Ihrem Schweigen nur selbst“, rief der ältere der beiden Heilbronner. „Das müssen Sie doch einsehen. Helfen Sie uns, dann helfen wir Ihnen – sagen Sie uns, was Sie wissen. Vielleicht können wir dann auf eine Strafminderung hinwirken. Andernfalls sieht es für Sie finster aus. Grottenfinster!“

„Was kam noch mal nach *Sie schaden sich mit Ihrem Schweigen nur selbst?*“, fragte der Übersetzer, der alles mitschrieb, aber sichtlich nicht in Kurzschrift.

Die Kollegen seufzten.

Van der Weyden und Wurster warfen sich ein Augenzwinkern zu. Auch für die Auswärtigen würde es eine sehr lange, sehr zähe Nacht werden.

„Na schön, dann los. Nehmen wir uns die nächsten drei Alexanders vor“, sagte Wurster, knüllte das weißblaue Schokoriegel-Papier zu einer Kugel und warf sie lässig über Bauer zwo hinweg in den Mülleimer.

Bauer zwo sagte: „Kann ich auch!“ Und warf sein halbgegessenes Gelee-Bonbon „Kirsche“ ebenso lässig in Richtung Mülleimer, verfehlte den jedoch großräumig und traf, unbeabsichtigt, aber punktgenau, Polizeichefin Bauer, die just in diesem Moment aus ihrem Büro trat, an der Stirn.

*

20 Uhr 38

Der Detektiv ging, der Anruf kam.

„Ich sehe schon, dass sich die Ermittlungsbehörden auf das berufliche Umfeld von Jagelovsk konzentrieren. Ich schaue, was ich über seine private Seite ausgraben kann“, waren Zügels letzte Worte, dann zog er ab.

Die Tür hatte sich noch nicht ganz hinter ihm geschlossen, als Dombrowskis Handy den imperialen Marsch aus *Krieg der Sterne* spielte – sein Klingelton für Polizeichefin Bauer.

Unwillkürlich nahm er Haltung an. „Ja?“ Mit klammen Fingern presste er sein Smartphone ans Ohr.

Das musste er sein, der Anruf, der ihrer aller Leben entweder für immer veränderte – oder ihnen neue Hoffnung gab.

Es gab keinen, der in diesem Moment nicht den Atem anhielt. Bocuse schlug ein Kreuz. Klaus klammerte sich fester an seine neue Lebensgefährtin. Irmgard und Helmerich legten die Hände auf Mariannes Schultern, die ihrerseits Karina im Arm hielt. Die anderen warfen sich verstohlene Blicke zu: War das ein intimer Familienmoment, bei dem sie die Küche besser verließen?

Es blieben alle da.

Dombrowski nickte und brummte.

Schmälzle, der eigentlich dringend aufs Klo musste, aber nichts verpassen wollte, rotierte mit den Hüften. Reimer trommelte unbewusst mit den Fingern gegen die Resopaltheke.

Dombrowski brummte erneut.

Die Seifferhelds umarmten sich fester.

Mathelehrer Horst hätte auch gern jemand umarmt. Er sah sich in der Küche um, fand aber niemand Geeigneten, also umarmte er sich selbst, will heißen, er schlang seine Arme um sich.

„Aha ... ja, verstanden", sagte Dombrowski. „Danke, Chefin, ich leite das so weiter." Er steckte sein Handy in die Hosentasche. Ihm sackten die Knie weg, und er musste sich setzen. Um ein Haar hätte er vor Erleichterung geheult. So krächzte er nur: „Er ist es nicht. Der Tote im Autowrack ist nicht unser Siggi."

*

22 Uhr 22

„Du machst es mir nicht leicht, alter Mann."

Demioff paffte an seiner Montecristo. In dem kleinen Wohnzimmer, das mit den sieben Menschen ohnehin schon an seine Kapazitätsgrenze stieß, ersetzte der Rauch der kubanischen Zigarre peu à peu den gesamten Sauerstoff. Hätte sich ein Kanarienvogel im Zimmer befunden – so wie früher in den Stollen beim Bergbau –, wäre der schon längst tot von der Stange gefallen.

Auch Seifferheld fiel das Atmen zunehmend schwer.

Das Fenster hatte einer der beiden menschlichen Sandsäcke gleich nach dem Eintreffen geschlossen und die Vorhänge zugezogen.

Der andere Sandsack hatte zu diesem Zeitpunkt fluchend auf dem Linoleumboden gesessen und sich den stark blutenden Arm gehalten. Ein glatter Durchschuss, dank der Kugel aus Pjotrs Glock. Eine Kugel, die eigentlich Demioff gegolten hatte, aber Pjotrs Zeit als Scharfschütze lag über ein halbes Jahrhundert zurück.

„Reden Sie ihm gut zu, Herr Seifferheld", verlangte Demioff jetzt. „Sie wollen das hier doch lebend überstehen, oder nicht?"

„Sagen Sie kein Wort, Siegfried", rief Pjotr, ziemlich undeutlich, weil er sich bei dem rechten Haken, den ihm der unverletzte Sandsack gegeben hatte, offenbar auf die Zunge gebissen hatte. Ein blutiges Rinnsal lief ihm aus dem Mund. „Keiner von uns kommt hier lebend raus. Gönnen Sie ihm nicht den Triumph, zu bekommen, worauf er aus ist."

Der unverletzte Sandsack schlug Pjotr mit dem Handrücken auf den Hinterkopf.

Niklas quiekte hinter dem Knebel in seinem Mund auf.

Die beiden jungen Männer saßen wild verschnürt – fast wie kleine Makramee-Kunstwerke – auf dem Boden in der Ecke. Seifferheld durfte immerhin auf dem Sofa sitzen bleiben, allerdings hatte man auch ihm die Hände auf den Rücken gebunden. Seine größte Sorge galt Onis. Demioff hatte dem Hovawart einen versierten Kickboxtritt versetzt, als der ihn angeknurrt hatte, und nun lag Onis leise jaulend und sichtlich mit Schmerzen neben dem Sofa. Er mochte verletzt sein, aber er ließ sein Herrchen nicht im Stich.

In Seifferheld erwachte nicht oft der Wunsch nach Vergeltung, aber wer seinem Hund etwas antat, sollte sich darauf gefasst machen, dass das Folgen haben würde. Der Gott der Rache war entfesselt.

Demioff schien sich ein Ei darauf zu pellen.

Paff, paff. Er beugte sich vor, um Pjotr den Zigarrenrauch ins Gesicht zu blasen und ihn spöttisch anzulächeln. „Oh bitte, warum so dramatisch, alter Freund?"

Demioff setzte sich nicht. Dann hätte er ja den Kamelhaarmantel ablegen müssen, und das hätte den künstlerischen Gesamteindruck seiner Person gemindert.

„Du kennst mich doch: Wenn ich etwas in Erfahrung bringen will, dann gelingt mir das auch. So oder so. Aber aus Respekt vor unserer Freundschaft wollte ich nicht gleich den Chirurgenkoffer auspacken. Du verstehst?"

Pjotr spuckte Blut.

Seifferheld fragte sich, wie lange der alte Mann das noch durchhielt.

„Schau her, du stirbst doch sowieso." Demioff richtete sich wieder auf und sog erneut an seiner Montecristo. „Dein Geld kannst du nicht mitnehmen. Also verrat mir, wo du es gebunkert hast, und du kannst deine wenigen letzten Tage in diesem ... Loch hier verbringen." Demioff machte eine weit ausholende Geste. „Andernfalls steht dir ein Abgang bevor, den du dir in deinen schlimmsten Alpträumen nie hättest vorstellen können. Es wird wehtun. Und es wird lange dauern." Er nickte dem Sandsack zu und der schlug Pjotr erneut, diesmal mitten ins Gesicht.

Der zweite, angeschossene Sandsack saß auf dem Küchenboden und hatte sich ein Küchenhandtuch um den Oberarm gewickelt, unter dem es jedoch weiter hervorblutete – mit hoher Wahrscheinlichkeit, weil eine Blutbahn getroffen worden war. Der Mann wurde zusehends bleicher. Lange machte der es nicht mehr.

Demioff kümmerte das nicht weiter. Und auch sein unversehrter Sandsackzwilling, der eigentlich Mischa hieß, schien sich nicht darum zu scheren.

Am Anfang hatte Demioff mit Pjotr Russisch geredet, und Seifferheld hatte folglich kein Wort verstanden. Aber jetzt holte Demioff ihn aus taktischen Überlegungen mit an Bord. Und weil er wie Pjotr die prägenden Jahre seiner Verbrecherlaufbahn in der DDR verbracht hatte, sprach er fließend Deutsch.

„Herr Seifferheld, Sie sind hier die Stimme der Vernunft. Was sagen Sie?"

Demioff trat auf Seifferheld zu.

Onis knurrte.

„Halten Sie Ihren Hund in Schach, sonst gibt es morgen beim Chinesen Nackthund süß-sauer", drohte der fiese Edel-Gangster.

„Ruhig, Brauner", sagte Seifferheld rasch. Was er sagte, war egal, wie er es sagte, darauf kam es an.

Onis sah zu ihm auf und fiepte.

In Seifferheld legte sich ein Schalter um. Bis eben war er der stickende Ruheständler gewesen, jetzt erwachte der Ex-Cop in ihm. Sobald es ihm gelang, die Kabelbinder, mit denen sie ihm die Hände gefesselt hatten, zu durchtrennen, würde er diesem Demioff zeigen, was ein Hulk war.

Onis legte den Kopf ab.

„Schon besser." Demioff lächelte. Schmierig, wie Seifferheld fand. Demioff hielt sein Lächeln zweifelsohne für sympathisch (bei Männern) und unwiderstehlich (bei Frauen). „Wieder zum Geschäftlichen. Ich will das Geld." Er baute sich vor Pjotr auf.

Pjotr wollte vor ihm ausspucken, aber Demioff war schneller und verpasste ihm, Kickboxer, der er war, einen Tritt gegen das Knie. Er legte selten selbst Hand an – oder wie hier: Fuß –, aber in diesem Fall tat er es sichtlich mit Vergnügen.

Dabei war Igor Demioff nicht nur schlecht. Kein Mensch ist ja nur schlecht. Er verwöhnte seine Mutter nach Strich und Faden und spendete regelmäßig irrsinnig hohe Beträge an den WWF, weil er Tiger bewunderte und deren Aussterben verhindern wollte. Er benützte auch nie wissentlich Plastik – wegen der Meere. Und weil er auch Haie bewunderte.

Aber Hominiden fielen bei ihm nicht unter Artenschutz, und er hatte im Laufe seines mittelalten Lebens schon eine erkleckliche Fräse in den Gesamtbestand geschlagen. Die Fräse bewegte sich im vierstelligen Bereich. Das mag auf über sieben Milliarden Menschen hochgerechnet nicht viel sein, ist aber für eine Einzelperson doch recht beachtlich. (Natürlich hatte er nicht alle kickboxend zu Tode gebracht – er verwendete im beruflichen Kontext normalerweise Schnellfeuerwaffen.)

Erschwerend kam hinzu, dass er – ob er nun selbst tötete oder töten ließ – ein besonderes Vergnügen daran fand, den Tod hinauszuzögern. Menschen mit Betonschuhen in die Wolga werfen oder an einen Jeep binden und fröhlich durch die Steppen Russlands brettern, bis hinten nur noch ... aber keine Details. Es sei einfach festgehalten, dass ausnahmslos alle, die in Kontakt mit Demioff kamen, der Überzeugung waren, dieser Planet sei ohne ihn ein besserer.

„Falls du übrigens auf Sergei wartest, alter Mann, dann muss ich dir leider sagen, dass er nicht kommen wird. Er nimmt an einer Grillparty teil.“ Demioff kicherte.

Mischa kicherte auch, diabolisch, zog eine Streichholzschachtel aus der Sakkotasche und entzündete ein Streichholz. Schwefelduft erfüllte den Raum.

Seifferheld zählte eins und eins zusammen. Ihm wurde schlecht. Er sah zu den beiden jungen Männern, die angesichts der Realität des Bösen im Wohnzimmer der verstorbenen Großmutter von Niklas zu kleinen Buben regrediert waren: Mit weit aufgerissenen Augen und aschfahl beobachteten sie Demioff und seinen Mörderbuben Mischa, ungläubig und doch wissend, dass sie es sich nicht nur einbildeten – es war real.

„Bevor Sergei, sollen wir sagen, *ganz durch* war, hat er mir noch deinen Aufenthaltsort verraten." Demioff sah zu Aleksandr. „Und dass du mit deinem Enkel unterwegs bist. Hm, vielleicht bringt es gar nichts, wenn ich *dich* befrage. Vielleicht sollte ich mir deinen Enkel vornehmen."

„Er weiß absolut nichts!", krächzte Pjotr Jagelovsk.

Demioff lächelte wissend. „Das ist mir klar. Aber ich denke, wenn ich dem Jungen meine besondere Aufmerksamkeit angedeihen lasse, dann wird das nicht nur ihm die Zunge lösen, sondern auch dir. Mischa, hast du die Kombizange in meinen Chirurgenkoffer gepackt?" Demioff trat vor Aleksandr und Niklas. „Welcher von beiden ist es denn? Na, egal – ich nehme sie mir beide vor."

Mischa hielt ihm eine Zange hin.

„Nein, bist du verrückt, wenn Blutspritzer auf meinen Kamelhaarmantel und meinen Brioni-Anzug kommen, sind sie ruiniert. Mach du das. Der links zuerst."

Mischa beugte sich vor.

Der Linke war Niklas, trotzdem rief Pjotr: „Schluss! Aus! Sofort aufhören! Ja, ich habe mir einen Notgroschen zurückgelegt. Ich sage dir, wo du ihn findest."

Demioff grinste. „Notgroschen trifft es wohl nicht ganz, oder? Du hast über zwei Millionen beiseitegeschafft."

Seifferheld saß reglos und beobachtete die beiden Russen, die immer noch Deutsch miteinander sprachen, vermutlich nicht, weil sie nicht wollten, dass er etwas verpasste, sondern weil man meist auf dem einmal eingeschlagenen Sprachpfad blieb. Das machen die Gehirnsynapsen ganz automatisch.

„Ich war dein Gönner. Und so willst du es mir vergelten?“ Wieder spuckte Pjotr etwas Blut aus.

Demioff schnaubte. „Was glaubst du, was du geleitet hast? Die Heilsarmee? Es ist jetzt meine Organisation und mein Geld.“

„Lässt du mich und meinen Enkel dann in Ruhe?“

„Oh, du einfältiger alter Mann.“ Demioff paffte an seiner Zigarre. „Ich soll dir dankbar sein, weil du mich zu deinem Nachfolger aufgebaut hast? Das habe ich mir selbst erarbeitet. Meine Cleverness, meiner Hände Arbeit. Du findest, zwei Millionen sind nur Klimpergeld aus der Portokasse? Es ist aber *mein* Geld! Du findest, ich soll dich und deine Brut laufen lassen? Was bin ich, ein Gutmensch?“ Alles Charmante war von Demioff abgefallen. „Deine Art, Geschäfte zu führen, ist schon seit den fünfziger Jahren des vorigen Jahrhunderts passé. Du hast nur die Chance, dir die Art deines Sterbens selbst auszusuchen.“ Er stemmte die Hände auf die Hüften und starrte Pjotr an. „Also, wo ist mein Geld?“

Seifferheld sah zu dem angeschossenen Schläger auf dem Küchenboden. Der war mittlerweile in sich zusammengesackt, der Kopf ruhte auf der Brust, die Hand, die eigentlich das Küchenhandtuch auf die Wunde pressen sollte, war zur Seite gefallen. Blut sickerte auf die Fliesen. Eigentlich sickerte es nicht nur, es floss. Wenn der Mann nicht bald medizinisch versorgt wurde, sah es schlecht für ihn aus.

Das hieß, dass man nur Mischa mit der Zange und Demioff außer Gefecht setzen musste. Eigentlich eine machbare Aufgabe. Leicht sogar, wenn er seine Gehhilfe gehabt hätte, die war aber bei der Entführung zurückgeblieben, und daher ...

Seifferheld brauchte etwas, das er zur Waffe umfunktionieren konnte. Sein Blick huschte über den Tisch – Nähkorb, Plastikvase mit Plastikchrysanthemen, ein leerer Porzellanaschenbecher –, dann sah er hinüber zur Anrichte mit dem Transistorradio und den Matrjoschka-Figuren.

Onis spitzte die Ohren. Etwas tat sich ...

Wenn doch nur etwas mehr Kampfhund in Onis stecken würde! Aber Onis war, um es mit Michael Jackson und Paul McCartney zu sagen, *a lover not a fighter*.

Immerhin besaß er ein exzellentes Gehör, denn in diesem Moment ...

... klingelte es an der Haustür.

Demioff und Mischa sahen sich an.

Es klingelte erneut. Dieses Klingeln war nicht einfach nur ein Klingeln. Man hörte deutlich das „Ich geh hier nicht weg, bis wer öffnet“ heraus.

Demioff musterte Mischa. Dieser vierschrötige Fleischklops mit der Schlägervisage konnte unmöglich die Tür öffnen.

Also ging der Chef persönlich zur Haustür.

Mischa legte die Zange zur Seite, drehte sich zu den vier Gefesselten und legte einen fleischigen Finger an die Lippen. Was irgendwie niedlich gewirkt hätte, wenn er nicht zeitgleich mit der anderen Hand seine schallgedämpfte SIG Sauer auf sie gerichtet hätte. Wer immer vor der Haustür stand, würde deren leises *Plopp* nicht mitbekommen.

Seifferheld konnte von seinem Platz auf dem Sofa nichts sehen, aber hören.

„Grüß Gott." Eine Frauenstimme.

„Einen wunderschönen guten Abend." Demioff, nachgerade sülzend. „Was kann ich denn zu dieser späten Stunde für Sie tun?"

„Frau Engel ist tot." Diese Aussage der körperlosen Frau wehte ätherisch ins Wohnzimmer.

„Ja, richtig. Die Arme ist von uns gegangen." Demioff kam keine Sekunde lang ins Zögern.

„Bei uns in der Nachbarschaft achtet man noch auf sich", fuhr die Frau fort. „Darum habe ich mich gewundert, warum hier plötzlich so viele Männer ein- und ausgehen, wo Frau Engel doch tot ist."

Demioff improvisierte aus dem Stand heraus. „Richtig, und weil sie tot ist, wird das Haus verkauft. Meine Frau und ich besichtigen es gerade ..."

„Ihre Frau?"

Wie viel hatte sie gesehen? Demioff fabulierte weiter. Je lässiger man eine Geschichte erzählte und mit je mehr Details man sie bestückte, wie so einen Käse-Igel auf einer Retro-Party, desto eher glaubten einem die Leute, auch wenn das Erzählte hanebüchen schien.

„Ja, meine Frau. Sie ist etwas stämmiger gebaut. Ich mag es gern kompakt. Der Makler meinte, wir sollten ruhig eine Nacht im Haus verbringen. Ich bin nämlich im Schlaf geräuschempfindlich. Aber ich denke, wir werden das Haus erwerben. Sie sind also eine Nachbarin? Wie nett, da weiß ich uns ja künftig in guten Händen."

Schnörkellos, mit heiterer Gelassenheit, auf den Punkt. Man musste ihm Respekt zollen. Selbst Seifferheld hätte ihm geglaubt.

„Ja, ich wohne neben der Bushaltestelle."

„Wie schön, dann werden wir uns ja bald des Öfteren sehen. Aber es ist spät, wir sollten zu Bett. Eine angenehme Nacht noch. Ich wünsche Ihnen schöne Träume."

Wenn er geglaubt hatte, er könne sie so einfach mit seinem Charme einwickeln, hatte er sich getäuscht.

Seifferheld sah vor seinem inneren Auge, wie Demioff die Tür schließen wollte, sie jedoch zackig ihren Fuß in die Tür stellte.

„Was ist das da?", fragte sie mit typisch unverbrämter Hohenloher Neugier.

„Wie meinen?"

„Das da. Die Lache in der Küche."

„Ich sehe nichts."

„Doch, da ist eine Lache. Sie ist rot und flüssig."

Es war, als würden sich zwei körperlose Stimmen duellieren.

„Das ist nichts. Wir ... haben etwas Wein verschüttet, als wir zur Feier des Hauskaufs angestoßen haben. Wenn Sie mich jetzt entschuldigen würden? Meine Frau und ich kommen gleich vorbei und sagen hallo, sobald wir alle Verträge unterzeichnet ..."

„Das ist nicht *nichts*", unterbrach ihn die Frau. „Das ist Blut."

„Ich bitte Sie – das ist doch kein Blut!", rief Demioff entwaffnend.

„Natürlich ist das Blut! Ich weiß ja wohl, wie Blut aussieht!", blaffte die Frau. „Mein Vater und mein Großvater waren Metzgermeister!"

Sie betonte vor allem das *Meister* – als hätte es vielleicht Zweifel geben können, würde sie „nur" von Gesellen oder Fleischereifachverkäufern abstammen, nicht aber bei Vorfahren, die den Meisterbrief gemacht hatten: Da ging das Erkennen von Körpersäften automatisch in die Gene der Kinder und Kindeskinder über.

Seifferheld konnte den Angeschossenen in der Küche von seiner Warte aus sehen, aber von der Haustür aus sah man offenbar nur die Blutlache, die sich deutlich neben dem Mann ausgebreitet hatte und schon allmählich koagulierte.

Mischa drehte sich um, vermutlich rechnete er damit, dass sein Boss sekündlich die fremde Frau in den Flur ziehen würde, damit er sie erschießen konnte und endlich Ruhe herrschte.

Und diesen Augenblick nützte Seifferheld aus.

Er kickte Mischa mit aller Kraft in die Kniekehle. Was ihm einen äußerst schmerzhaften Stich in der Hüfte bescherte, in der ja immer noch die Kugel vom Banküberfall steckte.

Sandsack Mischa prallte gegen den Türrahmen. Es gab ein unschönes Geräusch. Offenbar war er mit der Nase zuerst aufs Holz geknallt, und im Nahkampf zwischen Holz und Nase stand es eins zu null für das Holz. Weiter nicht schlimm, sein Gesicht hatte ja auch vorher ausgesehen wie durch den Fleischwolf gedreht.

Man hörte aber auch Porzellan zersplittern. Aus seiner SIG Sauer hatte sich ein Schuss gelöst, der die Bodenvase mit den Plastikchrysanthemen zerlegt hatte.

Mischa wirbelte herum, um den nächsten Schuss der SIG mittig zwischen Seifferhelds Augen zu platzieren. Er tat einen Schritt nach vorn ...

... und stolperte über Onis, der aufgesprungen war und sich, Seifferheld würde das nachfolgenden Generationen so erzählen und von dieser Geschichte auch nie abweichen, schützend vor seinem Herrchen aufgebaut hatte. In Wirklichkeit war Onis nur angesichts der plötzlich herumfliegenden Porzellanscherben erschrocken. Aber die Gründe tun ja auch gar nichts zur Sache. Wichtig ist nur das Endergebnis: Mischa verlor den Halt, vollzog im Fallen einen halben Achsel und fiel rücklings und ungebremst auf die Glasplatte des Couchtisches. Hätte ihm womöglich gar nicht mal viel ausgemacht. Wenn er nicht ausgerechnet mit den Nackenwirbeln auf die Kante der Platte aufgekommen wäre. So aber bekam er einen glasigen Blick, rutschte auf den Teppich – wobei ihm die Streichholzschachtel aus der Hosentasche kullerte – und blieb reglos liegen.

Seifferheld war sehr geneigt, angesichts dieses Genickbruchs an Karma zu glauben. Er sprang auf. Was ihm seine Hüfte, die ihm schon das Auskicken übelgenommen hatte, so schnell nicht verzeihen würde, aber um den pochenden Schmerz konnte er sich später kümmern. Jetzt zählte nur das Überleben.

„Was war das?", hörte man die Frau rufen.

Pjotr eilte zu seinem Enkel, dem er ebenso wie Niklas auf die Beine half.

„Hinterausgang", flüsterte Seifferheld und lief humpelnd los.

Aleksandr und Niklas, denen Mischa nicht nur die Hände, sondern auch die Beine mit Kabelbindern verschnürt hatte, hüpften ihm hinterher.

Onis, anfangs in vierter Position, übernahm rasch die Führung.

Pjotr klaubte Mischa die SIG Sauer aus der Hand und folgte den anderen.

Auf dem Weg zur Hintertür huschten sie allesamt kurz durch das Blickfeld der Frau am Haupteingang.

„Was ...?", fing sie an.

Kurz fürchtete Seifferheld, Demioff würde die Frau einfach ermorden. Aber er knallte nur die Tür zu.

Als Pjotr, der sich für einen so alten Mann, den man zudem auch gerade misshandelt hatte, als erstaunlich zäh erwies, in den Flur trat, blieb er stehen. Und schoss.

Weil er nicht direkt auf Demioff zielte, sondern auf das Deckenlicht, gab es nur Glasscherben, keine Leiche.

Andererseits war nicht auszuschließen, dass er auf Demioff gezielt, ihn weiträumig verfehlt hatte.

Jedenfalls riss Demioff die Haustür wieder auf und sprang hinaus, wobei er mit der Frau zusammenstieß, die sich in der Kürze der Zeit keinen Millimeter bewegt hatte. Beide gingen zu Boden.

Pjotr lief nun ebenfalls zur Hintertür. In der Küche nahm er geistesgegenwärtig einen Seitenschneider mit, um die anderen von den Kabelbindern zu befreien.

Er fing mit Aleksandr an, der neben dem Holzhäuschen stand, in dem sich die großen Mülltonnen der vier umliegenden Einfamilienhäuser befanden, und schnitt ihm die Handfesseln durch.

Dann wandte er sich an Seifferheld.

Der stand zwischen dem Mülleimerverschlag und einem fetten schwarzen Audi Kombi mit Münchner Kennzeichen – anzunehmenderweise das Fahrzeug von Demioff.

Pjotr beugte sich gerade über Seifferhelds Rücken, um ihn von seinen Fesseln zu befreien, als Demioff um die Ecke gerannt kam. Mit gezückter Waffe.

Niklas quietschte auf. Es sollte wohl warnend klingen, tönte aber nur erschrocken. Er quietschte aber nicht nur, er schubste mit der Schulter auch Aleksandr in Richtung einer Mülltonne, deren Deckel weit aufgeklappt war. Es gab ein scheppperndes Geräusch, als Aleksandr gegen die Tonne traf. Das wiederum löste in Onis den Bell-Reflex aus: Er bellte, was das Zeug hielt. Laut und anhaltend.

Seifferhelds Sorge, Demioff könnte die Nachbarin erschossen haben, erwies sich als null und nichtig, weil man sie Zeter und Mordio kreischen hören konnte. Zusammen mit dem lautstarken Bellen ergab das für diese Uhrzeit eine eklatante Lärmbelästigung. Selbst wenn nicht die komplette Nachbarschaft so neugierig war wie diese Frau, wurden jetzt gerade zweifelsohne im Sekundentakt Notrufe wegen Lärmbelästigung an Polizei und Feuerwehr abgesetzt.

Demioff wedelte mit dem Fuß unter der Stoßstange, und schon schwang die Kofferraumklappe nach oben. Jetzt erst sah man, dass sich auf der Ladefläche ein riesiger Pitbull befand. Er trug ein Hundehalsband mit Nieten und sah gefährlich aus, auch wenn er gerade ziemlich verschlafen dreinschaute. Offenbar hatte er sich die lange Wartezeit mit einem Nickerchen verkürzt.

Demioff packte ihn am Halsband und zerrte ihn grob heraus. Dann stieß er erst Seifferheld und gleich darauf Pjotr in den Wagen. Siggi stieß mit dem Kopf unsanft gegen das metallene Hundegitter, das den Kofferraum vom Passagierbereich trennte. Pjotr landete weicher, nämlich auf Seifferheld. Was gut war. Umgekehrt wären die osteoporösen russischen Knochen vermutlich unter dem Aufprall Hohenloher Wuchtigkeit zerborsten.

Hastig knallte Demioff die Klappe zu und eilte hinter das Steuer.

Seifferheld richtete sich auf.

Das Letzte, was er aus dem Heckfenster sah, bevor der Audi lautlos, aber mit gefühlt quietschenden Reifen abrupt losfuhr, war der Pitbull, der sich auf Onis stürzte ...

FREITAG

Seifferheld und das Glänzen der Abwesenheit

Aus gegebenem Anlass heute kein Polizeibericht.

Kurz nach Mitternacht fielen sie ein wie eine Hunnenhorde.

Nur dass die Hunnen im Vergleich zu den Seifferhelds wie ein harmloser Haufen zentralasiatischer Touristen erschienen.

„Aus dem Weg", herrschte Irmgard einen blutjungen Streifenbeamten an, der vor dem Absperrband stand und das Gelände vor unbefugten Betretern schützen sollte.

Hinter ihr hatte die Familie Aufstellung genommen. In Pfeilformation – wie Wildgänse, die gen Norden ziehen. Um dort ein Blutbad anzurichten.

„Das hier ist ein Tatort ...", fing der Beamte an und wollte sie mit der ganzen Autorität seines Amtes abwimmeln, aber da schob Irmi ihn dampfwalzengleich aus dem Weg.

Dombrowski, die alte Plaudertasche von der Sitte, kam hektisch angewuselt. Er war es gewesen, der – nach einer SMS von seinen Kollegen – Marianne von dem Haus im Solpark erzählt hatte, in dem ihr Mann zwei Tage lang festgehalten worden war. Jetzt wollte er eingreifen, bevor der junge Kollege den vorzeitigen Heldentod im Dienst starb – bei dem aussichtslosen Versuch, eine Irmgard Seifferheld-Hölderlein aufhalten zu wollen.

„Schon gut, ich übernehme", rief er dem Streifenbeamten zu und packte Irmgard am Ellbogen.

Sie wirbelte zu ihm herum. „Wagen Sie es nicht, mich anzufassen, oder ich verliere meine Contenance!"

Was Quatsch war, weil man nicht verlieren konnte, was man nie besessen hatte, und schließlich hatte Dombrowski sie ja bereits im Schraubzwingengriff.

Er ließ Irmi nicht los, obwohl er vor Angst Schluckauf bekam. „Sie dürfen nicht rein. Und Ihr Bruder ist auch gar nicht mehr da."

Irmgard stieß Rauchwolken aus ihren Nasenlöchern. Das konnte man nicht sehen. Aber sehr deutlich spüren. Gleich würde sie platzen. Dagegen würde sich der katastrophale Ausbruch des Krakatau von 1883 wie ein minimaler Rülpser der Erde ausnehmen.

Als ob er glaubte, man könne einem menschlichen Vulkanausbruch mit Verbal-Argumenten etwas entgegenstellen, rief Dombrowski rasch: „Das hier ist ein Tatort, der darf nicht kontaminiert werden. Und die Ermittler, die zuständig sind, kommen nicht aus Hall. Die kennen Sie nicht, Frau Seifferheld. Die machen das hier streng nach Dienstvorschrift."

„Wie es sich ja auch gehört", tönte da eine Bassstimme. Ein Beamter in Zivil trat aus dem Haus. Dombrowski kannte ihn nicht. Das war das Dumme an den auswärtigen Kollegen: Es schien einen unerschöpflichen Fundus an ihnen zu geben. Dieser hier sah auf eine unsympathische Weise effizient aus. Man merkte ihm deutlich an, dass er zwar möglicherweise Sinn für Humor besaß, diesen jedoch definitiv in einer Schublade aufbewahrte, die er nur an Ostern öffnete. „Sie sind die Familie von Herrn Seifferheld."

Es war keine Frage, es war eine Feststellung.

„Ich bin seine Schwester, das da ist seine Frau." Irmgard deutete mit dem Kinn über ihre Schulter. Ihr Blick fixierte diesen neuen Gegner.

Marianne wurde von Karina gestützt. Sie hatte seit zwei Tagen nichts mehr gegessen und war etwas wackelig auf den Beinen.

Da hörte man ein Bellen.

„Ist das ... Onis?“, rief Marianne. Und gleich darauf laut: „ONIS?“

Das Bellen nahm an Intensität zu, überschlug sich. Genauer gesagt klang es wie ein Duett.

„Sie fahren am besten wieder nach Hause. Wir setzen uns unverzüglich mit Ihnen in Verbindung, sobald es neue Erkenntnisse gibt“, sagte der Zivilbeamte.

Man konnte ihn über das Bellen hinweg kaum verstehen.

„Ich will zu dem Hund“, erklärte Marianne und schüttelte Karinas Arm ab.

„Ich verstehe, wie Ihnen zumute sein muss, aber glauben Sie mir ...“, fing der Beamte an, der mit jeder Pore seines Seins ausstrahlte, dass er keinen Widerspruch duldete.

„Sie verstehen rein gar nichts!“, unterbrach ihn Irmgard röhrend. „Und jetzt lassen Sie uns durch.“

„Ich will nur zu Onis“, warf Marianne ein. Sie wirkte verzweifelt. Als ob alles gut werden würde, wenn sie nur Siggis Hund in die Arme schließen könnte.

„Die Spurensicherung muss erst Fingerabdrücke vom Halsband nehmen. Ich kann nur nochmals wiederholen: Begeben Sie sich nach Hause und warten Sie dort, bis wir ...“

„Karsunke! Hiergeblieben!“, brüllte da jemand hinter dem Haus.

Das Bellen wurde lauter. Und kam näher.

Und gleich darauf zogen zwei Hunde einen Streifenbeamten, der sich verzweifelt an ihren Leinen festhielt, um die Ecke des Gebäudes und quer durch den

Vorgarten und die Blumenbeete. Gras und Erdreich stob auf.

Die Seifferhelds kannten keinen der beiden Hunde, die auf sie zugestürmt kamen.

Bis sich der Nackthund auf Marianne warf und sie hingebungsvoll abschleckte. Was gleich darauf auch der Pitbull in seiner Begleitung tat.

„He, den einen kenn ich – der hat mich heute früh auch schon angefallen", rief Schmälzle vom Ende der V-Formation.

Der junge Streifenbeamte, der die Seifferhelds eigentlich hätte zurückhalten sollen, zog seine Waffe und hielt sie mit beiden Händen vor sich. Offenbar hatte er mit Hunden keine guten Erfahrungen gemacht. Hätte er ein freies Schussfeld gesehen, dann hätte er geschossen. Er fürchtete sichtlich, dass Marianne jeden Augenblick von den beiden Bestien in Stücke gerissen werden könnte. In Wahrheit würde sie aber höchstens im Freudensabber des Nackthundes ertrinken. Der Pitbull, wie man bei näherem Hinsehen erkennen konnte, schleckte seinerseits nur an ...

„Onis?", staunte Karina und streichelte den Nackthund hinter den Ohren. Der wandte sich von Marianne ab und stürzte sich auf Karina, ununterbrochen mit dem Nacktschwanz wedelnd. Sergei hatte ihn wirklich sehr gewissenhaft rundumrasiert.

„Onis!" Marianne heulte los, weil ihr der Hund in diesem Moment als sinnbildlicher Ersatz für ihren Mann diente, und wenn sie den einen lebend zurückbekam, dann vielleicht ja auch den anderen. Dieser Überschwang der Gefühle verursachte ihr weiche Knie.

Marianne ging in die Hocke und nahm den Hovawart – der in seinem Schlecken zwischen Karina und ihr hin- und hergerissen war – fest, sehr fest in den Arm.

Der Pitbull, genauer gesagt die Pitbullhündin, wollte ihren riesigen Schädel zwischen die beiden schieben, was ihr aber nicht gelang, weil sich Marianne an Onis wie eine Seepocke an einen Schiffsrumpf angedockt hatte. Stattdessen rieb sie sich nur an der Flanke von Onis, das jedoch sehr intensiv und schockverliebt. Sollte das Tier jemals wirklich zum bösartigen Kampfhund dressiert worden sein, so hatte es sich im Rausch der Pheromone schlagartig in ein verliebtes Girlie verwandelt, das nur eins im Sinn hatte: Kontaktkuscheln mit diesem unverschämt gutaussehenden, sichtlich bindungsfähigen, windschnittigen, rundumrasierten vierbeinigen Adonis.

„Hinter dem Haus wurden zwei gefesselte Männer gefunden?", verlangte Irmgard von dem Zivilbeamten zu wissen. Ihr waren öffentliche Gefühlsbekundungen peinlich – zwischen Menschen, zwischen Mensch und Hund, zwischen Hunden, grundsätzlich alle.

„Ja, aber keiner der beiden ist Ihr Bruder. Ich wiederhole nochmals: Wenn Sie jetzt bitte alle nach Hause ..."

Er würde in dieser Nacht keinen Satz mehr zu Ende sprechen können. Aber das wusste er noch nicht.

„Mein Bruder war Polizeibeamter. Hat er irgendeinen Hinweis hinterlassen?"

„Wir durchkämmen gerade ..."

„Einen Zettel? Etwas, das ihm gehörte? Eine Anordnung von Gegenständen, die – jeder für sich genommen – nichts bedeuten, aber in der Gruppe einen Fingerzeig verkörpern?"

„Ich versichere Ihnen, nichts dergleichen ist ..."

„Ich sehe besser selbst nach!" Irmgard wollte an ihm vorbeimarschieren.

„Moooment ..." Er hielt die Hand hoch.

Irmgard war da aber bereits in ihrem Volldampf-voraus!-Modus und konnte nicht mehr rechtzeitig abbremsen. Somit prallte ihre linke Brust gegen die rechte Hand des Beamten. Der besagte Hand sofort zurückzog, doch da war das Kind gewissermaßen schon in den Brunnen gefallen. Beziehungsweise: der Busen an die Handfläche gepresst.

Wenn Irmgard etwas nicht ausstehen konnte, dann fremde Männerhände auf ihrem Körper. Helmerich, ihr Gatte, konnte schon von Glück reden, dass sie ihn nicht regelmäßig wegbiss. Und in diesem Moment kam erschwerend hinzu, dass Irmgard – die ihren jüngeren Bruder vergötterte, auch wenn sie das ihm gegenüber niemals zugeben würde – seit seiner Entführung unter einer enormen seelischen Belastung stand.

Kurzum, sie brüllte wie in einem Jane-Austen-Roman „Was erdreisten Sie sich, Sie Flegel!“ und stürzte sich, anders als in einem Jane-Austen-Roman, wie eine enthemmte Furie auf ihn.

Jetzt war man ja als Polizeibeamter einiges gewöhnt, und – konträr zum Volksglauben – gerade auch von deutschen Senioren, aber diese Attacke kam dann doch etwas unerwartet. Und fiel sehr viel heftiger aus, als das jemand, der Irmi nicht kannte, hätte antizipieren können.

Der Zivilbeamte – der im übrigen Lutz Bierschenk hieß, 44, Vater dreier Kinder, begeisterter Linedancer, eigentlich ein netter Kerl, nur eben im Job sehr gewissenhaft und immer streng nach Vorschrift – packte reflexartig die rechte Hand von Irmgard, brachte ihren Arm unter Zug und gelangte durch eine pirouettenartige Schrittdrehung in die passende Position für einen Handdrehbeugehebel.

Irmi schrie wie ein Ferkel am Spieß.

In Helmerich Hölderlein, eigentlich überzeugter Pazifist und seit vierzig Jahren ein Mann Gottes, rastete etwas aus. „Lassen Sie meine Frau los!“, verlangte er und schlug doch tatsächlich auf Bierschenk ein. Mit der flachen Hand, weil er natürlich unbewaffnet gekommen war.

Bedauerlicherweise war sein Körper noch nicht so weit wie sein Geist – der edle Ritter, der seine holde Maid in Not tapfer verteidigte, steckte quasi in einer hypersensiblen Fleischrüstung. Anders ausgedrückt, der Geist war willig, aber der Darm gab eine stakkatoartige Abfolge von Fürzen von sich. Geruchsintensive Fürze.

Bierschenk drehte den Kopf zur Seite und fluchte.

Der junge Streifenbeamte, der bis eben noch mit der Waffe auf die beiden Hunde gezielt hatte, schwenkte nun um und zielte auf Helmerich und Irmgard.

„Bedrohen Sie da gerade zwei ältere Mitbürger mit der Waffe?“, kreischte Karina, die dank der Mutterschaft zwar deutlich gesellschaftsfähiger geworden war, in der aber immer noch eine Anarcho-Revoluzzerin steckte. Mit ausgestreckten Armen stellte sie sich vor die drei rangelnden Körper, bereit, wie eine Märtyrerin ihr Leben für ihre Tante und deren Mann zu opfern. Natürlich nicht *realiter*, sie hatte schließlich zwei Kleinkinder, für die sie da sein musste, nur so für das Instagram-Foto, das zweifellos einer der Umstehenden mit der Handykamera schoss. Diese Jeanne-d’Arc-Pose würde enorm gut rüberkommen! *#GelebterWiderstand.*

Nun warf sich Marianne schützend vor Karina – das war der angeborene Gluckeninstinkt der Alt-Henne angesichts eines durchgeknallten Kükens.

„Aufhören!“, verlangte Bierschenk. Womit er weniger die um sich tretende Irmgard meinte, mehr den um sich furzenden Helmerich.

„Aufhören!“, forderte auch der junge Polizist mit der entsicherten Waffe. Er war knallrot im Gesicht. Sein Abzugsfinger zuckte. Sekündlich konnte er eine Dummheit begehen.

Dombrowski überlegte fieberhaft, was ihm noch von seinem dreitägigen De-Eskalationstraining von vor zwei Jahren einfiel. Es fiel ihm aber nichts ein, darum packte er Karina und Marianne an den Oberarmen und wollte sie zur Seite ziehen, um wenigstens ein wenig für Ordnung zu sorgen. Karina fing an, wild mit den Armen um sich zu schlagen. Sie traf mehrmals – hauptsächlich ihre Tante Irmgard, aber auch Bierschenk und gelegentlich Dombrowski.

Onis wollte mit den Zweibeinern spielen, aber die Pitbullhündin schubberte sich an ihm, und weil sie so groß und so schwer war, drängte sie ihn dabei immer mehr in Richtung Mülleimerhäuschen ab. Weil er wusste, wie es bei anderen Vierbeinern ankam, fing er an zu singen. Menschen mochten in ihm den begnadeten Sänger sehen, der nur zufällig in einem Hundekörper wiedergeboren war. Andere Hunde fanden seine Jaulerei peinlich und abtörnend. Nicht so Stella. So hieß die Pitbullhündin. Stand auch in kyrillischen Buchstaben auf ihrer Marke, aber das konnte Onis natürlich nicht lesen, selbst wenn er hätte lesen können. Er bekam nur mit, wie sich ein Schleier über Stellas Augen legte. Verzweifelt jaulte er lauter und schraubte sich dabei immer mehr dem hohen C entgegen. Aber es hatte keinen Zweck: Stella hätte nicht verliebter sein können, wenn er der Leadsänger einer Hovawart-Boyband gewesen wäre.

Aus dem Haus trat jetzt ein Spurensicherer im weißen Ganzkörperkondom. Er rief etwas über seine Schulter, und gleich darauf eilten zwei weitere Zivilbeamte herbei. Keine hiesigen.

Zügig schritten sie auf die Gemengelage zu und versuchten, die sechs zunehmend ineinander verkeilten Körper auseinanderzudividieren. Vermutlich versuchten sie das mit der gebotenen Rücksichtnahme auf die Angreifer, die es stressinduziert am nötigen Respekt ermangeln ließen. Aber von außen wirkte es ein wenig so, wie man es aus amerikanischen Überwachungsvideos kannte, wenn Uniformträger im Testosteronrausch auf schwarze Mitbürger einprügelten.

Jedenfalls löste der Anblick im ebenfalls anwesenden „erweiterten" Familienkreis der Seifferhelds etwas aus: In das Gewirr der Leiber stürzten sich jetzt auch noch Arndt, Reimer, Schmälzle, Gotthelf, Eduard und Klaus. Nur Bocuse – der seit seinem illegalen Wettbüro auf der Insel Réunion immer noch von der Polizei gesucht wurde – setzte sich in Zeitlupenschritten vom Geschehen ab.

Die Traube an balgenden Menschen erinnerte an den sogenannten „Rattenkönig", ein Phänomen unter Hausratten, bei dem sich die Schwänze mehrerer Tiere untrennbar miteinander verknoten. Es blieb zu hoffen, dass sich die Raufbolde wieder entknoten konnten – sicher war das aber nicht.

Helmerich schlug weiterhin mit der flachen Hand um sich. Weil er das sonst nie tat, hatte er keine Übung, und es wirkte auf die Schaulustigen – deren Zahl stetig stieg – ein wenig so, als wolle er eine lästige Stubenfliege wegwedeln. In immer kürzer werdenden Abständen entwichen ihm jedoch schwefelhaltige Dampfkaskaden. Was man daran merkte, dass die Köpfe derer, die sich ihm gerade am nächsten befanden, nach Luft schnappend aus dem Menschenknäuel herausfuhren.

Klempner Arndt versuchte, die hübsche Karina aus dem Gewirr zu befreien, Kläuschen verbiss sich regelrecht in die Jeansjacke eines Beamten. Irmgard verteilte böse rechte Haken an alle, die das Pech hatten, in Reichweite ihrer Faust zu geraten.

Marianne umklammerte von hinten den Hals von Bierschenk wie eine Boa Constrictor, die ihm das Leben herauspressen wollte.

Eduard, Schmälzle und Gotthelf schubsten die beiden Zivilbeamten, Reimer verteilte Tritte.

Weil das alles von lauten Unmutsbekundungen und Schreien begleitet wurde und weil Lärm nach Mitternacht weiter trägt als am helllichten Tag, gingen jetzt in allen Wohnungen die Lichter an und Leute schauten aus den Fenstern.

Den Beamten war selbstverständlich bewusst, dass sie es hier mehrheitlich mit älteren, mutmaßlich unbescholtenen Bürgern zu tun hatten und dass unzählige Handykameras auf sie gerichtet waren. Sie wehrten sich nicht mit der ganzen Kraft ihrer Nahkampfausbildung, sondern rangelten nur halbherzig mit. Wie bei einem aus dem Ruder gelaufenen Kindergeburtstag.

Für die Seifferheldbande ging es jedoch um alles. Und hätte auch nur eine oder einer von ihnen im Ansatz gewusst, wie man jemand anderem körperlich wehtat, so wäre das für die Polizisten nicht gut ausgegangen. So aber wurde nur ein bisschen geschubst und ein wenig getreten. Nur Irmis Faust erzielte gelegentlich Treffer.

Die schlimmste Waffe war eindeutig Helmerich Hölderleins Enddarm. Weil ihn die Situation immer mehr stresste, setzte er auch immer mehr Schwefelgaswolken ab. Er war die personifizierte Verletzung der Genfer Konvention, die Giftgas bei kämpferischen Auseinandersetzungen strengstens untersagte.

Onis hätte gern mitgebalgt, aber ihn hatte die Pitbullhündin fest im Griff – da er keine Anzeichen machte, sie zu bespringen, zeigte sie ihm am lebenden Objekt, wie sie sich das vorstellte, und besprang ihrerseits ihn. Und nein, das war keine Dominanzgeste. Sie war nur eine Hündin, die wusste, was sie wollte, und das auch kommunizierte. Gelebte Frauenpower – auch und gerade in der Sexualität.

Ruhig blieb nur eine am Rand stehende Frau in Frotteemorgenmantel, Jogginghose und Papilloten im blondierten Haar. Es war die Nachbarin, deren spontaner Kontrollbesuch all das gewissermaßen ausgelöst hatte. Zwar hatte sie schon längst ihre Aussage zu Protokoll gegeben, Demioff auf einem Foto wiedererkannt und auch das Nummernschild des fremden Wagens hinter dem Haus von ihrem Handrücken abgelesen, auf den sie es mit dem Kugelschreiber, mit dem sie sonst immer ihre Kreuzworträtsel löste, notiert hatte, aber sie wollte keine Sekunde von diesem Happening verpassen. Sie strahlte über alle vier Backen: Das hier war besser als DSDS, GNTM und Dschungelcamp zusammen.

Von fern hörte man sich nähernde Sirenen ...

Seifferheld und das Sticken auf Leben und Tod

Können Sie sich eine Welt ohne Männer vorstellen?
Keine Gewaltverbrechen und jede
Menge glücklicher, dicker Frauen.
Nicole Hollander

Jeder Mensch kennt „der Seele dunkle Nacht“ – aber wenn man sie gefesselt und in einem Kofferraum verbringen muss, ist sie gefühlt noch schlimmer als ohnehin schon.

Dabei war die Ladefläche des Audi Avant wirklich großzügig bemessen, und wer auch immer das Herrchen des Pitbulls war – Demioff selbst oder einer seiner Schläger –, hatte es gut gemeint und den Kofferraum mit flauscheweichen Schaffellen ausgepolstert. Aber Seifferheld war nicht glücklich darüber, in einem Audi in den sicheren Tod gefahren zu werden. Wenn schon, dann wäre ihm ein guter schwäbischer Mercedes Benz lieber gewesen.

Pjotr, der halb neben, halb über ihm lag, stöhnte. Allmählich ließ die Willenskraft des alten Mannes nach und seine Erschöpfung nahm zu. Seifferheld versuchte, möglichst sanft unter ihm hervorzurutschen.

Vorn im Cockpit redete Demioff auf Russisch in seine Freisprechanlage. Stakkatoartig kamen die Anweisungen, die Seifferheld natürlich nicht verstand, nur hin und wieder flüsterte ihm Pjotr eine Übersetzung zu. „Er will uns nach München bringen ... wegen der Autobahnsperren erst mal über die B14 ... den Bullen – Entschuldigung, Sie, lieber Siegfried – will er entsorgen, sobald klar ist, dass er Sie nicht länger als Verhandlungsmasse benötigt ..."

Seifferheld war klar, sobald das B-Wort fiel, wurde es ernst. Ein *Bulle* war kein Mensch, nur ein Objekt.

Bei allen Vorbehalten hatte er Pjotr Jagelovsk geglaubt, dass der ein Ganove mit Ehrgefühl war – wenn er ihm zusagte, ihn nicht zu töten, dann war das ein Versprechen und wurde nicht gebrochen. Igor Demioff gehörte einer anderen Kategorie von Verbrechern an: nur auf den eigenen Vorteil bedacht und über Leichen gehend. Demioff würde Seifferheld umbringen und Pjotr so lange foltern, bis er entweder erfahren hatte, was er wissen wollte, oder bis Pjotr starb.

Seifferheld musste an seine Marianne denken: kaum verheiratet, schon Witwe. Und an seinen treuen Gefährten Onis, der womöglich in diesem Moment von einem Kampfhund zerfleischt wurde. Onis war ein liebes Tier und einer Bestie nicht gewachsen.

Diese Flut negativer Szenarien brachte ihn fast um den Verstand. Beinahe hätte er sich der aufbrandenden Panikattacke hingegeben. Auch weil ihm alles wehtat. Die auf dem Rücken verschnürten Hände waren mittlerweile fast völlig blutleer, und seine Hüfte pochte wie damals, kurz nachdem der Bankräuber ihn angeschossen hatte. Unfassbarerweise juckte ihn auch das seit zwei Tagen unrasierte Kinn, und das störte ihn fast mehr als der Schmerz in Hüfte und Handgelenken. Aber sein Überlebenswille war stärker. Solange noch ein Funken Hoffnung bestand, musste er sich auf mögliche Lösungswege konzentrieren.

Was tun?

Er sah zu Pjotr.

Sie hatten Schwäbisch Hall hinter sich gelassen und fuhren durch die Dunkelheit des Mainhardter Waldes.

Es war mitten in der Nacht, und nur äußerst selten fiel der Lichtschein eines entgegenkommenden Autos in den Kofferraum. Darum hatte sich Demioff auch nicht die Mühe gemacht, eine Plane über die beiden Männer zu werfen.

Aus dem Radio erklang Smooth Jazz.

Demioff zündete sich eine Zigarre an. Sofort füllte sich der Innenraum des Wagens mit Rauch.

Seifferheld hustete.

Demioff beachtete das nicht weiter. Er telefonierte nun mit einer Frau.

„Liebesgesülze", flüsterte Pjotr.

Was Seifferheld wiederum an Marianne denken ließ. Immerhin blieb ihr die überdimensionale Gobelinstickerei von ihr als Leda und ihm als Schwan, die er mit so viel Liebe gestickt hatte. Jeder Mensch sollte ein Vermächtnis hinterlassen – seins konnte man an die Wand hängen. Das war doch immerhin etwas.

Moment mal.

„Pjotr, Sie haben doch Stickzeug in der Wamstasche, richtig?", flüsterte Seifferheld. „Garn? Und Nadeln?"

Die Scheinwerfer eines entgegenkommenden Wagens erhellten kurz den Kofferraum.

„Was soll die Frage?" Im vorbeihuschenden Lichtschein konnte Seifferheld Pjotrs ungnädigen Gesichtsausdruck sehen. Er war nicht wegen der Fragen mies drauf, sondern wegen der Gesamtsituation. Weil er nämlich nicht sterben wollte. Man könnte meinen, alte Menschen würden leichter sterben, weil sie ja eigentlich lange genug gelebt hatten. Nach achtzig Jahren musste es doch auch mal gut sein. Aber nein, gerade, wer viele schöne Jahre hatte, wünschte sich noch mehr davon. Deswegen waren Selbstmordattentäter ja auch ausnahmslos junge Menschen.

„Sóll ich Igor meine Sticknadel in die Halsschlagader rammen?", brummte Pjotr. „Sie vergessen offenbar das Hundegitter – ich komme nicht nahe genug an ihn heran."

Seifferheld ging gar nicht weiter darauf ein. Jede Sekunde zählte. „Haben Sie ein dunkles Garn dabei? Eins, das man auf weißem Untergrund gut sieht?"

Das war jetzt die Gretchenfrage, denn Gelb oder Rosa würden ihnen nicht helfen.

Pjotr fummelte in seiner Wamstasche und zog ein dunkelgrünes Garn hervor. „Damit wollte ich die Blätter im Blumenstrauß sticken."

Grünes Garn – das war Schicksal! Grün war eben doch die Farbe der Hoffnung.

„Pjotr, reißen Sie mir das Hemd vom Leib!", bat Seifferheld leise.

Jagelovsk stutzte. „Wie bitte?"

„Sie müssen auf meinem Hemd ein Hilfsgesuch sticken und an die Scheibe halten!", flüsterte Seifferheld besonders leise. „Damit es der Fahrer hinter uns sehen kann."

„Hinter uns ist kein Fahrer."

„Irgendwann wird da aber einer sein."

„Das ist doch Quatsch. Er wird es für einen Scherz halten."

„Möglich, aber einen Versuch ist es wert!"

„Ehrlich jetzt?"

„Wenn ich es Ihnen doch sage! Nun machen Sie schon!"

Pjotr und Seifferheld sahen sich an.

Pjotr hatte sich nicht oft im Leben von anderen sagen lassen, was er zu tun habe. Aber Seifferhelds Blick blieb fest.

Vorn erzählte Demioff seiner aktuellen Herzensdame gerade, was er mit ihr zu tun gedachte, sobald er in

München angekommen war. Hin und wieder hörte man ein Stöhnen aus der Freisprechanlage. Was die beiden Alten im Kofferraum machten, ging Demioff am verlängerten Rücken vorbei – er kreuzte bester Laune im Audi durch die Nacht.

Pjotr hielt die Idee immer noch für Unsinn, aber besser, als nichts zu tun, war es allemal. Da er ungefesselt war, fing er an, den Baumwollstoff von Seifferhelds Hemd zu zerreißen. Das ging nicht lautlos vonstatten. Immer wieder hielt er inne und lauschte nach vorn, ob Demioff etwas merkte.

Aber der erging sich gerade in der verbalen Ausformulierung seiner – nach seinem zwar kurzen, aber keuschen Gefängnisaufenthalt – exorbitant ausufernden sexuellen Phantasien.

„Was sagt er?“, flüsterte Seifferheld.

„Das wollen Sie nicht wissen. Lauter Schweinkram. Eklig!“ Pjotr riss weiter. „So was gab's früher nicht. Ich weiß nicht, was aus der Welt noch werden soll.“

Demioff sah in den Rückspiegel. Und trat auf die Bremse.

Der noch weit entfernte nachfolgende Wagen kam näher und überholte sie, als Demioff am Straßenrand hielt.

„Pjotr, alter Freund, wolltest du dem Fahrer hinter uns Handzeichen geben? Oder warum sonst sehe ich deinen kahlen Altmännerschädel plötzlich im Rückspiegel?“, fragte Demioff, nun auf Deutsch. „Tststs. Noch so ein Versuch, und ich ziehe deinem Freund bei lebendigem Leib die Haut ab, verstanden?“ Er lachte schmutzig. „Eure Köpfe bleiben gefälligst unten! Wenn ich dich nur noch einmal im Rückspiegel sehe, wird unser nächster Stopp auf offener Straße ein Schlachtfest!“

Er fuhr weiter.

Pjotr duckte sich und schluckte schwer. „Ich darf noch nicht sterben. Mein Enkel und ich ... da gibt es noch viel gutzumachen."

„Sie sterben nicht! Und ich sterbe auch nicht! Es ist noch nicht vorbei!", sagte Seifferheld. Er glaubte sich aber selbst nicht. Weder was Pjotrs noch was sein eigenes Überleben anging.

Während Demioff, nun wieder auf Russisch, weiter Telefonsex betrieb, holte Pjotr tief Luft, dann riss er – im Liegen – den Rest von Seifferhelds Hemdrücken heraus. Das Hemd war alt, der Stoff zerschlissen, besser hätte es gar nicht sein können. Nur mit dem Sticken würde es nicht einfach werden.

„Was soll ich schreiben?", fragte Pjotr leise. „Ich habe nicht endlos viel Garn."

„Sticken Sie: HILFE! RUFEN SIE 110!" Seifferheld dachte kurz nach. „Oder einfach nur: HILFE 110."

Je länger sie unterwegs waren, desto mehr hob der Zweifel sein furchteinflößendes Haupt aus den Untiefen von Seifferhelds Seele. Man sah hier hinten kaum die Hand vor Augen: Würde Pjotr es trotzdem schaffen, ihren Hilferuf in den dünnen Stoff zu sticken? Ohne Stickrahmen? Und würde in absehbarer Zeit wieder ein Wagen nah genug hinter dem Kombi fahren, damit wer immer am Steuer saß, den Hilferuf lesen konnte? Und würde der den Hilferuf nicht nur lesen, sondern auch absetzen?

Aber Seifferheld war Profi genug, um zu wissen, dass man trotz aller Bedenken weitermachen musste. Man musste einfach! Wer der Verzweiflung Raum gab, war schon verloren. Für Pjotr und ihn hieß es jetzt: *Stick oder stirb!*

Irgendwann hörten sie quietschende Lustschreie aus der Freisprechanlage, und Demioff brummte zufrieden: „Yeah, Baby, yeah, hab ich's dir wieder gegeben."

Dann hatte er offenbar genug telefoniert. Er drückte irgendwelche Knöpfe, und gleich darauf tönte der absolute Lieblingssong aus seiner Playlist aus den Boxen. Die Scorpions: *Wind of Change*. Demioff drehte voll auf.

„Es ist euch dahinten doch hoffentlich nicht zu laut?", brüllte er und lachte und sang mit. Falsch, aber laut.

Wummernd fuhr der Audi durch die Nacht – zu *Wind of Change* in Endlosschleife. Demioff sang erstaunlich textsicher mit, und das aus voller Kehle, nur eben immer einen Ton daneben. Das musste man auch erst mal können.

„Ich bin fertig", wisperte Pjotr.

„Großartig!", flüsterte Seifferheld zurück.

„Ich probiere es mal aus."

Weil ihnen Demioffs Warnung, ja nicht den Kopf zu heben, noch deutlich in den Knochen steckte, legte Pjotr den frisch bestickten Stofffetzen über seine Füße, mit der Stickseite nach außen, und hob die Beine an.

Der Stoff rutschte ihm von den Schuhen.

Pjotr schob sich die Lederschuhe von den Füßen und versuchte es erneut. Ja, jetzt blieb der Stoff auf seinen Wollsocken haften.

„Sparen Sie Ihre Kraft, es fährt ja momentan keiner hinter uns", flüsterte Seifferheld.

Pjotr nickte und senkte die Beine.

Dann zog er seine dunkelbraune Weste aus und legte sie sich so über die Füße, dass der über die Zehen hängende weiße Stoff nicht in Demioffs Rückspiegel aufblitzte, man den gestickten Schriftzug auf der Vorderseite aber trotzdem noch lesen konnte. Unter Berücksichtigung der Tatsache, dass Pjotr Jagelovsk dabei in einem Kofferraum lag und seine Gliedmaßen zu einem achtzigjährigen Körper gehörten, war das durchaus einer olympischen Leistung im Fach rhythmische Gymnastik gleichzusetzen. Vielleicht keine Goldmedaille, aber definitiv Silber. Oder wenigstens Bronze.

Wenn Seifferheld das in seiner liegenden Position richtig mitbekommen hatte, dann würden sie demnächst schon durch Strümpfelbach fahren. Gut so. Je näher sie Stuttgart kamen, desto größer war nämlich die Chance, dass um diese Uhrzeit jemand hinter ihnen fahren würde. Und umso wahrscheinlicher war es, dass jemand reagierte.

Und dann war es so weit.

Zur gefühlt hundertsten Wiederholung von *Wind of Change*. Demioffs Gesang wurde zunehmend lauter, aber nicht besser.

Scheinwerfer erhellten den Kofferraum. Offenbar von einem größeren Fahrzeug, das Licht kam von schräg oben.

Pjotr hob die Beine.

Wams und Stoff rutschten ihm von den bestrumpften Füßen.

Pjotr fluchte verhalten.

Seifferheld schloss die Augen. Er konnte das nicht mitansehen.

Hatte Demioff etwas bemerkt?

Er fuhr in eine unbeleuchtete Busbucht mit Bushaltehäuschen, hielt an und schaltete den Motor aus.

Aber nein, er hatte die Aktion von Pjotr nicht mitbekommen. Er war nur nicht blöd – von höhergelegten Fahrersitzen hatte man freien Blick auf die Männer in seinem Kofferraum.

Pjotr legte den Stoff wieder über seine Füße und hob die Beine an, aber es war zu spät.

Der Kleinlaster war schon vor ihnen.

Die Dunkelheit, die das Bushäuschen umgab, umhüllte nun auch sie.

„Ihr seid ja so ruhig dahinten? Alles im grünen Bereich?“ Demioff kicherte.

Ein Motorrad bretterte an ihnen vorbei. Vielleicht nicht gerade mit Warp-Geschwindigkeit, aber definitiv über den erlaubten fünfzig Stundenkilometern.

Demioff warf seine halbgerauchte Zigarre aus dem Fenster, entzündete in aller Seelenruhe eine neue Montecristo, dann fuhr er weiter.

Leise ächzend angelte Pjotr nach dem Stoff. Dann zog er die Beine an seine Brust, soweit es eben ging, und fuhr mit der Hand in einer raschen Bewegung über die Zehen. Schwer atmend senkte er die Beine wieder. „Geschafft. Ich habe den Stoff mit dem letzten Garnfitzelchen an meine Socken genäht. Mit zwei Vorstichen.“

Clever, der Mann.

„Hervorragend“, lobte Seifferheld, ganz Lehrer, und öffnete die Augen wieder.

Aus einer Seitenstraße kam wieder ein Fahrzeug und bog hinter ihnen auf die B14. Es war noch eine ganze Ecke weg, aber die tiefen Bässe aus dem Subwoofer konnte man bis zu ihnen hören.

Aus der Lichtlage zu schließen, war es ein tiefergelegtes Auto, höchstwahrscheinlich ein Cabrio.

Demioff hielt den Wagen offenbar für unbedenklich, denn er fuhr weiter.

Pjotr hob die Beine. Und dieses Mal blieb der Stoff an den Socken. Und auch die Weste hielt.

Würde es funktionieren?

Würde der Autofahrer den Ernst der Lage begreifen?

Vorzugsweise bevor Demioff sah, dass Pjotr seine Füße gegen das Heckfenster presste?

Seifferheld hielt den Atem an ...

Seifferheld und die Freuden des modernen Strafvollzugs

Vorurteile sparen jede Menge Zeit.
Man kann sich eine Meinung bilden, ohne erst
mal die Fakten zu sammeln.
E. B. White

Susanne Seifferheld drückte auf die Klingel. Durch das offene Küchenfenster hörte man das Big-Ben-Geläute. Das war eine vertraute Tonfolge im Haus ihrer Kindheit.

Aber niemand öffnete.

Obwohl überall Licht brannte und mehrere Fenster offen standen. Es musste also jemand zu Hause sein. Und wach sowieso: Die Seifferhelds waren Frühaufsteher.

Susanne hatte natürlich einen Hausschlüssel, aber sie fand, es gehörte sich für sie nicht, einfach hereinzuplatzen. Sie kam sehr nach ihrer Tante und legte großen Wert auf Regeln und Vorschriften und Etikette. Und Tatsache war nun einmal, dass sie nicht mehr hier wohnte.

Es war kurz vor sechs Uhr morgens. Sie und ihre Kleinfamilie waren eben mit dem Mietwagen vom Flughafen Frankfurt gekommen, nachdem sie über vierundzwanzig Stunden am Stück unterwegs gewesen waren.

Ola-Sanne und Olaf hatten unterwegs viel geschlafen, aber Susanne hatte kein Auge zugetan. Schließlich war ihr Vater in Lebensgefahr.

Trotzdem wirkte sie im Gegensatz zu ihrem zerknitterten Mann und verwuschelten Kind wie aus dem

Ei gepellt – als sei sie eben aus einem Rundum-Styling-Salon getreten: absolut knitterfreies Businesskostüm und strenge Helmfrisur, bei der kein einziges Haar es wagte, unvorschriftsmäßig herauszustehen.

Susanne klingelte erneut.

„Da isch koiner dahoim“, schwäbelte es aus luftiger Höhe.

Frau Hoppe linste über ihr lila Fensterkissen nach unten. Sie trug ein geblümtes Nachthemd, und ihre Dauerwelle wirkte noch sehr zerknautscht. Big Ben hatte sie offenbar direkt aus dem Bett geläutet.

„Hallo Frau Hoppe“, rief Susanne. „Ich habe schon gemerkt, dass keiner aufmacht. Wo sind denn alle?“

Frau Hoppe grinste. „Hinter Gittern.“

„Wie bitte?“ Susanne glaubte, sich verhört zu haben. Alte Menschen nuschelten ja immer so undeutlich.

„Im Knast!“

Susanne starrte sie ausdruckslos an. Gehört hatte sie die Worte wohl, allein, ihr fehlte der Glaube (um es mal frei nach Schiller zu zitieren, schließlich hatte sie Deutsch Leistungskurs gehabt).

„Im Gefängnis?“

Frau Hoppe nickte. „Ich weiß es von der Zeitungszustellerin. Die hat es von einem Stadtreiniger. Und der hat es von einem Taxifahrer.“

In einer Kleinstadt zu einer allseits bekannten Familie zu gehören, hatte Vor- und Nachteile. Man bekam für die Aufführungen der Freilichtspiele immer noch eine Karte, auch wenn sie ausverkauft waren. Und man war in aller Munde, sobald etwas Tratschwürdiges geschah.

„Wer genau?“, fragte Susanne nach. Sie musste spontan an ihre Tante Irmgard denken. Direkt danach an ihre Cousine Karina.

„Na ... alle!"

Ihre Tante hatte einst in der Uckermark auf zwei junge Feuerwehrmänner, die sie für rechtes Pack hielt, mit einem Stockschirm eingedroschen und sich anschließend vehement ihrer Festnahme verweigert, weshalb Irmgard Seifferheld-Hölderlein nun vorbestraft war. Dass sie einen derartigen Vorfall gewissermaßen jahrestagmäßig nachstellte und zelebrierte, war ihr durchaus zuzutrauen. Und ja, auch ihre Cousine Karina glänzte durch regelmäßige Aktivitäten, die dem Auge des Gesetzes nicht gefielen. Aber Marianne? Und Fela? Und Pfarrer Hölderlein?

„Es heißt, es gab eine Massenschlägerei." Frau Hoppe ergötzte sich sichtlich an dieser Vorstellung.

„Eine ... wie bitte?" *Unvorstellbar*. „Das ist doch lächerlich!", erklärte Susanne deshalb auch prompt. Sie schüttelte den Kopf. Heftig. Als könne durch kräftiges verneinendes Kopfschütteln eine Situation ungeschehen gemacht werden.

Olaf kam mit der schlafenden Ola-Sanne aus dem Parkhaus Schiedgraben angelaufen. Dort hatte er den Mietwagen abgestellt, während Susanne mit den Reisetaschen und dem Koffer vorausgegangen war.

Jetzt zog sie den Schlüsselbund aus ihrer Handtasche und schloss die Haustür auf. Dann wuchtete sie die Koffer in den Flur, während Olaf die gemeinsame Tochter in Susannes ehemaliges Kinderzimmer trug.

Susanne wollte gerade die Haustür schließen, als ein Mann mit einem Welpen im Arm die drei Stufen von der Gasse in den Flur hochgesprintet kam.

„Grüß Gott!", rief er, drückte ihr ein undefinierbares Etwas aus Fell und Sabber in die Hand und wollte wieder gehen.

„Entschuldigen Sie mal, was soll denn das?“

„Ach, Verzeihung, Frau Seifferheld hatte telefonisch eine Ersatzbetreuerin angekündigt. Sind das nicht Sie?“ Der Mann trug ein Tweedsakko mit ledernen Ellbogenschützern und eine Brille mit Goldrand.

„Ersatzbetreuerin?“

„Für den Welpenkindergarten.“

Das Hundekleinkind in Susannes Armen haarte. Und sabberte. Sie konnte förmlich spüren, wie sich ihre Schmutzallergie regte, ihre Haut jucken ließ und rot färbte. Und die Sabberflecken bekam man aus ihrem teuren Businesskostüm doch bestimmt nie wieder raus.

„Ich. Bin. Keine. Welpenkindergärtnerin.“ Susanne legte die ganze Härte ihrer langjährigen Managementkompetenz in diese Worte.

„Das macht nichts, wenn Sie kein Diplom haben. Die Kleinen sind ja unkaputtbar.“ Er sah auf seine Armbanduhr. „Um zwölf hole ich ihn wieder ab. Tada.“

Susanne folgte ihm in die Gasse hinaus – und hätte ihn vermutlich auch aufhalten können, obwohl er sich forschen Schrittes entfernte, aber da hüstelte es neben ihr und ein zweites Hundetier wurde ihr an die Brust gedrückt. Was natürlich nur ging, weil die beiden Kleinen – der Chips und der Pickel – nicht viel Raum einnahmen.

„Gott sei Dank sind Sie da, ich hätte sonst nicht gewusst, was ich tun soll.“ Die junge Frau, das Frauchen des Chips, war in Begleitung eines Sportbuggys, in dem ein sichtlich fiebriges Kind saß. „Ich muss mit der Kleinen noch zum Kinderarzt, und meine Nachbarn sind in Urlaub und können Anne-Sophie nicht sitten.“

„Ich ...“ ... kann das auch nicht, wollte Susanne sagen, war aber nicht schnell genug. Die junge Frau joggte bereits mitsamt Buggy in Richtung Unterlimpurgerstraße.

Von hinten näherte sich eine Matrone mit toupierten Haaren. „Die jungen Leute, immer in Eile." Sie nahm den Schnudel von der Leine, der begeistert an Susanne hochsprang. Lernten diese Viecher in Mariannes Welpenkindergarten denn nicht, dass Körperkontakt mit Fremdmenschen ein absolutes Tabu war?

„Hören Sie, meine Familie macht gerade einiges mit. Ich kann heute nicht ..."

„Ja, wir haben alle unser Kreuz zu tragen. Das Finanzamt will eine Auflistung sämtlicher Reisekosten des letzten Jahres, inklusive Belege. Bis Ende nächster Woche. Und dabei habe ich einen Abgabetermin! Als ob die auf den ungünstigsten Moment dafür gewartet hätten!" Die Matrone stapfte davon.

Susanne blieb ein wenig fassungslos zurück.

„Oiner fehlt noch, dann isch der Kindergarten komplett", rief Frau Hoppe, die immer gern half, wo sie konnte.

„Könnten Sie eventuell heute auf die Welpen aufpassen? Ich muss mich doch um meine Familie kümmern."

„So weit kommt's noch."

Schwups war Frau Hoppe nicht mehr zu sehen. Sie zog ihr lila Kissen vom Fensterbrett und schloss das Fenster.

Susanne seufzte. Sie hatte aufs Revier stürmen und die sofortige Freilassung ihrer Angehörigen verlangen wollen, aber mit den Hunden ging das nicht, und wenn sie die Hunde bei Olaf ließ, dessen Motto „leben und leben lassen" lautete, dann würde es überall im Haus Häufchen geben und angenagte Stuhlbeine.

Sie ging in den Flur, bückte sich, um die Mini-Welpen im Flur abzusetzen, und wurde von hinten von einem zotteligen, hochbeinigen Tier angefallen.

„Huch, Sie müssen gut mit Hunden können, Bömmelchen liebt Sie." Eine langbeinige, zottelhaarige Frau winkte ihr in der offenen Tür zu – lebender Beweis dafür, dass sich Herr und Hund beziehungsweise Frauchen und Welpe immer ähnlich sehen. „Bis später dann!" Sie drehte sich um und zog ab.

Wenn man als Hundebesitzerin etwas schon ganz früh lernte, dann das: klare Ansagen! Und dann Fakten schaffen, also wie in diesem Fall: umdrehen und gehen. Mit Hunden kann man nicht diskutieren, die lernen nur, wenn man Taten sprechen lässt. Und das geht dann irgendwann auch auf den Umgang mit Menschen über.

Susanne protestierte auch gar nicht mehr. Sie seufzte schicksalsergeben, schüttelte das Hundetier ab, das sofort zusammen mit seinen Spielkameraden in die Küche lief, und trottete hinterher, um die kleinen Racker mit so viel Welpenfutter abzufüllen, dass sie den Vormittag im Fresskoma verschlafen würden.

Im Vorratsraum wurde sie fündig: geschätzte fünfzig Dosen hochwertiges Welpenfutter in den Geschmacksrichtungen Hühnchen mit Süßkartoffel, Lamm mit Reis und Truthahn weizenfrei.

Susanne nahm vier Dosen, trat zurück in die Küche und sah sich einem fremden Mann gegenüber.

Jede andere Frau hätte womöglich aufgeschrien oder sich im Vorratsraum verbarrikadiert und per Handy die Polizei gerufen, nicht so Susanne.

„Wer sind Sie und was wollen Sie?" Sie hob die Hand mit der weizenfreien Truthahndose. „Und seien Sie gewarnt, ich habe eine Dose und scheue nicht davor zurück, sie zu werfen!"

Der Mann, der einen Trenchcoat trug, nahm den Hut vom Kopf. „Sind Sie Frau Seifferheld, meine Auftraggeberin?"

Susanne kniff die Augen zusammen, sagte aber nichts. Ihre Devise lautete stets: erst mal misstrauisch bleiben.

„Gestatten, Gustav Zügel – private Ermittlungen. Sie haben mich online engagiert. Ich bin hier, um Ihnen erste Ergebnisse zu präsentieren."

„Gott sei Dank, Sie haben meinen Vater gefunden." Susanne ließ die Dose sinken.

Zügel zuckte mit keiner Wimper. Nur ein auf Mikro-Mimik geschulter Psychologe hätte das kaum wahrnehmbare Zucken der linken Wange bemerkt, an dem man ablesen konnte, dass Gustav Zügel diese Erwartungshaltung für überzogen hielt. Schließlich war er seit nicht einmal 24 Stunden auf den Fall angesetzt.

„Äh ... nein. Aber ich habe herausgefunden, dass Pjotr Jagelovsk einen Enkel hat."

Susanne sah ihn blinzellos an. „Ja, und? Muss mich das interessieren? Wissen Sie auch, was sein Lieblingsbuch ist? Und ob er lieber Krimsekt oder Liebfrauenmilch trinkt? Hat er geweint, als er das erste Mal *Doktor Schiwago* sah? Das ist doch belangloser Pipikram!" Sie pustete sich entnervt eine nicht existente Haarsträhne aus dem Gesicht.

Zügel zügelte sich. „Ich verstehe Ihren Unmut, aber das ist ein wichtiger Hinweis. Meiner Meinung nach könnte Jagelovsk versuchen, sich zu seinem Enkel abzusetzen, einem gewissen ..." Er sah auf seinem Notizblock nach. „... Aleksandr Kusmin, wohnhaft in Bremen, Sohn von Mirko Jagelovsk und Katinka Kusmin, beide mittlerweile verstorben."

Die Welpen hatten mittlerweile registriert, was Susanne in den Händen hielt, und fingen jämmerlich an zu fiepen. Als ob sie kurz vor dem Hungertod stünden.

Susanne öffnete zwei der drei Dosen und kippte deren Inhalt in die Hundeschüssel von Onis. Die Bichogge machte sich gleich darüber her, der Chips, der Schnudel und der Pickel mussten erst Reinhold-Messner-gleich den Rand der Schüssel erklimmen.

„Haben Sie eigentlich mitbekommen, dass man das Haus, in dem mein Vater seit der Entführung festgehalten wurde, gefunden hat? Allerdings ohne ihn. Und dass meine komplette Familie sich in Polizeigewahrsam befindet?“

Gustav Zügel zuckte auch jetzt mit keiner Wimper. Das hatte er nicht mitbekommen. Aber es war auch egal. Wenn seine feine Spürnase ihm sagte, wo es langging, dann brauchte er keine Sightseeing-Ausflüge rechts und links der Strecke – dann ging es für ihn schnurstracks aufs Ziel zu. Und in diesem Fall hieß sein Ziel Kusmin und wohnte in Bremen. Also sagte er: „Nein, aber meiner Meinung nach ist das unerheblich. Ich sage Ihnen, es ist jetzt vordringlich, diesen Kusmin aufzuspüren.“

Weder er noch Susanne wussten, dass Aleksandr Kusmin sich mit Schürfspuren an Hand- und Fußgelenken in diesem Moment zu Befragungszwecken auf dem Haller Polizeirevier befand. Sie würden es noch früh genug erfahren.

„Dann will ich Ihnen mal sagen, was jetzt wirklich vordringlich ist!“, erklärte Susanne. Sie drückte ihm die verbliebene Welpenfutterdose in die Hand. „Hier. Sie kümmern sich um die Mini-Tölen! Ich hole jetzt meine Familie nach Hause!“

Seifferheld und der Showdown im Morgengrauen (mit wenig Morgen, aber viel Grauen)

Aus. Vorbei. Alles verloren.

„Alter Mann, kapier's doch endlich: Deine Zeit ist um. Und was für eine lächerliche Idee soll das hier sein? Mein Gott, du bist nur noch peinlich!" Demioff riss Pjotr den Hemdfetzen von den Socken. Weil der Fetzen von Könnerhand angenäht worden war, rutschte auch gleich die ganze Socke vom Fuß.

Während der siebten oder achten Wiederholung von *Wind of Change* – was gemäß der Genfer Konvention eigentlich schon unter dem Begriff Folter subsumiert werden musste – war Demioff aufgefallen, dass sein ehemaliger Bandenchef auf der Ladefläche anscheinend Yogaübungen vollzog.

Der Wagen mit den Basstönen aus dem Subwoofer war ihnen nie nahe genug gekommen, als dass die Insassen – zweifelsohne angetrunken oder bekifft – die gestickten Buchstaben auf dem Hemdstreifen hätten lesen können. Und schon vor dem Ortsschild war er wieder abgebogen.

Nach langer Durststrecke durch den finsteren Wald waren sie zügig durch die straßenlampenbeleuchteten Außenbezirke von Backnang gefahren, wo Pjotr seine zitternden Beine vorsichtig anhob und gleich wieder senkte, weil sie schon unmittelbar danach wieder ins Dunkel der B14 eingetaucht waren.

Und plötzlich, an einem von Bäumen umgebenen Parkplatz mitten in der Finsternis, hatte Demioff angehalten, war ausgestiegen, nach hinten gekommen und hatte die Klappe geöffnet.

Jetzt schaute er mit unverkennbarer Verachtung auf die beiden Männer herab.

Um sie herum herrschte Stille und Dunkelheit. Ein idealer Platz für eine Entsorgung.

Seifferheld atmete tief aus. Er hatte seinen Frieden mit seinem Schöpfer geschlossen. Was jetzt kam, ging hoffentlich schnell.

Aber Demioff hatte andere Pläne. Er zerrte Pjotr aus dem Kofferraum und warf ihn grob seitlich neben dem Wagen auf den Boden. Dann zog er seine Waffe.

„Wie willst du es haben, alter Freund? Erst ins linke Knie, dann ins rechte? Was glaubst du, wie lange du das durchhältst? Warum entscheidest du dich nicht für einen sauberen Abgang – du sagst mir, was ich wissen will, und ich jage dir die Kugel zwischen die Augen? Du wirst nichts spüren. Es wird sein, als ob du einschläfst." Demioff grinste vermutlich, sehen konnte Seifferheld das von seiner Position aus nicht.

Pjotr schwieg.

„Hier endet dein Weg, alter Mann. Mach es dir nicht unnötig schwer. Du kannst das Geld ohnehin nicht mitnehmen." Man hörte das Klicken einer Waffe, die entsichert wurde.

Seifferheld versuchte, von der Ladefläche herunterzurutschen. Er ruckelte über die Schaffellauskleidung, stöhnte vor Schmerz, ruckelte weiter, seine Beine hingen schon im Freien, er hob den Kopf.

Und bekam einen heftigen Schlag mit dem Lauf der Waffe gegen die Schläfe.

„Was soll denn das werden?", höhnte Demioff. „Mein Gott, wollt ihr beiden alten Säcke beweisen, wie taff ihr drauf seid? Von wegen, wir haben den Krieg überlebt, wir überleben auch dich? Da täuscht ihr euch aber! Sobald ich euch nicht mehr brauche, ist Zapfenstreich."

Was für ein Krieg bitte schön? Für wie alt hielt dieser Demioff ihn?

„Okay, alter Freund, letzte Chance, in dich zu gehen." Demioff drehte sich zur Straße, öffnete den Hosenschlitz und pinkelte auf den Asphalt.

Seifferheld hoffte, dass ein Wagen käme oder ein Wunder geschähe – irgendwas.

Doch er hörte nur das Strullern des inkarnierten Bösen.

Und ein Schaben, als ob etwas über den Boden huschte. Vielleicht ein Dachs?

Und das Rauschen in den Bäumen.

Seifferhelds Kopf pochte. Aus der Platzwunde an seiner Schläfe rann Blut und tropfte ihm, weil er ja auf dem Rücken lag, ins Ohr. Er schloss die Augen.

Gerade noch rechtzeitig.

In diesem Moment gingen nämlich über dem Audi enorm helle Scheinwerfer an und tauchten die Szene in ein unwirklich gespenstisches Licht.

Demioff konnte nicht anders, als zu erstarren und zum Himmel aufzuschauen.

Aliens? Superman mit Supertaschenlampe?

Nein, ein Armeehubschrauber, der sich im so gut wie lautlosen Angriffsmodus angeschlichen hatte wie der Nordwind.

„Keine Bewegung!", tönte eine Megaphonstimme aus der gleißenden Helligkeit.

Demioff hatte noch die Hand am Zipfel, als sich bereits vier schwer bewaffnete, schwarzgekleidete Vermummte abseilten.

Einer warf Demioff zu Boden und legte ihm Handschellen an, drei umstellten den Audi und spähten hinein.

„Eine Geisel. Verletzt", meldete einer der Vermummten in ein nicht sichtbares Sprechgerät.

Eine Geisel? War da etwa kein Dachs durchs Dunkel gewuselt, sondern Pjotr, der sich in den Wald abgesetzt hatte? Ein alter, todkranker Mann, der sich mit aller Kraft ans Überleben klammerte, weil er an seinem Enkel etwas gutzumachen hatte?

„Wie geht es Ihnen? Können Sie mich hören?“, fragte ihn ein Vermummter.

„Ich bin Siegfried Seifferheld“, sagte Seifferheld.

„Das wissen wir. Sie sind jetzt außer Gefahr. Ist noch jemand in dem Wagen gewesen?“

Die Scheinwerfer des Hubschraubers leuchteten in Suchkreisen über das Gelände. Die Straße lag ebenso wie der Parkplatz verwaist, das Wäldchen neben dem Parkplatz gab seine Geheimnisse nicht preis. Natürlich, wenn sie die Gegend mit einem Infrarot-Wärmesuchgerät absuchten, dann ... aber warum sollten sie?

Ein Seifferheld log nicht. Nie. Aber er musste auch nicht immer die volle Wahrheit sagen. Darum stöhnte er nur. „Mir ist nicht gut ...“ Das entsprach ja auch der Wahrheit. Ihm war schwummrig zumute.

Einer der Vermummten löste ihm die Fesseln. Das Blut, das in seine Hände schoss, löste schlimme Schmerzen aus. Er stöhnte lauter.

„Halten Sie durch. Der Krankenwagen ist schon unterwegs.“

Seifferheld sah zu Demioff, der auf die Beine gezerrt wurde. Er schaute grimmig, vermutlich nicht wegen der überraschenden Festnahme, sondern weil sein Schniedelwutz immer noch Frischluft atmete.

„Wie ... wie haben Sie uns gefunden?“, fragte Seifferheld unter Stöhnen.

„Ein knutschendes Pärchen an einer unbeleuchteten Bushaltestelle hat einen Hilferuf an der Scheibe gesehen und sich das Kennzeichen des Wagens gemerkt.

Wir waren ja ohnehin schon in der Luft und auf der Suche nach Ihnen, und als der Anruf bei der Polizei einging, war es nur noch eine Frage von Minuten."

„Es hat funktioniert", stöhnte Seifferheld und lächelte. „Es hat tatsächlich funktioniert. Sticken rettet Leben!"

Dann verlor er das Bewusstsein.

Aus dem Polizeibericht

Der am Mittwoch entführte Kommissar i. R. Siegfried Seifferheld konnte am Freitagmorgen von den Einsatzkräften befreit werden. Es geht ihm den Umständen entsprechend gut. Sein Entführer, der russische Bandenchef Pjotr Jagelovsk, befindet sich noch auf freiem Fuß. Die Ermittlungen laufen weiterhin auf Hochtouren.

Montag
(neun Wochen später)

Epilog

Am Ende ist alles gut.
Und wenn nicht alles gut ist, ist es nicht das Ende.
Oscar Wilde

„Ich liebe dich“, gurrte Marianne und schmiegte sich in Seifferhelds Armbeuge, die maßgeschneidert für ihren rubenesken Körper zu sein schien.

Siggi küsste sie auf den Mund. „Ich liebe dich auch.“

Als Teenager hatte er das Küssen sehr ausdauernd an hartgekochten Eiern geübt. Das zahlte sich jetzt aus. Seine Frau schnurrte glücklich.

„Ich liebe dich noch viel, viel mehr. Aber willst du das hier nicht endlich loswerden?“ Sie zupfte stirnrunzelnd an seinem zerrupft aussehenden Hô-Chi-Minh-Bärtchen.

„Den habe ich mir unter unerträglichen Qualen wachsen lassen!“ Siggi streckte sein Kinn vor. „Soll das alles umsonst gewesen sein?“

Marianne grummelte. In den Wochen nach seiner Befreiung – nachdem ihr das Schicksal den geliebten Mann wohlbehalten und am Stück zurückgegeben hatte – hatte Siggi Narrenfreiheit genossen. Er durfte tun und lassen, was er wollte. Wirklich *alles*. Sogar Gesichtsbehaarung.

Aber nichts währte ewig. Nicht einmal dankbare Glückseligkeit. „Du siehst aus wie die Billigversion eines antiken chinesischen Philosophen. Quasi die Raubdruckausgabe.“

Seifferheld strich sich über die unterschiedlich langen, aber durchweg dünnen Härchen. „Es war einen Versuch wert.“

Sie küsste ihn auf die Wange. „Man muss aber auch die Größe besitzen, sich seine Fehler einzugestehen. Dieses verlauste Gestrüpp kommt weg. Je eher, desto besser. Wenn du es nicht machst, rasiere ich dich heute Nacht, wenn du schläfst."

Kein Zweifel möglich: Die Zeit seiner grenzenlosen Freiheit war vorüber. Von nun an würde er wieder Kompromisse schließen müssen – wie jeder, der eine Partnerschaft führte.

Wenn er ehrlich war, würde ihm das nicht schwerfallen. Er erschrak selbst jedes Mal, wenn er in den Spiegel sah: Das war einfach nicht er. Und außerdem juckte es ihn wie verrückt.

Siggi seufzte dennoch dramatisch, damit Marianne es für ein irrsinnig großes Opfer seiner Liebe zu ihr hielt und sie sich idealerweise auf ihre ganz eigene weibliche Weise dafür bedankte. „Na schön. Der Bart kommt ab."

Seine Hand wanderte über ihren Körper.

„Mein Held." Sie küsste ihn inniger.

Seifferheld küsste zurück. Doch dann stutzte. er „Nanu?" Er hob den Kopf, lauschte, sah sich um. „Ich will am helllichten Morgen mit meiner Frau Liebe machen und keiner stört? Sind wir versehentlich in ein Paralleluniversum geraten?"

Marianne kicherte. „Deine Tochter ist wieder in China, deine Nichte in Frankfurt, und deine Schwester kämpft gerade um ihren Posten als Präsidentin des Blumenschmuckkomitees. Wir sind ganz allein im Haus. Nur du und ich."

„Oho." Seifferheld bedachte seine Frau mit einem anzüglichen Lächeln. Dann hob er in Manier des berühmten Playboys Porfirio Rubirosa seine linke Augenbraue. „Gnädigste, ich kann Ihnen nicht versprechen, dass ich die Situation nicht schändlichst ausnützen werde."

Sie schmiegte sich näher an ihn.

„Ich bitte darum, mein Herr."

Der Mensch lebt nicht vom Brot allein. Er braucht auch Wurst und Butter. Und einen Stickrahmen.

Frei nach James A. Garfield

„Herr Seifferheld, Sie haben ja so einen lässigen Groove in der Schrittfolge! Neue Gehhilfe?"

Kurt, Murat, Trân, Willi und Saiid grinsten breit. Sie freuten sich mächtig, dass ihr Sticklehrer nach seinem unplanmäßigen Ausflug nicht das Handtuch geworfen hatte.

Es hatte zwar eine lange Pause gegeben, weil die tiefen Einschnitte in Siggis Handgelenken erst abheilen mussten und weil seine invalide Hüfte nach dem Kofferraumaufenthalt neu behandelt werden musste, aber nun war er wieder da.

Seifferheld grinste auch. Er würde den Jungs natürlich nicht erzählen, warum er einen so beschwingten Gang am Leib hatte – weil er nämlich gerade Liebe mit der schönsten Frau des Universums gemacht hatte.

„Leute, das Leben ist schön", sagte er deshalb nur.

Die Knastbrüder schrieben Seifferhelds Lächeln dem Umstand zu, dass er dem Tod gerade noch mal von der Schippe gesprungen war. Und lagen damit auch nicht ganz verkehrt.

„Wir waren in Ihrer Abwesenheit alle fleißig!"

Murat, nicht der begabteste Sticker seines Kurses, aber eine geborene Führungspersönlichkeit, nickte den anderen zu. Sie trugen an diesem Tag über ihren üblichen T-Shirts Hemden beziehungsweise Jacken, die sie sich nun – auf Murats Ansage hin – vom Körper pellten.

Echte Rührung wallte in Seifferheld auf, als er die Brustkästen der Männer sah. Sie hatten sich die Worte *Willkommen zurück, Mr. Siggi* auf ihre T-Shirts gestickt.

Gut, nur bei Sticker-Naturtalent Trân waren die Buchstaben alle sauber gestickt und nur bei Kurt waren alle Buchstaben in der richtigen Reihenfolge, aber das war nebensächlich. Es ging um die Geste. Und die war groß, ganz groß.

Seifferheld spürte in sich das Glück des Pädagogen, der weiß, dass er seine Berufung gefunden hat. Und die richtigen Schüler.

„Danke, Leute! Das ist ... danke!“ Er wischte sich ein ... äh ... Staubkorn aus dem Auge. „So, jetzt aber wieder an die Arbeit! Heute lernen wir, wie man mit Kreuzstichen das ABC stickt.“

Nächste Woche darf es keine Krise geben.
Mein Terminkalender ist bereits voll.
Henry Kissinger

„Nicht so schnell, Herr Seifferheld.“

Polizeichefin Bauer überraschte ihn am Ausgang der Justizvollzugsanstalt.

„Frau Bauer, wie schön, Sie zu sehen. Ich komme gerade von meinem Stickkurs. Was machen Sie denn hier?“

Seifferheld freute sich wirklich. Seine ehemalige Vorgesetzte hatte ihn gleich nach seiner Befreiung im Krankenhaus besucht. Weibliche Chefs hatten das Zwischenmenschliche einfach besser drauf. Und für einige Zeit hatte sie zudem die Polizeiberichte von ihrem Sekretär schreiben lassen, bevor sie ihn wieder damit beauftragte.

Frau Bauer antwortete nicht auf seine Frage, sondern zeigte auf ihren Dienstwagen. „Kann ich Sie mit in die Stadt nehmen?"

„Ja, gern."

Er stieg ein. Sie fuhr los.

„So ein Zufall aber auch", plauderte Seifferheld.

„Von Zufall kann nicht die Rede sein. Ich habe Sie abgefangen."

Sofort bekam er ein mulmiges Gefühl. Es hatte ja nicht ewig gutgehen können. Die Stunde der Wahrheit schien gekommen. „Ach ja?"

„Ja." Sie fuhr zügig. „Ich wollte mit Ihnen reden. An einem Ort, wo uns niemand hört."

Seifferheld sagte nichts. Frau Bauer hätte jetzt links abbiegen müssen, um in die Innenstadt zu kommen, sie fuhr aber rechts in Richtung Rosengarten und Westheim. Offenbar würde es eine Überlandtour werden. An seine letzte hatte er keine guten Erinnerungen, und die hier würde auch kein Spaß werden. Ob er sich einfach aus dem Wagen werfen sollte?

„Ich habe Ihre Aussage gelesen", fing Frau Bauer an.

Seifferheld ließ sie reden. Die Aussage hatte er schon vor zwei Monaten gemacht. Wenn sie ihn jetzt erst darauf ansprach, musste sich etwas Neues ergeben haben.

„Lassen Sie mich rekapitulieren: Sie wurden also von Jagelovsk entführt, hatten die ganze Zeit über einen Sack über dem Kopf, den man im übrigen nicht gefunden hat, können sich an so gut wie nichts erinnern, nur daran, dass Sie gehört haben, wie sich Demioff zu den Morden an Wladimir Schultze und Sergei Iwanow bekannte, bis Sie dann vom Sondereinsatzkommando aus dem Kofferraum von Demioff befreit wurden, in dem Sie ganz allein gefesselt lagen und glaubten, in den sicheren Tod gefahren zu werden."

Seifferheld brach in kalten Schweiß aus. Tat er wirklich das Richtige?

Im Krankenhaus hatte er erfahren, dass man in dem Häuschen im Solpark nur Niklas Engel vorgefunden hatte. Er war davon ausgegangen, dass Niklas seinen Liebsten irgendwie hatte verstecken können, vermutlich im oder um das Müllhäuschen – und dass Aleksandr und sein Großvater irgendwo auf der Welt noch ein paar Stunden miteinander hatten verbringen können. Dass da etwas hatte gekittet werden können.

Darum hatte Seifferheld geschwiegen. Bis heute.

Rechtlich war das falsch, falsch, falsch! Aber menschlich?

Jetzt auf einmal schwappten allerdings dunkle Visionen über ihn hinweg: Pjotr als mordender, brandschatzender Greis und Aleksandr als die Brut des Bösen, der seinem Opa in nichts nachstand. Hatte Seifferheld aus falsch verstandener Humanität Tür und Tor für eine neue Generation an Verbrechern geöffnet?

„Geht es Ihnen nicht gut?" Frau Bauer musterte ihn aus den Augenwinkeln. „Sie sehen auf einmal so blass aus."

„Nein, mir geht es wirklich nicht rosig ... vermutlich eine posttraumatische Störung", krächzte er.

„Ich glaube eher, das ist das schlechte Gewissen."

Das war wohl sein Schicksal, dass ihn die Frauen in seinem Leben stets durchschauten.

„Hören Sie ...", fing er an.

Er wollte sich das jetzt von der Seele reden – mit allen Konsequenzen. Auch wenn er seine Stickkurse demnächst nicht als Dozent, sondern als Insasse leiten würde! „Es war so ..."

„Lassen Sie mich ausreden." Frau Bauer fuhr stoisch weiter, bog aber links nach Tullau ab. „Wladimir Schultze, der Zellengenosse von Jagelovsk, wurde nicht erstochen, sondern vergiftet. Ich fand es gleich merkwürdig, dass einer kein Blut verliert, wenn er erstochen wird. Wie sich herausstellte, war das nur eine falsche Fährte, um Jagelovsk zu belasten. Reste des Giftes wurden an Demioffs Anstaltskleidung gefunden. Die hat er freundlicherweise zurückgelassen, als er auf freien Fuß kam."

„Dann hat Pjotr seinen Zellengenossen also nicht ermordet?" Seifferheld war sehr erleichtert. Etwas zu sehr. Was man ihm anmerkte.

„Nein. Vermutlich hat Demioff Einzelheiten zur Flucht aus Schultze herausfoltern wollen. Die konnten ihm als Mitbewohner ja nur schwerlich entgangen sein. Offiziell geht man also davon aus, dass Demioffs Männer die Entführung durchgezogen haben. Demioff wollte aus Jagelovsk die Zugangsdaten zu den Offshore-Konten herauspressen und ihn anschließend aus dem Weg räumen, um die Organisation von nun an allein zu leiten."

Seifferheld sagte erst mal nichts.

„Demioffs Bande suchte sich das Haus eines gewissen Niklas Engel im Solpark aus, die Auswahl erfolgte rein zufällig, allein aufgrund der stadtnahen, unauffälligen Lage. Man wollte dort abwarten, bis die Straßensperren aufgehoben wurden. Sergei Iwanow, ein loyaler Gefolgsmann von Jagelovsk, wurde ermordet. Wie vermutlich auch Jagelovsk selbst. Der höchstwahrscheinlich im Todeskampf noch die beiden Bodyguards von Demioff töten konnte – einer starb an einem Genickbruch, einer ist an einer Schusswunde verblutet."

Seifferheld schwieg weiter.

„Demioff hat sich mit Ihnen im Kofferraum abgesetzt, als eine Nachbarin allzu neugierig wurde. Vermutlich wollte er Sie als Geisel behalten, bis er sicher sein konnte, dass ihm die Flucht gelingen würde. Die Frage ist nur: Wo ist der Leichnam von Pjotr Jagelovsk?"

Ja, wo? Am Strand von Copacabana?

Seifferheld räusperte sich. „Ich meine, gehört zu haben, dass Jagelovsk sehr krank war."

Frau Bauer lächelte. „In der Tat. Sein behandelnder Arzt schwört Stein und Bein, dass Jagelovsk – sollte er Demioff tatsächlich entkommen sein – mittlerweile an seiner Krebserkrankung gestorben sein muss. Er war durch und durch metastasiert, null Überlebenschance." Sie warf ihm einen raschen Blick zu.

Seifferheld schwieg wieder.

„Der Staatsanwaltschaft reicht das. Demioff, dem man bislang nie etwas Konkretes nachweisen konnte, wird wegen zweifachen Mordes angeklagt – und unzweifelhaft auch rechtskräftig verurteilt. Weil man ja Giftspuren an seiner Kleidung und eine halb gerauchte Montecristo neben dem Wagen fand, in dem Sergei verbrannt ist."

„Sagt Demioff nichts zu alldem?" Seifferheld versuchte, möglichst neutral zu klingen, aber der Zug seiner vermeintlichen Ahnungslosigkeit war längst abgefahren.

„Nein. Wie ich hörte, will er nur nicht nach Russland ausgeliefert werden. Das Knastleben bei uns erscheint ihm wohl schöner."

Sie fuhren durch Tullau. Rechts sah man schon die Comburg, gleich würden sie in Steinbach ankommen. Eigentlich eine schöne Rundfahrt. Wenn Seifferheld nur nicht das ungute Gefühl gequält hätte, dass er vielleicht doch einen Unmenschen schützte ...

„Ich dachte lange Zeit, damit sei alles abgehakt, und habe die Angelegenheit zu den Akten gelegt", fuhr Polizeichefin Bauer fort. „Bis sich gestern ein gewisser Gustav Zügel bei uns gemeldet hat. Er wurde auch gleich zu mir durchgestellt. Zügel hat etwas davon gefaselt, dass er seinen Job als Privatdetektiv an den Nagel hängen will, um künftig in Stuttgart Welpenkindergärten einzurichten.“ Sie schüttelte den Kopf. „Aber er hat auch gesagt, dass er seinen letzten Fall ordentlich zu Ende bringen wollte. Deswegen wollte er eine Information mit mir teilen, die ihn erst jetzt erreicht hat. Anscheinend hat er herausgefunden, dass Pjotr Jagelovsks Enkel nach Neuseeland ausgewandert ist. Und dort hat er just diese Woche Niklas Engel geheiratet.“

Seifferheld sagte nichts.

„Wurster und van der Weyden hatten den Enkel ja auch schon gesucht. Sie glaubten aufgrund der Zeugenaussage von Ihrer Frau Pfleiderer, die höchstwahrscheinlich nur eine Bewährungsstrafe erhält, dass er fürs Diak arbeitet. Aber nein, er hat im Diak nur seinen Freund besucht, der dort als Krankenpfleger beschäftigt war. Ist das nicht ein äußerst merkwürdiger Zufall, dass Demioff ausgerechnet im Haus des Freundes des Enkels seines Opfers Zuflucht suchte?“

Seifferheld zuckte mit den Schultern. Das Leben ist voll von abstrusen Zufällen, sollte dieses Zucken aussagen.

„Ich habe daraufhin ein paar Fühler ausgestreckt. Kusmin war noch bis vor dreieinhalb Wochen in Russland. Es gibt Aufnahmen einer Hotelüberwachungskamera von ihm, mit einer Urne im Arm.“

Frau Bauer fuhr auf den Parkplatz vor den Stadtwerken und hielt an. Sie wandte sich Seifferheld frontal zu.

„Möchten Sie sich dazu nicht äußern?“

Seifferheld setzte sein Pokerface auf.

„Eine Überprüfung von Aleksandr Kusmin zeigte, dass der junge Mann – soweit uns bekannt ist – ein ordentliches Leben geführt hat. Guter Schüler, guter Student. Auch sehr engagiert und im humanitären Bereich aktiv. Sein besonderes Interesse gilt beruflich offenbar dem nachhaltigen, ökologischen Bauen und privat diversen Organisationen, die das Meer von Plastikmüll befreien und die das Leid von Kindern in Hunger- und Kriegsgebieten mildern wollen." Sie schürzte die Lippen. „Interessanterweise haben exakt die fünf Organisationen, denen Kusmin besonders verbunden ist, in den letzten Tagen von einem Offshore-Konto jeweils eine halbe Million Euro überwiesen bekommen. Von einem anonymen Spender."

Seifferhelds Pokerface zuckte. Er versuchte, seine Gesichtszüge zu kontrollieren, aber es wollte ihm nicht recht gelingen.

Von ganz, ganz tief innen tauchte ein Lächeln auf und breitete sich auf seinem Gesicht aus.

„Herr Seifferheld, haben Sie mir zu alldem etwas zu sagen?"

Er strahlte. Wäre er ein Chamäleon gewesen, dann wäre dieses Strahlen regenbogenfarbig ausgefallen. „Ich wünsche Herrn Kusmin und Herrn Engel, dass sie glücklich werden. Die Liebe ist immer etwas Wunderbares – egal, wohin sie fällt."

Und führe uns nicht in Versuchung!
Sag uns einfach, wo sie ist – wir finden
sie dann schon allein ...
Sam Levenson

„Das ist eine bodenlose Unverschämtheit!"

Irmgard Seifferheld-Hölderlein schrie sich dieses Statement wie einen Urschrei aus dem Leib.

Trommelfelle wackelten. Wände auch.

Das Blumenschmuck-Komitee der Kirchengemeinde bestand seit alters her aus fünf Personen – dem

Pfarrer und vier Freiwilligen. Die Freiwilligen waren immer Frauen.

In diesem Fall saßen also Pfarrer Hölderlein, sein Weib Irmgard, die sich zum vierten Mal in Folge um das Amt der Komiteepräsidentin bewarb, sowie Frau Bertsch-Baierle und Frau Schiefer-Klöppler im Besprechungsraum des Johannes-Brenz-Hauses. Die vierte Freiwillige, Frau Hebsacker, fehlte wieder einmal krankheitsbedingt.

In dem hellen, minimalistisch eingerichteten Raum kochten die Emotionen hoch.

„Ich sage ja nur, dass wir eine Kirchengemeinde sind und keine Resozialisierungseinrichtung für Vorbestrafte", wiederholte Frau Schiefer-Klöppler anzüglich, in Anspielung auf Irmis Verurteilung wegen eines tätlichen Angriffs auf zwei brandenburgische Polizeibeamte während einer Missionierungstour mit Pfarrer Ebert und Diakonisse Rosemarie.

Irmgard schnaubte.

„Außerdem ist es doch nur fair, wenn die Präsidentschaft rotiert. Wir sind doch hier nicht in einem totalitären Regime", legte Frau Bertsch-Baierle noch eins nach.

„Die Kirchengemeinde darf nicht zu Nordkorea werden", pflichtete Frau Schiefer-Klöppler ihr bei.

„Es hatte ja ohnehin einen seltsamen Beigeschmack, dass die Präsidentin des Blumenschmuckkomitees die Frau des Pfarrers ist. Wir setzen uns sehenden Auges dem Vorwurf der Günstlingswirtschaft aus."

Die Bindestrich-Nachnamen-Freundinnen nickten unisono. Sie hatten sich abgesprochen: Erst käme Frau Schiefer-Klöppler an die Reihe, dann Frau Bertsch-Baierle. Und nach ihnen die Sintflut.

Aber auch Irmi war nicht ganz ohne Support. Draußen auf der Mauerstraße standen ihre Bouletten. Zwei von ihnen schwenkten Schilder mit der Aufschrift *Irmgard for President.*

Irmi hätte gern „Das Volk will aber mich!“ gerufen, doch selbst ihr war klar, dass Nicht-Evangelen kein Stimmrecht hatten. Sie hätte bei der Auswahl ihrer Boule-Mitspielerinnen auf die Konfession achten sollen. Nun war es dafür zu spät. Zumindest tat ihr die moralische Unterstützung gut.

„Ich bitte Sie, meine Damen, es geht doch hier nicht um Weltpolitik, nur um den Blumenschmuck in unserer Kirche“, warf Helmerich ein. Man konnte über ihn sagen, was man wollte, aber er hatte Mumm in den Knochen.

Oder er war unsagbar dämlich und hätte besser den Mund gehalten. Jedenfalls stürzten sich die drei Frauen jetzt wie Hyänen auf ihn.

„Herr Pfarrer, wie können Sie die Bedeutung des Blumenschmucks so kleinreden?“ Entsetzt fasste sich Frau Schiefer-Klöppler an die Brust. Sie schien zu hyperventilieren.

„Wie im Kleinen, so im Großen! Kein Weltfriede ohne den richtigen Blumenschmuck“, rief Frau Bertsch-Baierle gleichzeitig.

„Halt den Mund, Helmi!“, befahl Irmgard. Seine Unterstützung kam ihr zu spät. Und fiel ihr nicht wuchtig genug aus.

Helmerich hasste es, wenn sie ihn in der Öffentlichkeit mit seinem Kosenamen bedachte. Und weil der von außen ausgeübte Druck auf ihn zunahm, wuchs auch der Druck von innen.

Was sein Körper in der Kirche niemals tat – nämlich flatulieren –, das war hier im Brenz-Haus, dem Verwaltungssitz der Gemeinde, durchaus möglich. Es gab da auch schon Präzedenzfälle.

Darum konzentrierte sich Helmerich verbissen darauf, keine Luft entweichen zu lassen.

Die Frauen konzentrierten sich nun, da sie den einzigen Mann abgewatscht hatten, wieder auf ihre Fehde.

„Wenn Sie mir vorwerfen wollen, dass ich in Konflikt mit dem Gesetz gekommen bin ...“, fing Irmgard an.

„Mehrmals!“, unterbrach Frau Bertsch-Baierle. Frau Schiefer-Klöppler nickte dazu und hob beide Zeigefinger.

Irmgard ignorierte das. „... dann darf ich Sie darauf hinweisen, dass das auch für unseren Pfarrer gilt!“ Sie zeigte auf Helmerich, als sei der nicht ihr Mann. „Ich behaupte sogar, jeder gute Christ muss einmal die Knute der Exekutive gespürt haben, so wie unser Herr!“

Helmerich merkte, wie sein Körper sich weiter aufblähte. Er presste jetzt vor Anstrengung die Lippen zusammen.

„Papperlapapp!“, rief Frau Schiefer-Klöppler, der es jetzt reichte. „Ich habe mir von Frau Hebsacker eine Vollmacht geben lassen: Sie ist auch dafür, dass *ich* die nächste Präsidentin werde. Somit sind Sie und Herr Hölderlein überstimmt.“ Sie legte einen Zettel auf den Tisch.

Irmgard hatte mit Protest gegen ihren neuerlichen Amtsantritt gerechnet, aber einen solchen Putsch hatte sie nicht vorausgesehen.

„Helmerich, sag du doch auch mal was!“

Das hätte sie besser nicht verlangen sollen. Wenn man Helmerich Hölderlein so offen unter Druck setzte, dann verschlimmerte sich sein nervöses Leiden. Er lief knallrot an.

Weil er aber nichts sagte und die beiden Usurpatorinnen hämisch lächelten, platzte Irmgard der Kragen. „Ich räume meinen Platz nicht. Wenn Sie mich nicht haben wollen, dann müssen Sie mich schon hinaustragen!“ Und um diese Aussage nachdrücklich zu unterstreichen, donnerte sie mit der Faust auf den Tisch.

Leider Gottes war das zu viel für die Zurückhaltung ihres Mannes. Wie ein unter allzu hohem Druck stehender Dampfkocher platzte er. Nur dass bei einem Dampfkochtopf der Deckel an die Decke schießt. Helmerich Hölderlein schoss mit schwefelig riechenden Methangasschwaden mehr so in die andere Richtung.

Zu spät wurde allen klar, dass sie wohl besser die Fenster hätten öffnen sollen ...

Man sieht sich immer zweimal im Leben.
Außer Menschen, denen man Bücher geliehen hat –
die lösen sich einfach in Luft auf.

Happy Birthday to you ...

Nie war Kläuschen glücklicher gewesen. Aus über zwanzig Männerkehlen schallte ihm sein Geburtstagsständchen entgegen. Und das in seiner eigenen Kneipe, wo das Bier in Strömen floss und sich niemand beim Wirt über das atonale Gesinge beschweren konnte. Weil er der Wirt war.

Happy Birthday to you ...

Natürlich gab es im Schankraum eine eindeutige Mehrklassengesellschaft mit Ghettobildung. Direkt um Klaus herum standen die Jungs von der VHS-Männerkochkursgruppe: Die waren für ihn ja so was wie Familie.

Auf der rechten Wandseite hatten sich die Vollmondtrommler versammelt, und links neben dem Eingang stand der Stammtisch Mord zwo mit den ehemaligen Kollegen von Siggi.

Happy Birthday, lieber Kla-haus ...

Seit er seine steinerne Nymphe jeden Mittag in seine Kneipe und nachts wieder nach Hause trug, hatte Klaus schon fünf Kilo abgenommen. Er sah gut aus und fühlte sich begehrenswert.

Happy Birthday to you!

Alle hoben ihre Löwenbräubierflaschen und stießen auf sein Wohl an. Und gleich würde es sogar noch besser werden. Er wusste, was die Männer ihm schenken würden. Schmälzle hatte sein Geschenk an diesem Nachmittag aus Nürnberg abgeholt, wo es produziert worden war.

„Danke. Ihr seid echt die Besten!" Klaus hätte gern alle gleichzeitig in seine Arme geschlossen. Da das nicht ging, rief er nur: „Prost!"

Schmälzle wuchtete eine Schachtel auf den Tresen. „Bist du bereit für das ultimative Geschenk?", fragte er.

Klaus nickte begeistert – wie ein Vierjähriger, der sich einen Plastikdinosaurier gewünscht hatte und schon an der Verpackung sah, dass es ein T-Rex werden würde.

„Voilà!" Schmälzle schlitzte mit seinem Schweizermesser das Paketband auf.

Klaus hielt es nicht mehr aus und klappte das Paket auf und ...

... schaute auf fünfzig Belegexemplare des Buches *Hopp, hopp, im Galopp über Feld und Stein – Die schönsten Reit- und Wanderwege in Hohenlohe.*

„Was ... ist das?" Klaus schaute auf. Mit derselben Enttäuschung, die der Vierjährige an den Tag gelegt hätte, wenn sich doch kein T-Rex, sondern eine Barbie-Puppe unter dem Geschenkpapier versteckte, weil seine Eltern fanden, dass er nicht Gender-geprägt aufwachsen dürfe.

„Mein neuer Wanderführer. Druckfrisch. Ich habe für jeden von euch ein Exemplar! Wartet, ich signier's euch noch!" Schmälzle fing an, seinen Namen in die Bücher zu kalligraphieren.

Klaus guckte enttäuscht, so enttäuscht, dass sich seine Brauen mittig über der Nase trafen. Was zugegebenermaßen keinen weiten Weg für die Brauen darstellte.

„Schaut ihn euch an, gleich heult er." Arno, der strickende Vollmondtrommler, juchzte beinahe.

Klaus stand soo kurz davor, von Arno Geld für sein Bier zu verlangen. Und ihn dann rauszuwerfen.

„Jetzt quält ihn doch nicht so!", sagte Seifferheld, humpelte zum Tresen und hob ein zweites Paket hoch. Deutlich kleiner und leichter. „Hier, Klaus. Alles Gute."

Klaus wollte noch nicht an sein Glück glauben. Erst dann, wenn er es mit eigenen Augen sah. Er griff nach Schmälzles Schweizermesser und legte den Inhalt des Pakets frei.

„Sie sind es!", quietschte er euphorisch. „Sie sind es wirklich. Ich lege gleich mal eine ein."

Die Jungs vom Kochkurs stärkten sich und tranken reihum ihre Flaschen auf ex. Sie wussten, was auf sie zukam. Die Trommler und die Polizisten wirkten entspannt, aber die waren ja auch ahnungslos.

Wer schon das Geburtstagsständchen als Kakophonie empfunden hatte, der würde sich bei der CD, die Klaus jetzt einlegte, wappnen müssen.

Gleich darauf ertönte aus den Boxen an der Decke etwas, das nur ganz wohlwollende Seelen als Musik bezeichnen würden. Klaus zuliebe hatten die Kochkursjungs extra ein Tonstudio aufgesucht – und obwohl sie nur ein Mal geprobt hatten, wurde die CD mit den

„Zehn Kochliedern für jedes Menü" in einer einzigen Session aufgenommen.

Aus den auf der CD verewigten Kehlen von Seifferheld, Bocuse, Klaus, Arndt, Eduard, Gotthelf und Schmälzle ertönte nun – mit viel Herzschmerz, aber auch grottenschlecht – der wunderbare Song *Essen ist fertig!* von Michael Feindler. Sie hatten sich extra Feindlers Genehmigung zum Nachsingen eingeholt. Und eine Umsatzbeteiligung mit ihm ausgehandelt. Es würde aber keine Umsätze geben. Selbst den Sängern kräuselten sich beim Zuhören die Zehennägel.

Alle verzogen die Gesichter.

Auch Klaus. Der aber glücklich.

„Das ist der schönste Geburtstag aller Zeiten!"

Dieses ganze Aufhebens um Sex.
Wenn ich körperliches Vergnügen suche,
gehe ich lieber zum Zahnarzt.
Evelyn Waugh

Durch die 500 Jahre alten Fachwerk-Mauern des Seifferheldhauses in der Unteren Herrngasse zu Schwäbisch Hall tönte das Trippeltrappel kleiner Füßchen.

Eigentlich Pfötchen.

Sie waren zu acht, und sie waren Pitwarts.

Offiziell gab es diese Rasse noch nicht, aber es war nur eine Frage der Zeit, bis die Menschheit erkannte, dass sie auf Pitwarts, die geniale Kreuzung aus Hovawarten und Pitbulls, nur gewartet hatte: treue, verschmuste, behütende, gesellige, loyale, verspielte, liebevolle Vierbeiner – und überhaupt nicht aggressiv, außer Herrchen beziehungsweise Frauchen erzogen sie dazu.

Die acht hatten noch keine Namen. Sie waren ja auch noch ganz klein, konnten gerade mal allein laufen. Das taten sie aber schon mit einem Überschwang, der ihrem Vater oft zu viel wurde. Er war schließlich kein junger Hund mehr. Und auch nicht zum ersten Mal Vater.

An diesem Abend lag Onis, dessen Fell endlich wieder nachgewachsen war, relativ relaxt auf dem Teppich vor dem Bett seines Herrchens und ließ sich von seinen Pitwartwelpen anspringen, als seien sie wilde Raubtiere und er das glücklose Beutetier.

Mutter Stella lag oben auf dem Bett und beobachtete ihre kleinen Racker und die Liebe ihres Lebens voller Milde.

Sie hatte vermutlich Oleg gehört, aber jetzt gehörte sie zu Onis. Und sie war während der Zeit ihrer Trächtigkeit eine echte Seifferheld-Frau geworden: In ihrer Beziehung hatte sie die Hosen an. Deswegen lag sie ja auch auf dem Bett und er auf dem Flokati. Das änderte aber nichts daran, dass sie ihn liebte wie sonst nichts und niemanden auf der Welt.

Sie legte den kantigen Pitbullschädel auf dem Bettüberwurf ab und schnaufte beseelt.

Das Glück hatte einen Namen: Es hieß Onis!

Aus dem Polizeibericht

Der illegal eingeführte Pavian, der vor zwei Monaten seinem Besitzer, einem durchreisenden Schweizer Touristen, aus dessen Hotelzimmer entwich, konnte jetzt endlich eingefangen werden. Das halbwüchsige Tier gelangte seinerzeit in die Lobby des Hotels, wo es mit den dort befindlichen Gartenzwerg-Hartplastikskulpturen von Ottmar Hörl mehrere Glasscheiben zerstörte. Anschließend floh es aus dem Gebäude und verschaffte sich Zugang zu einem gegenüberliegenden Sanitärhaus, in dem es ihm gelang, bis zum Eintreffen der vom Wachdienst informierten Polizei den kompletten Verkaufsraum zu zerlegen. Als es aufgegriffen wurde, trug es einen Stützstrumpf über dem Kopf und hielt eine Edelstahl-Bettpfanne in der Hand, mit der es einen der beiden Streifenbeamten an Kopf und Schulter verletzte. Es gelang nicht, das Tier zu bändigen. Offenbar lebte es seitdem in den Randgebieten der Stadt und ernährte sich von Abfällen. Der Pavian ist leicht unterernährt, aber ansonsten wohlauf. Er wurde vorübergehend an den Stuttgarter Zoo überstellt, gegen den Tierhalter wird ermittelt.

Danksagungen

Wenn man als Autorin nach längerer Pause wieder einen Siggi-Seifferheld-Band schreibt, dann überlegt man sich ganz automatisch: Was wünschen sich die vielen Fans da draußen? Kurzerhand habe ich sie auf meiner Facebookseite danach gefragt. Es kamen wunderbare Anregungen, von denen ich einige aufgegriffen habe. Deren geistigen Vätern und Müttern sei hiermit (in der Reihenfolge ihrer Postings) gedankt: Michael Kasimir, Tanja Hasirasi, Thorsten Veldenz, Kai Gershoff, Marie-Sophie Emily Patricia Waysheim, Kerstin Weinbrenner, Barbara Albers, Britta Gutscher, Eva Nevario, Steffi Lorimor, Stephan Schöttle, Bianca Fürst, Andrea Weinberger, Nina Grabowski, Martina Machel, Cornelia Brandt.

Bei der Menge an Musenküssern könnte man sich natürlich fragen: Wer hat jetzt eigentlich dieses Buch geschrieben? Die Antwort: Ich ganz allein. Aber es war beim Schreiben toll zu wissen, dass da draußen viele Menschen sind, die sich schon auf das fertige Buch freuen. Ich hoffe, ich habe sie nicht enttäuscht!

PS: Dieses Buch hätte nicht geschrieben werden können ohne die tatkräftige Hilfe des wunderbaren Teams vom Second IT Shop in Schwäbisch Hall. Danke, Männer!

Die Seifferheld-Legende (chronologisch)

Kreuzstich, Bienenstich, Herzstich (der 1. Band / Knaur Verlag)

Nadel, Faden, Hackebeil (der 2. Band / Knaur Verlag)

Finger, Hut und Teufelsbrut (Seifferheld und das Goethe Institut / der 3. Band / Knaur Verlag)

Gestickt, gestopft, gemeuchelt (Seifferheld und die Freilichtspiele Schwäbisch Hall / der 4. Band / Knaur Verlag)

Sticken, stricken, strangulieren (Seifferheld und die Bausparkasse / der 5. Band / Knaur Verlag)

Sie kriegen jeden: Die Liga der außergewöhnlichen Ermittler (Seifferheld und die Löwenbrauerei / dtv Verlag)*

Der Tod stickt mit (Seifferheld und die Kunsthalle Würth / der 6. Band / Knaur Verlag)

Mord macht hungrig (Seifferhelds Flitterwochen / Rowohlt Verlag)*

Acht Leichen zum Dessert (Seifferheld auf Ehe-Urlaub in der Eifel / KBV Verlag)

Stick oder stirb! (Seifferheld und die JVA / der 7. Band / Haymon Verlag)

* Anthologien, in denen Seifferheld mit einem Kurzkrimi vertreten ist